刚 著

左宗棠传

光明日报出版社

图书在版编目（CIP）数据

左宗棠传 / 徐刚著 . -- 北京 : 光明日报出版社，2025. 5. -- ISBN 978-7-5194-8573-3

Ⅰ. K827=52

中国国家版本馆 CIP 数据核字第 202594HD52 号

左宗棠传

ZUO ZONGTANG ZHUAN

著　　者：徐　刚

责任编辑：谢　香　孙　展　　　　责任校对：徐　蔚

封面设计：李果果　　　　责任印制：曹　诤

策划编辑：唐　三

出版发行：光明日报出版社

地　　址：北京市西城区永安路 106 号，100050

电　　话：010-63169890（咨询），010-63131930（邮购）

传　　真：010-63131930

网　　址：http://book.gmw.cn

E - mail：gmrbcbs@gmw.cn

法律顾问：北京市兰台律师事务所龚柳方律师

印　　刷：河北文扬印刷有限公司

装　　订：河北文扬印刷有限公司

本书如有破损、缺页、装订错误，请与本社联系调换，电话：010-63131930

开　　本：170mm × 240mm　　　　印　　张：23

字　　数：230 千字

版　　次：2025 年 5 月第 1 版

印　　次：2025 年 5 月第 1 次印刷

书　　号：ISBN 978-7-5194-8573-3

定　　价：68.00 元

● 左宗棠书法

● 左宗棠画像

● 左公柳

目录

引言一

缪凤林和华莱士

前南京中央大学文史教授、著名史学家缪凤林先生，在民国三十一年（1942年）考察西北时说："唐太宗以后，对于国家领土贡献最大的人物，当首推左宗棠，实非过誉。"

1944年，时任美国副总统的华莱士先生路过兰州时认为："左宗棠是近百年史上，世界伟大人物之一，他将中国人的视线，扩展到俄罗斯，到整个世界……我对左宗棠抱着崇高的敬意！"

（华中师范大学图书馆，《左宗棠专辑》）

引言二

王震将军

“在二十世纪五六十年代，史学界对左宗棠的评价，几乎是完全否定或者基本否定的。”（《左宗棠略传》初版代序）1982年王震将军在《红旗》杂志第二期发表《学习历史，发扬爱国主义精神》的文章，专门谈到并论述左宗棠“凡我疆索，寸土不让”，捍卫主权、领土、维护国家统一，抵抗英帝、沙俄的巨大功绩，给出了高度评价。

左宗棠曾孙左景伊，于1983年8月初，致信王震，希望他谈谈其曾祖父左宗棠。是年“初秋的一个晚上，将近九点，我们一家正围坐闲谈，突然得到通知，要我立即动身去见王震同志”。以下是王震和左景伊的谈话：

王震：“你是景字辈的吧，你这一辈和上代还有什么人？”

左景伊：“我们景字辈兄弟姊妹，在国内外还有二十余人；上一辈分的人已经全部过世了。”

王震：“左公后代在清朝和民国，还有做官的吗？”

左景伊：“没有做大官的。我的祖父和父亲都是四十来岁就去世了。父亲是一个诗人，只有一个叔祖父做过臬台。左家的子弟，大都有些先曾祖父的遗风，秉性孤梗刚直，不长于迎合奉承，在旧社会吃不开。”

王震笑着说："我以前和彭德怀元帅常常开玩笑，说他的脾气有点像左宗棠。彭老总和我都在西北工作很久。"

王震将军接着郑重地说道："史学界最近做了一件有意义的工作，对令曾祖父左宗棠作出了较正确、客观的评价。这对海内外影响都很大。左宗棠在帝国主义瓜分中国的历史情况下，力排投降派的非议，毅然率部西征，收复新疆，符合中华民族的长远利益，是爱国主义的表现。左公的爱国主义精神是值得我们后人发扬的。"

王震将军略停了停，又说："解放初，我进军新疆的路线，就是当年左公西征走过的路线。在那条路上，我还看到不少当年种下的'左公柳'。走那条路非常艰苦，可以想见，左公走那条路就更艰苦了。我在兰州遇到过一位老翰林，九十多岁了，他谈起了左公当年进军西北的许多事，可惜没有记下来。左宗棠西征是有功的，否则，祖国西北大好河山很难设想。"

王震接着说："阿古柏是从新疆外部打进来的，其实他就是沙俄、英帝的走狗，左公带兵出关，消灭阿古柏、白彦虎，收复失地，得到了新疆各族人民的支持，这是抵御外侮，是值得赞扬的。""我们是历史唯物主义者，"王震着重地说，"要历史地看问题，对历史人物要一分为二。左宗棠一生有功有过，收复新疆的功劳不可泯灭！"谈到这里，王震非常兴奋，不禁低吟左公驻守新疆时一位同乡题赠的诗句：

大将筹边尚未还，

湖湘子弟满天山。

新栽杨柳三千里，

引得春风度玉关。

左景伊告诉王震将军，《南开大学学报》有两篇文章，对左宗棠办洋务给予肯定的评价时，王老说：“办洋务的人也有所不同，有些是爱国的，有些是卖国的。像曾国藩和李鸿章就是卖国的。左公在福建创办船政局，在甘肃创办织呢厂，在新疆屯田，客观上是有利于国计民生的。”“我们是历史唯物主义者。”王老又重复这句话，并继续说，“要尊重历史，实事求是，对历史人物要恢复其历史的本来面目。凡是对国家民族有功的人都应该给予他应有的历史地位。”（摘录自《光明日报》1983年10月16日文章）

王震将军说：“若不是有个左宗棠，这160多万平方公里的大公鸡尾巴，就给北极熊叼跑了！”（《左宗棠略传》）

引言三

蓦然回首

左宗棠奉诏返京路上。

蓦然回首，那是不得已而蓦然回首的时刻：又到酒泉了，今之酒泉即当年之肃州也。一时间，西行路上的荒漠与废墟感觉，更加浓重地扑面而来。更大的戈壁更多的沙漠，一直延伸到了祁连山下，荒凉震撼着一切。

风化的长城，千百年前废弃的村落，是现实行进得太匆忙呢？还是历史牵挂着它的残片？真的，沙漠让你无法想象当年跋涉者的脚印，戈壁让你想象着那谜一样的戈壁滩上石头的排列，乱石、巨石为什么这样排列？这是谁的排列？它们有先后次序吗？

晃动着金色叶片的小叶杨，为阻挡风沙，宁可自己蓬首垢面，而屹立在风沙中的红柳，那多少被黄沙浸染得黯淡的红色，都留在身后了。天上没有一丝云絮，真正高远的蓝天，戈壁滩上没有一只鸟，大荒凉大寂静。

我也曾穿过河西走廊到过酒泉，沿着左宗棠的西征路，直至天山。我们先祖的脚印始于黄河流域，炎黄二帝尝百草、种五谷，发明耒耜耕耨，直到极一时之盛的汉唐魏晋文化。汉武帝正是在华夏民族的鼎盛时期，沿河西走廊“凿通”西域的，丝绸之路应运而生。丝绸之路的出现，尤其在它的必经之地河西走廊上，留下了无数埋没的、残损的、至今依然壮观的历史、人文、地理景观，以及重重叠叠的脚印。不妨说，那是人类进行的使命未遂、上苍殷殷的照拂未断。当丝绸之路的一部分被沙漠埋没之后，河西走廊尽管历经战乱、凋敝与风沙的进逼，却不仅至今依然存在着，因为左公柳的榜样，三北防护林的崛起，有了再度辉煌的可能。

在兰州，在酒泉公园，在敦煌，在安西……有历经沧桑，伤痕累累的老树：这就是左公柳。

那是苍老的纪念，岁月未及带走的站立的斑驳。

历时120余年的老杨柳、老柳树、老槐树，粗糙的树皮如同当年西征的丁勇的盔甲一样，那横伸枝节的树冠，虽然被厚厚的风沙压着，却有掩不住的苍老的绿色，显示着植物世界生命的强大与韧长。

现在面对这路、这树的，是当年左宗棠亲饬各防营栽种而无暇欣赏，今日奉命回京过肃州，稍得空闲，倒是可以欣赏那树，那一枝一叶的左宗棠。

左宗棠是中国历史上，第一个从兰州到新疆开辟了一条3000公里长的大道，并且在道路两旁种植了3000公里树木，有效阻挡了风沙推进的官员。

有诗赞曰：

大将筹边尚未还，
湖湘子弟满天山。
新栽杨柳三千里，
引得春风度玉关。

后人谈论大西北，不能不说左宗棠。

这是因为：从英国、沙俄扶植的阿古柏侵略势力手中夺回喀什、英吉沙尔、乌鲁木齐，兵临已被强占十年的伊犁（今新疆伊宁市西惠远）城下，使一个完整的新疆重新划归中国版图者，是左宗棠；用兵西进之机，向朝廷报告“西北苦，甲天下”，使西北边民贫困真相不被掩盖者，是左宗棠；明确提出在新疆建省“图数十百年之安”，屯田修路、种树挖井以为民生之利者，仍乃左宗棠也。

酒泉湖也称左湖。

左宗棠第一次驻节肃州巡视嘉峪关，只见名关为风沙所困，断垣残壁可以长驱直入，“关”在有“关”无“关”间。左宗棠令防营修整关防，每日按律开关闭关，并手书“天下第一关”，凛然置于关头。再度驻节肃州时，又修整了沙与墙齐的安西城。安西号称“世界风库”，不知风从何处来，只觉得四面是风。风里夹沙，飞扬混沌，为靖边安邦计，倘不修路，倘不种树，倘不治理风沙，这在中国西北是万万不可能行军打仗的。左宗棠亲率兵丁从城头下掘三丈二尺，把东西城墙的积沙铲除干净，再引疏勒河水，环城挖壕，两岸遍栽杨柳，安西城有了往昔城关雄峙的真面目，还新添了杨柳依依的景色。

我去安西时，左公柳已经寥寥。代之而起的是西接敦煌东连酒泉的防护林，及星星点点的固沙植被。

安西县城里是一个挨一个的露天摊贩，在午后炽烈的阳光下，叫卖声依旧嘹亮。

纵观左宗棠在西北的筑路、植树，起因于军事上西征的需要，诸如部队调动，粮草先行等等，同时着眼于民生所需。当时的路面宽约三丈到十丈，至少可供两辆运粮大车并行。路旁植树，路随人修，从潼关开始而西安、而兰州、而六盘山、而会宁、而固安……横贯陕甘两省之左公路，及路旁的左公柳，往西，又西，一直到新疆的喀什。左宗棠号令之下，湖湘子弟究竟种了多少树？有史料记载的，陕西长武至会宁600公里，种活的树为二十六万四千株。《西笑日觚》上说："左恪靖命自泾州以西至玉门，夹道种柳，连绵数千里，绿如帷幄。"各县地方志实录可考的有：会宁境内二万一千株，安定境内十万六千株，皋兰境内四千五百株，环县境内一万八千株，安化境内一万两千株，狄道境内一万三千株，平番境内七万多株，大通境内四万五千株。

光绪六年（1880年），左宗棠奉召从关外进京，一路见到绿树成荫不觉心生快意：英人走卒阿古柏政权已灭，失地收复，沙俄盘踞的伊犁已风声鹤唳……戎马边疆风霜沙积的辛劳，或可自慰。

最使左宗棠感慨的，是河西道上左公柳下的一个告示牌：

昆仑之墟，积雪皑皑。
杯酒阳关，马嘶人泣。
谁引春风，千里一碧？
勿翦勿伐，左侯所植。

左宗棠勒马告示前，沉吟再三。他知道"引得春风度玉关"一诗，是老部下、老朋友杨昌浚，奉命到肃州效力时，在河西走廊马背上吟得。一时竟传遍肃州大营，左宗棠也听说了，只坦然一笑。是夜宴请老部下，奏平凉之乐《阳关三叠》，倒是让左宗棠多喝了几杯酒。那西北人民之苦，那阳关废墟之重，那追击阿古柏时战阵之激烈、疆人之欢呼，把路修上天山，把树种上天山，把国土从侵略者手中重新划归中国版图的场景，岂是等闲之辈可为的等闲之事？所有的丰功伟业无不来自艰苦卓绝！往事历历，一一重现，然而这一切的一切，对左宗棠而言，是蓦然回首中的酸甜苦辣。

肃州乐师在《阳关三叠》之后，出人意料的竟以原曲演唱了杨昌浚的诗“大将筹边尚未还，湖湘子弟满天山，新栽杨柳三千里，引得春风度玉关”，众将欢呼，左宗棠一手掀髯一手击节，不觉热泪盈眶了。他想起了什么？

当年抬棺出征，首出嘉峪关，从哈密到巴里坤翻过三十二座天山之脊，那路是“凿”出来的，“张骞通西域，史家谓之‘凿通’，不谬也！”左宗棠对部下说。三间房和十二间房，那风沙能把人和马席卷而去，古称“黑风井”，时称大戈壁。也就是《三藏圣教序》所说的“风灾鬼难之域”。“锤幽凿险，化而为夷”，这是左宗棠给清王朝奏稿上的两句话，实乃同为“凿通”之举也。而阿古柏之残忍，兵将之英勇牺牲，天山冰雪，民生艰困，路之难修，树之难栽，岂是千言万语可说清的？

左宗棠又吟哦了一番“昆仑之墟，积雪皑皑”……便扬鞭策马而去。

左公柳后来的命运如何？

那块告诫人们“勿翦勿伐”的告示牌，挡得住河西的风沙和贫困吗？对大西北的人民来说，维持生计所必需的是粮食和柴薪。对于身陷贫困中的人群来说，要求他们目光远大是天方夜谭。曾经绵延三千里的左公柳，仍然免不了被砍伐当作木材与柴火，或者在灾年被剥了树皮当饭吃的命运。那真是可悲可叹！细想之下，我又问自己：可悲者何？可叹者何？河西走廊，祁连山的树木，在漫长的历史时期中，无数次遭受人为的滥伐，以致河西的沙漠化日甚一日，富庶之地变得穷困潦倒。何况左公柳？

左公柳是中国近代史上，第一次最大规模的、有组织的、以军队为主的，种植3000里的行道树木，是改变西北生态环境的伟大实践。

左宗棠在西北亲历了光绪三年（1877年）的百年未遇的大旱，饿殍遍野，满目焦土，黄沙漫漫。左宗棠亲令开仓放赈，以救饥困，并捐出自己的俸禄。那种民不聊生的惨象，再加上沙漠戈壁的横陈，总是终生难忘了。是时也，左宗棠奉命夺回新疆，他不可能去全面治理沙漠化。修路种树开渠挖井，是行军打仗粮草先行之必需，却也成了一次生态治理的难能可贵的尝试。仅“新栽杨柳三千里”，左宗棠可谓厥功甚伟。然在其离任不到三十年的时间里，几乎砍伐殆尽，则是更加惊心动魄的。

我想起了三北防护林的现在和将来。

左公柳的兴衰，不是恍若眼前吗？

左宗棠之后，袁世凯签署了中国第一部《森林法》，孙中山先生在《建国方略》中提出了一个伟大设想："于中国北部及中部建造森林""要造全国大规模的森林"。毛泽东主席发出了"绿化祖国"的号召，胡耀邦巡视西北曾有"种草种树"的大声疾呼……因社会、历史种种条件限制，先人们的未竟之愿，正在变成现实。

三北防护林工程其一也。三北地区近八千公里的风沙线上，如今已建设了十五年——以笔者到访的1994年计——这是开始的十五年，奠定大局的十五年，也是最为艰难的十五年。凝聚着民族的智慧、先人的眼光、农人的奉献、历史的嘱托。其种树种草的蔚为壮观，已经不是左公柳可以同日而语了。然而"西北苦，甲天下"，至今犹然。风沙线沿线农民，为三北防林无私奉献的人力、畜力和热情，还能维特多久？新中国成立以来汗水浇灌的国有林场普遍萧条，有的已到了无法维持的程度，那么更艰难的，跨度几十年的三北防护林后续工程，如何完成？如何实现真实的全面凯旋？与此同时，中国局部生态环境的改善，并没有改变整体恶化的趋势。

一个伟大的工程，开头难，坚持下去更难，使之成为真正的绿色长城，庇荫中国半壁河山之日，那就是中华民族最盛大的节日！

河西道上，雪垒风叠，烟云鼓角，能不叫人感慨万千？

当我登上嘉峪关，远眺祁连山雪，西北望大漠戈壁时，顿时感觉到，书上的历史，是如此简单！你到了河西，你走进腾格里沙漠边缘，便有了真实而荒凉的空旷感。今天的荒凉既与历史的荒凉，也和未来的荒凉连接着，而未来的荒凉形态或有不同，但终究是荒凉。君不见，人间多少兴衰事，唯大漠依旧，戈壁依然。高大的衰朽了，渺小的幸存了。人的创造如此艰难，人的破坏力如此巨大！除却自然与大地，谁来拯救人类？

左宗棠的西行之路自然也是百感交集的，上次出关是西征，老夫豪迈；此次出关是回京，所为何来？人生之路为一趟过也，却也免不了走回头路。他能不想起曾为他指点人生的林则徐？1842年，林则徐蒙冤充军伊犁，如今，左宗棠奉命返京，再次奔走在林则徐的放逐之路上。大沙漠就是大荒凉，大戈壁就是大悲怆，它们所见甚多，它们自有感叹。一切均为戈壁的荒草野花、沙漠的层垒堆积掩埋了。左宗棠俯首寻觅，哪里是林则徐的脚印？

嘉峪关头，左宗棠面对祁连山，吟哦林则徐的《出嘉峪关感赋》时，左右随从无不为其诗、其声而掩泣——

严关百尺界天西，
万里征人驻马蹄。
飞阁遥连秦树直，
缭垣斜压陇云低。
天山巉削摩肩立，
瀚海苍茫入望迷。
谁道崤函千古险，
回看只见一丸泥。

吟罢低眉，黄风四起，左宗棠老泪横流：“出关！”

第一章

传奇和缘分

左宗棠，字季高，一字朴存，号湘上农人，湖南湘阴人。生于清嘉庆十七年（1812年），卒于光绪十一年（1885年），享年七十有四。左宗棠是少有的以举人从军立功，为总督，为东阁大学士，为二等恪靖侯，为晚清四大名臣之一。四大名臣有两种说法：一是：曾国藩、左宗棠、李鸿章、张之洞；一是：曾国藩、左宗棠、胡林翼、彭玉麟。左宗棠是中国近代史上从不投降妥协，从不打败仗、正气浩然无出其右的爱国将领。

左宗棠一生充满了传奇。他出身耕读世家，南宋时期（公元12世纪），祖上从江西迁至湖南，世居湘阴左家塅。左宗棠的父亲左观澜（1778～1830年），字春航，县学廪生，就读于长沙岳麓书院，家中清贫寒素，做私塾先生二十多年。左宗棠的夫人周诒端，号筠心，能诗能画，素有学养，家财富有。订婚时，左公还是一个贫穷的孤儿，二十岁乡试完毕，就入赘周家。(《左文襄公在西北》) 左公自述："婚未逾月，湖南省试名录至，余忝乡举。"第二年，赴京应试。新婚燕尔，便将分离，周诒端写《送外北上》诗，为之壮行：

夜半戒征鞍，
蒙眬晓梦残。
马蹄迎月度，
霜气扑衣寒。
转忆平居乐，
从知远别难。

左宗棠为赶考和坐馆谋生，经常在外漂泊，周诒端又为丈夫绣了一个枕套：一幅清雅的《渔村夕照图》，飞白处有题诗：

小网轻舟系绿烟，
潇湘暮景个中传。
君如乡梦依稀候，
应喜家山在眼前。

“这个枕头，成了左宗棠客居异乡的‘安眠药’。”（湖南日报·新湖南客户端2016年9月5日）周诒端深知丈夫才情洋溢，但作为上门女婿不时心情郁闷，他曾在《二十九岁自题小像》中有句：

九年寄眷住湘潭，
庑下栖迟赘客惭。

周诒端便依左宗棠的意思，租娘家简陋的西院生活，就算是有自己的门户了。左宗棠心中压力稍减，在西院墙上作联：

身无半亩，心忧天下；
读破万卷，神交古人。

夫人为之叫好："文辞书法均佳作也！"

周诒端还与左宗棠一起，钻研学问，左宗棠有温情回忆：

"常时敛衽危坐，读经史，香炉茗椀，意度悠然。每与谈史，遇有未审，夫人随取架上某卷视余，十得八九。"

这是左宗棠戎马一生中，难得的温情时刻。

左孝同在《先考事略》中说："周氏有新楼，公止其上，详阅方舆书，手画其图，易稿则先妣为影绘之，历岁乃成。"

左宗棠婚后六年，夫妻俩抄录了《畿辅通志》《西域图志》和各省通志。

"于山川关隘、驿道远近、分门记录，为数十巨册。"（同上）

周诒端在《饰性斋诗集·和季高夫子（自题小像诗）》中写道：

轩轩眉宇孤霞举，
矫矫精神海鹤翔。
蠖屈几曾舒素志，
凤鸣应欲起朝阳。
清时俊贤无遗逸，

此日溪山好退藏。

树艺养蚕皆远略，

由来王道本农桑。

诗中用了《易经·系辞》蠖屈求伸的典故，可谓意味深长，而“由来王道本农桑”，恰是左宗棠一生的写照。周诒端之贤惠、博学、多才，被胡林翼称为“闺中圣人”。

如果说左宗棠是一个传奇的话，那么这个传奇人物的背后则是另一个传奇。其夫人周诒端不仅贤惠备至，而且才华出众；不仅家庭富有，而且悯怜贫弱；不仅美貌玉颜，而且素朴家常。左宗棠失意落魄，则伴以读书绘图；左宗棠高官显贵后，从来不问政事，只是操持家务，教子读书。邻人曰：“一品夫人与常人无不同处矣！”成功的男人背后，会有个女人支撑，此语道者众，而鲜见者：一个成功的男人，遮掩不了一个成功女人的光彩，周诒端即为一例。

读周诒端的《饰性斋诗集》时不禁感叹：中国古代远不止一个李清照！时间和世俗搅拌的烟尘，蒙蔽了我们的眼睛！中国妇人对传承中国优秀传统文化的宽阔、博大、精深，世无有可比者也！

左宗棠出生时，母亲已三十八岁，奶水不足，米汤喂养。少小多病，瘦弱且肚脐眼突出。成年后身体肥胖，肚子更大。在肃州（今酒泉）军营，常在饭后捧着肚子自言自语：“大帅不负肚子，肚子不负大帅！”

左宗棠一生，奉献所有，不避艰辛，不爱听好话，后人称其为“谀词不赏，贬语得欢”，这在很大程度上说明了左宗棠的性格：他好说实话，对上对下均为如此，上则朝廷，下则兵伍。他的幕僚中少有文人墨客，在左宗棠看来，文人有真才实学的少，投机钻营的多，与夫人周诒端的才情比相差甚远。往往虚头巴脑，少实诚人品，而且吃不了苦。

左宗棠虽然仕途坎坷，但在人生道路上一直有贵人相助。道光六年（1826年），左宗棠十五岁，得了乡试第一名。乡试之后是院试，由学政主持，及格者为正式秀才。在此期间，他的母亲、父亲相继离世，居家守丧。左宗棠在书铺中买得顾祖禹的《读史方舆举要》，如获至宝，爱不释手。或可说顾祖禹是改变他一生的开始、是引导他走向伟大的第一个人。这是一部记述我国地理、历史的著作，使左宗棠从此对历史、地理心醉神迷，尤其是书中描述的山川险要，关防战塞，攻守机宜。读后而知不足，又找到顾炎武的《天下郡国利病书》。这是介绍中国各省地理学的著作，左宗棠一盏青灯，昼夜苦读，周诒端陪伴。殊不知，这一切，竟为后来的领兵打仗转战各地所用。继之，左宗棠又读了齐召南的《水道提纲》，并对中国河流的水文、水量及分布，烂熟于心。可以说，影响左宗棠一生的，除了科举必读的四书五经之外，便是这三部书及《海国图志》了，而下大功夫钻研、品味、再三再四地品读的却是后者。他不仅研读，还作评论，有自己的真知灼见。魏源对左宗棠的影响亦非同一般。他的《海国图志》，左宗棠读到不知天之将晓，“睁眼看世界”使他境界渐远，“师夷长技以制夷”，与左宗棠后来力主进口德国大炮，学习西方军事技术相关。所有攻读，他都有自己的见解，如《读史方舆纪要》：

> “顾氏之书，考据颇多疏略，议论亦欠斟酌，然熟于古今成败之迹，彼此之势。有论者谓其多言取而罕言守，言攻而不言防，乃抢攘策士之谈，此论甚谬。大凡山川形势，随时势为转移。至于取守攻防，则易地可通也。”（《左宗棠略传》）

此时，左宗棠实际上是在谈论用兵之道。对于取守攻防，所持的是应时应地互为转化的观点，此等见解岂非军事韬略？军事韬略对一个将领而言，是攻城略地之策，进即有序，目光远大之必需。年轻的左宗棠已深得个中三昧，何况来日？来日何日？且待领兵出征驰骋沙场之来日矣！后人说，是深厚的历史、地理之学，造就了左宗棠，此言非虚。但对于左宗棠而言，他的准备需要更多，他的“修行”还不够，命运给他安排了更多的奇遇、经历，当然也包括落魄的磨练，科举不第的失望。道光十年（1830年），对左宗棠来说是值得铭记、终生难忘的一年。是年，以提倡经世致用之学而全国闻名的江苏布政使贺长龄，丁母忧回长沙，贺曾与同为名臣的江苏巡抚陶澍同办漕运、海运，与魏源交好，共同编辑大清有关经世致用之学、影响全国的《皇朝经世文编》。左宗棠一介布衣，因为钦佩贺长龄而不时到贺府上求教，贺长龄惜才爱才，倾听左宗棠高谈阔论，赞赏有加：

“吾湘阴有人才也！”

贺长龄极为赏识左宗棠的好学勤奋，虽年少而博学广闻，偶或口出狂言却与左宗棠的质朴和气度非凡相一致，便以“国士见待”。(《左宗棠略传》) 在贺长龄家，左宗棠一是陶醉于与贺的交谈，文质彬彬的话语，却使人茅塞顿开：“家国之有将士也，守土之责为第一，无经世之学，非致用之学，何能聚人民与士卒？何能守疆土保民生？此学之大者也！”

二是忘情于贺长龄家有太多的书，一个个书架，层层排列，目不暇接。贺长龄知左宗棠家贫好学又无钱买书，便对左宗棠开放所有图书，“必亲自登梯楼取书，数数登降，不以为烦”。(《左宗棠年谱》)

每当还书，贺长龄“必问其所得，互相考订，孜孜龂龂”。(同上) 贺长龄还鼓励左宗棠“献疑”——提出问题，左宗棠有无数问题，关于天文地理、经世致用、边荒用兵等。贺长龄大悦：“疑者学问之初也！”然后相与探讨，互为驳论，一老一小，好不热闹，是为长沙名声在外的忘年交。

次年，左宗棠二十岁，负笈于长沙城南书院，该书院因为南宋时朱熹曾到访讲学而著称。书院山长是贺长龄的弟弟贺熙龄，其经世致用之思想，循循善诱之特色，文质彬彬之风度，一如其兄长。

“其教诸生，诱之义理经世之学，不专重制艺（即八股文）、帖括。”（《左宗棠年谱》）

贺熙龄的教育宗旨是明辨义理，匡正人心，从小养成做人、做好人、善人，于国于民有用之人的习惯，学以致用，皓首穷经非仅为穷经也，而为报国也。湖南有贺氏兄弟，实湖南之幸，他们把“经世之用”的口号，变成了教书育人的行动，并流布于后。近代中国湖南人才辈出，文武兼具，引领潮流，冠绝中国，实与教育者之思想、立场、课本、是否用心教育大有干系。贺熙龄其时年方四十三，他在湖南声名鹊起的另一个原因，是敢于直言。他批评当时读书人的文风云：“夫读书所以经世，而学不知要，瑰玮聪明之质，率多隳败于词章训诂、襞襀破碎之中，故明体达用之学，世少概见。”（贺熙龄《寒香馆文钞》）

一个人少小时受到的影响，是深刻于心灵中的。韩愈谓：“古之学者必有师。师者，所以传道受业解惑也”“无贵无贱，无长无少，道之所存，师之所存也”。左宗棠于弱冠时所得的贺氏真传，如醍醐灌顶，合于心而见于行，倍受贺熙龄关爱，称：“左子季高，少从余游，观其卓然能自立，叩其学则确然有所得；察其进退、言论，则循循然有规矩，而不敢有所放轶也。”

贺熙龄并诗赠左宗棠：

六朝花月毫端扫，
万里江山眼底横。
开口能谈天下事，
读书深抱古人情。（他书有记为：读书深得古人心。）

贺并在诗后加注："季高近弃词章，为有用之学，谈天下形势，了如指掌。"（贺熙龄《寒香馆诗钞·舟中怀左季高》）

第二章

陶澍

嘉庆、道光年间，声名动朝野的大清官吏中，还有陶澍，长左宗棠三十三岁。他在林则徐、魏源、包世臣等人的协助下，整顿漕运、兴修水利、改革盐政，以兴利除弊而闻名。曾连任十年两江总督。是“经世致用”之学的代表人物之一。这类学者中出类拔萃的除龚自珍、魏源外，无出其右者为陶澍、林则徐、贺长龄兄弟了。左宗棠在醴陵课徒时，陶澍正好在江西阅兵后，告假回湖南安化小淹扫墓，经醴陵，知县为其安排下榻馆舍，并请正在醴陵渌江书院做山长的左宗棠写几副对联，其中之一是陶澍馆舍所用：左宗棠略作思考，提笔蘸墨写道：

春殿语从容，廿载家山，印心石在；

大江流日夜，八州子弟，翘首公归。

上联提到陶澍毕生引以为荣的大事，是道光十五年十一月底，道光帝第十四次召见他，曾谈及陶澍幼年读书的“印心石屋”事。

道光帝："卿之印心石屋可好？"

陶澍答："圣上关爱，一切如常。"

道光帝又书"印心石屋"匾额赐陶澍："爱卿宝之！"

陶澍临摹的"印心石屋"石刻，至今仍留在岳阳楼。所以称之为"印心石屋"，是因为少小陶澍读书的水月庵不远的资江中，有方正奇石突出江面，状如印章，陶澍爱之，遂名书斋为"印心石屋"。

陶澍见了馆舍门口的这副对联，用笔稳重，浓墨淋漓中透出不同一般的灵光、才气，乃至霸气溢出，其内容不同于迎来送往之俗套，一骇，大为赏识。问知县：

"何人所写？"

"左宗棠。"

"请来一见。"

一见之下，陶澍观其面目、察其言谈，心中窃喜："此将相之才也。"交谈的内容广及历史、地理、文化、教育，乃至用兵打仗，陶澍说："尔年轻有为，奇才也！"相见恨晚，陶澍又留左宗棠在馆舍多待一天。饮茶闲聊间，却是一次长谈，天下形势，经国大略，江河水利，尽在其中矣！

在陶澍，有发现青年才俊之喜，假以时日，可为国家栋梁之材；在左宗棠，则面对两江总督，有一抒胸怀，尽献经国大计之快。左宗棠第三次进京会试落第而归，特意绕道至江宁（即南京）见陶澍，盘桓几日，陶澍告之：“报国之道，非仅进士及第也；报国之途，非仅出相入将也；尔之襟怀、器识，非一介进士可比也！”

陶左金陵相见时，陶澍已六十岁，左宗棠二十七岁，陶澍提出与左宗棠认儿女亲家，陶的儿子陶桄五岁，左的长女孝瑜四岁，年岁相合。

左宗棠以门第不当推辞，陶澍说：

“人物相当，理义相洽，胜过门第也！”

又云：“今日之门第，非明日之门第，或是我儿高攀，未可知也。”

于是商定订亲。陶澍以朝廷名臣、两江总督之重，联姻于三次会试不第的布衣举人，实属罕见。陶澍，伯乐也，他对左宗棠的才学、为人与未来之器重，可见一斑。左宗棠返湘，与陶澍惜别，拱手再拱手，“后会有期！”

“后会有期”乃愿望，乃祝福，乃偶然，而“后会无期”则几乎成为必然，古人之所以重别离也，皆在此。左宗棠返湘次年，即道光十九年（1839年），如晴天霹雳一样的噩耗传来：陶澍去世！家眷迁回安化宅邸。陶澍女婿胡林翼及与陶澍有姻亲之谊的贺熙龄，为陶澍尚幼的孤子读书事，请求左宗棠坐馆于陶家，左宗棠说：

“陶澍之子亦吾之子也，应由我教读。陶家事务一并帮助料理。”

胡林翼、贺熙龄及陶澍家人欣然。左又曰：“涌泉相报，不足挂齿！”自此左宗棠辞渌江书院山长，为陶公子独开私塾教授。待陶公子长大，左宗棠又把大女儿许配给了他。师生变翁婿，又是一段佳话。

陶澍在天之灵，可以呼酒，可以开怀一笑矣！

第三章

胡林翼

左宗棠尚未闻达，却为当时朝廷名臣，湖南名人赏识，他们是在自觉地，为左宗棠开辟一条建功立业的道路，甚或宁为先驱，披荆斩棘。而左却以坐馆教子，安心本职相呼应，实是筚路蓝缕之始也。陶澍等人之外，左宗棠与胡林翼的关系亦非寻常：胡、左的父亲为同窗知己，胡林翼与左宗棠同年出生，都为林则徐赏识，后来又均为湘军名将，互为呼应，两代世交也。

嘉庆十七年（1812年）胡林翼出生，道光十六年（1836年）中进士，翰林院供职，后外派至贵州安顺，再调任湖北巡抚，咸丰十一年（1861年）病逝军中。胡、左亦有订“娃娃亲”趣事：左宗棠得女在先得子在后，胡极有意为自己小女儿订亲，于是便盼着左宗棠生儿子，时或茶叙，胡便问：

“左公何时得子？”

左宗棠有些纳闷：“这生子生女岂能预知？”

胡林翼去世后，几位同窗好友以师“遗命”为名，“遂盟婚焉”，胡左两家结为姻亲。

胡林翼曾要左宗棠入其幕府，左不就。胡多次向朝廷推荐左宗棠，后左以四品京堂候补帮办曾国藩军务。

胡林翼去世后，曾国藩有挽联云：

逋寇在吴中，为先帝与荩臣临终憾事；

荐贤满天下，愿后人补我公未了勋名。

左宗棠的挽联云：

论才则弟胜兄，论德则兄胜弟，此语吾敢承哉？召我我不至，哭公公不闻，生死睽违一知己；

世治正神为人，世乱正人为神，斯言君自道耳，功昭昭在民，心耿耿在国，古今期许此纯臣。

上联“召我我不至”语，指胡林翼在林则徐属下任贵州安顺知府，邀左宗棠同往，左因执教陶桄不能前行。

左宗棠另有《祭胡文忠公文》：

我生于湘，公产于资，岁在壬申，夏日冬时。

詹事文学，读书麓山，两家生子，举酒相欢。

我甫逾冠，获举于乡，见公京师，犹蹶文场。

纵言阔步，气豪万夫，我歌公号，公步我趋。

群儿睨视，诧为迂怪，我刚而褊，公通且介。

谐谑杂遝，不忘箴言，庭诰相勉，道义是敦。

公官翰林，我蛰乡里，中间契阔，盖数稘耳。

公守黔中，我居婿乡，岁比不登，盎无余粮。
使来自黔，缄金贶我，欣欣度腊，返券举火。
道咸之交，盗起苍黄，红巾白梃，逾岭下湘。
我治军书，入居湘幕；公帅湘人，建牙于鄂。
六七年间，湘固鄂完，我司其隐，公任其难。
江汉滔滔，用武之国，公总上游，以规皖北。
前罗后李，楚之良也，公帅以听，位高心下。
曾侯觥觥，当世所宗，公与上下，如云如龙。
养士致民，恤农通商，敛此大惠，施于一方。
我方忧谗，图隐京门，晤公英山，尊酒相温。
公悯我遭，俛焉若蠹，忧蕴于中，义形于色。
我反慰公，何遽至此？天信吾道，犹来无止。
流连经时，辞公返湘，有命自天，襄事戎行。
载旆东徂，数挫贼氛，公闻则喜，谓我能军。
我尝戏公：吾岂妄耶？忧虞方殷，谬语相夸。
安庆既下，黄州随之，桐舒叠克，复徽与池。
贼萃吴越，犹痈敛口，协力并规，庶歼群丑。
何图我公，积劳成瘵，中兴可期，长城遽坏。
书来诀我：劳者思憩，君等勉旃，吾从此逝。
启函涕零，亟致良药，苍头驰赍，七日至鄂。
使还告我，详讯寝食。公卧射堂，屏退妇稚。
血尽嗽急，肤削骨峙，频闻吉语，笑仅见齿。
鼎湖龙去，攀号不遂，以首触床，有泣无泪。

呜呼公乎，而竟已矣！彭殇渊虒，均之一死。
况公名业，震今铄古，绛灌无文，随陆无武。
劳臣斯瘅，殁乃暂逸，委形观化，袪烦已疾。
君子曰终，得正斯可，以此哀公，公应笑我。
悠悠我思，不宁惟是。交公弱年，哭公暮齿。
自公云亡，无与为善，孰拯我穷，孰救我褊？
我忧何诉，我喜何告？我苦何怜，我死何吊？
追维畴昔，历三十年，一言一笑，愈思愈妍。
公之嗣子，我外孙夫，今我于外，罔恤其孤。
公之先茔，屡思改卜，执绋未能，莫相负筑。
遗文无多，可以饷蠹；章疏琅琅，关系国故。
当以暇时，为之校删，上之史馆，藏之名山。
我当力战，罔敢定居，以终公志，以实公誉。
倘遂生还，梓洞柳庄，当展公墓，兼省福郎。
灵輀西返，不获走送，陈词酹酒，聊以志恸。
有酒如池，有泪如丝，尽此一哀，公其鉴兹。

曾国藩展读、吟哦，赞曰："情文并茂，殊为绝句。"（左焕奎《左宗棠略传》）

道光二十年（1840年），在林则徐带领下，广州虎门炮台硝烟四起，鸦片战争爆发。全国上下群情激愤，左宗棠其一也。强盗一般的英国侵略者，以铁甲大炮冲开了中国国门。从此，如何抵御强权外侮的外来侵略，强军强国强我国民，已是中华民族一道新的课题。而大清帝国的遮羞布一旦撕碎，则土崩木坏，纲举无存，士不能言，兵不能战，败者求和，割地赔款，开放海禁，于此始焉！面对这中国历史上从未有过的大变局，全国的爱国文人、尤以湖南为甚，开始了对近代中国极端重要的思考：如何救国救民、保土保家？林则徐、魏源、贺熙龄、左宗棠等，均为心忧天下者！其时左宗棠二十九岁，正是年富力强且满腹韬略，可带兵，可杀伐，可报国为民建功立业之时，却依旧教馆为生，一介寒士。其间，贺长龄在贵州巡抚任上，邀他去帮办公务，待遇优厚，以解除左的贫困之忧。但因执教陶桃有约在先，复信辞谢："谨遵先约，不负陶公，诚信而已！"但左宗棠内心并不是风平浪静的，他的《自题二十九岁小像》七律诗中，可见一斑：

犹作儿童句读师，生平至此乍堪思。
学之为利我何有？壮不如人他可知。
蚕已过眠应作茧，鹊虽绕树未依枝。
回头廿九年间事，零落而今又一时。
(《左宗棠全集·诗文》)

左宗棠二十九岁时，何许人也？
郁郁不得志也！
怀才不遇人也！
胸怀韬略，忧国忧民者也！

第四章

夜见林则徐

道光二十九年（1849年），左宗棠时在长沙课徒，十一月间，林则徐因病从云南回乡，途经贵州、湖南，坐船过洞庭湖入湘江，暂泊于长沙码头。林则徐不去惊动地方官员，却派专人去柳家冲约左宗棠一见——为湘地名人所力荐之才俊。左宗棠先以为梦，后知是真，喜出望外，于1850年1月3日（道光二十九年十一月廿一日）傍晚，到码头，过跳板，想到要面见林则徐而不免激动、分心，不觉失足落水，衣履尽湿。登舟叙礼罢向林则徐道：

“闻古人待士以三熏三沐之礼，今三沐已经拜领，然三熏不及也。”林则徐笑曰：“你还是这般文绉绉的，赶紧更衣，免得着凉。”

据《唁林镜帆书》记载：“是晚乱流而西，维舟岳麓山下。”林左“抗谈今昔，江风吹浪，舵楼竟夕有声，与船窗人语互相响答。曙鼓欲严，始各别去”。

林左漏夜达旦，说了些什么？怎么会有那么多话要倾诉？林则徐长左宗棠二十七岁，长了一辈还多，却犹如同窗好友，手足知己。湘江林左夜话的所有细节，都已被岁月挟裹而去，存于史者，夜话而已；存于心者，林则徐之远见、嘱托也。湘江夜话留在湘江中的，聚合为波涛，轰鸣于左宗棠心中的，是“略分倾接，期许良厚”。

后来在西征道上左公云：

“军书旁午，心绪茫然，刁斗更严，枕戈不寐，展卷数行，犹仿佛湘江夜话时也。”“忆三十年前，弟曾与林文忠公谈及西域事务。文忠言：‘西域屯政不修，地利未尽，以致沃饶之区，不能富强。’”

左宗棠又回忆说：“言及道光十九年洋务遣戍时，（即鸦片战争后流放新疆，笔者注）曾于伊拉里克及各城办理屯务，力兴水利，功未告蒇。”又云：“吐鲁番产粮素多，辖境伊拉里克水利（即今谓之坎儿井也，笔者注）曾经林文忠修过。文忠谈过南八城如一律照苏松（苏州、松江，泛指江南。笔者注）兴修水利，广种稻田，美利不减东南。”（《左文襄公全集·书牍》）

不知是苍苍茫茫中天授其意，还是经国方略大致相当，这一夜的话题，大多是新疆。新疆，林则徐流放之地也，却也是至爱之地；因其区域、位置对中国之重要，而把未竟之业，托付给左宗棠了。左宗棠于次日拂晓，告别林则徐时，林则徐将自己在新疆整理的宝贵材料，包括新疆地理观察数据、战守计划，以及沙俄在边境的军事动态等，全部交付给左宗棠，并说：“吾老矣，空有御沙俄之志，终无成就之日。数年来留心人才，欲将此重任托付。东南洋夷能御之者或有人，西定新疆，舍君莫属。”（林岷《林则徐与左宗棠》1984年12月12日苏州大学校刊第45期）左宗棠激动且茫然：“我要去平定新疆吗？那是封疆大吏，可我连进士也不是，还得回馆教孩子们读三字经！”将别，林则徐嘱一语：“来日方长！”并书联语相赠：

此地有崇山、峻岭、茂林、修竹；

是能读三坟、五典、八索、九丘。

左宗棠过跳板，踏上长沙码头。回首，林则徐还在船头挥手，左宗棠挥手，且站立码头，几次挥手示意，林则徐回船舱休息，总算把林则徐请回船舱。左宗棠远眺曙色，朝霞将起，长沙的早晨如此之美啊！

胡林翼《启程晴峰制军》云：“左君宗棠，林文忠过湖上时招至舟中，谈论竟夕，称为不凡之材。”胡林翼又在给左的信中说：“先生究心地舆兵法，林翼曾荐于林文忠。文忠一见倾倒，诧为绝世奇才。”

林则徐一生忧国忧民，他明白当时朝廷最需要的是人才，是统兵能战，战之能胜，管领一方，从而影响中国大局的人才。他约见左宗棠，左不言自己的潦倒处境，倾听之余，便是纵论军国大事、边陲要略、地理方舆、兵法战略。他把林则徐当作崇拜的知己，一个伟大的爱国者，一个可与倾心交谈的前辈，而不为自己提出任何要求。左宗棠甘心教馆，林则徐却念兹在兹。1850年，林则徐赴任广西途中突然病危，想到的第一件事，就是亲自口授由次子林聪彝代笔，向咸丰帝写遗折，折中一再推举："左宗棠是绝世奇才"。(《左宗棠略传》)

湘江夜话一年后，道光三十年十月十九日（1850年11月22日）夜晚，林则徐在广东潮州普宁县城去世。一个月后左宗棠得知噩耗"且骇且痛，相对失声"，撰联以寄哀思：

附公者不皆君子，间公者必是小人，忧国如家，二百余年遗直在；

庙堂倚之为长城，草野望之若时雨，出师未捷，八千里路大星颓。(《左宗棠全集·诗文》)

这副挽联不胫而走，士人诵读，国人皆知。后刻于福州西湖附近的林文忠公祠，观者唏嘘。笔者于2022年盘桓福建近两个月，数次去西湖散步，都会在林公祠联语旁徘徊，正所谓：

壁立千仞，读天上无字书，

海纳百川，看潮头开花时。

左宗棠累年坐馆，常以四句话教弟子：

无欲则刚，

有容乃大，
知足不辱，
能勤非贫。

鸦片战争后，左宗棠“身无半亩，心忧天下”，他性格倔强，被称为“左骡子”，友人告知后，他一笑：“湖南人不都叫湖南骡子吗？余其一也。”

左宗棠性格的另一面，则是心灵柔软且极敏感。他敏锐地洞察到国家将有战争和艰困，民生将会每下愈况，大英帝国以铁甲船炮，虎视眈眈。而朝廷如何应变，则事关国运兴衰。左宗棠主张，面对英军侵略当朝应决意主战；但反对“急旦夕之功”，主张持久、扎实的备战，使“一省之力足当一省之用”，以免敌攻一处，全局牵累，调兵征饷，聚集粮草，而应对匆忙，兵家之大患也。他更加勤奋的阅读战争史志、用兵之策，以及记录外国人文历史的书籍。“非知彼何能知己？”他的具体战备措施为：

练渔屯、设碉堡、简水卒、设水寨、用火器，并坚壁清野切断敌方补给。战术上，左宗棠提出能战之精兵专守城根江防，或设险埋伏；当两军接战时先以火炮攻击，挫其锐气耗其兵力，然后伏兵突起夹击而歼灭之。左宗棠的方略与林则徐、魏源、林福祥等人，在虎门开战时的主张大体相同。关键是：左宗棠一介书生，处湖南内地，山重水隔。若非熟读历史、地理、军事，倘无能存千万雄兵之胸襟，何来此想？

1840年7月5日，英军在粤闽未能得逞，转而攻陷定海，7月末北上攻至天津海口。道光帝及一众大臣惊慌失措，未思抵抗，便于8月谕旨直隶总督琦善，命他去天津与英人和谈，并指责林则徐“措置失当”革职查办。左宗棠大失所望谓：

“仕风日下，人物渺然，思之令人心悸。”“不知当局者又将何以善之？”(《左文襄公全集·书牍》)

时局因为清廷的软弱可欺而愈发恶化，1841年8月25日，英国军舰袭击厦门，10月1日定海再次失陷。英舰进犯长江，攻击吴淞，两江总督牛鉴率先逃跑。1842年6月，英军舰开至南京，这年8月29日，清廷与闯入者、占我海防、杀我兵丁的侵略者签订了《南京条约》。

《南京条约》开丧权辱国不平等条约之始。而道光帝是丧权辱国的清朝皇帝之首。

左宗棠在写给贺熙龄的信中说：“时事竟已至此，梦想所不到，古今所未有。虽有善者，亦无从措手矣。”(同上)左宗棠作《感事四首》，抒心中之愤慨，忧家国之命运：

其一：

爱水昏波尘大化，积时污俗企还淳。
兴周有诰拘朋饮，策汉元谋徙厝薪。
一怒永维天下祜，三年终靖鬼方人。
和戎自惜非长算，为尔豺狼不可驯。

其二：

司马忧边白发生，岭南千里此长城。

英雄驾驭归神武，时事艰辛仗老成。

龙户舟横宵步水，虎关潮落晓归营。

书生岂有封侯想，为播天威佐太平。

其三：

王土孰容营狡窟，岩疆何意失雄台。

痴儿盍亦看蛙怒，愚鬼翻甘导虎来。

借剑愿先卿子贵，请缨长盼侍中才。

群公自有安攘略，漫说忧时到草莱。

其四：

海邦形势略能言，巨浸浮天界汉藩。

西舶远逾狮子国，南溟雄倚虎头门。

纵无墨守终凭险，况幸羊来自触藩。

欲效边筹裨庙略，一尊山馆共谁论？

（《左宗棠全集·诗文》）

忧边、忧民、忧国之情，如火如荼般奔腾踊跃于字里行间。其可贵处在于：早在第一次鸦片战争时，左宗棠与林则徐远隔山海，而在军事、政治的抵抗战略上，完全不谋而合。怪也哉！妙也哉！

如此看待林、左湘江夜话，可谓：江之永矣！言之永矣！

第五章

幕府生涯

左宗棠自视甚高，自比诸葛亮。与朋友书信往来常以“亮”“小亮”“今亮”落款。入幕府，为军师，非他之愿。

咸丰二年（1852年），太平天国义兵由广西进入湖南，准备攻占长沙。当时湖南巡抚骆秉章奉调到京，由张亮基继任，当此兵荒马乱用人之际，张亮基甫上任便广招人才，并协助办理军务。胡林翼得知后书推荐信一封，信中对左宗棠赞赏有加。《胡文忠公遗集》记，他在举荐信中说：

“左子季高，则深知其才品超冠等伦，曾三次荐呈夹袋中，未蒙招致。此人廉介刚方，秉性良实，忠肝义胆，与时俗迥异。其胸罗古今地图兵法、本朝国章，切实讲求，精通时务。访问之余，定蒙鉴赏。即使所谋有成，必不受赏，更无论世俗之利欲矣！”

左宗棠当时隐居湘阴东山柳家庄梓木洞，张亮基派人请其出山，左复信辞谢。胡林翼知后写信给左宗棠，既劝说又批评：

“张中丞（即张亮基）两次专人备礼走请先生，一阻于兵，一计已登览，昨得中丞八月廿三日乔口舟次信，言‘思君如饥渴’。中丞肝胆血性，一时无两。林文忠荐于宣宗皇帝，以是大用。先生最佩服林文忠，中丞固文忠一流人物也。去年冬，曾以大名荐以程制军而不能告之先生，固知志有不屑也。林翼非欲溷公于非地，唯桑梓之祸见之甚明，忍而不言，非林翼所以居心。设先生屈己以救楚人，所补尤大，所失尤小。区区愚诚，未蒙深察，且加诮让，且入山从此日深，异哉！先生之自为计则得矣。先代积累二百年，虚生此独善之身，谅亦心所不忍出也。张中丞不世奇人，虚心延访，处宾师之位，运帷幄之谋，又何嫌焉？设楚地尽沦于贼，柳家庄梓木洞其独免乎？”（《左宗棠年谱》）

可以看出，胡林翼有点不高兴了，并从于情于理处教训了左宗棠一番，山里是隐居不下去了。只好出山，先做个幕僚，小试牛刀。是年，左宗棠四十一岁。在被太平军包围的长沙城中，见了巡抚张亮基。张随即将全部军事部署、驻军重点、攻守事宜，以及整饬吏治等，全都托付给左宗棠，并号令长沙一应战队、各级官员，无条件地执行实施。左宗棠第一次施展其安定民生、统领官吏、用兵治军的才能，他的一生功名，自此而始。因左宗棠布防有方，长沙民生安定，军民一心，长沙固若金汤。太平军围攻三个月而久攻不下，便由岳阳顺流东下，兵指武昌。次年（1853年）初，张亮基升任湖广总督，左宗棠随同去武昌。后张亮基又奉调山东，因与满人贵族胜保不和，被诬参去职，左宗棠返湘阴。新任巡抚骆秉章立即延聘，派人致书、送盘缠银两，左宗棠婉拒。巧的是曾国藩于咸丰四年（1854年），率水陆万人大军，从衡阳出发，与太平军战，也致书左宗棠共襄盛举，左不就。不料太平军攻下湘阴，到梓木洞捉拿左宗棠。左宗棠不得不与天光云影、山林野花相共的隐居生涯作别。左公在给女婿陶桄的信中说：

“长沙大局略定，思更名隐姓，窜匿荒山，而中丞（指骆秉章）推诚相与，军事一切，专以相付，不得不留此更共支撑。”（《左宗棠略传》）

“左公入署办公之后，曾国藩正召集会议，商讨进军计划。大家都认为应当先从湘江北上，进攻太平军在靖港的驻地。唯独左宗棠主张先收复长沙西南的湘潭，腾出原来打算增援长沙西宁乡的4000兵力，再加水师五营，两面出击，这一仗果然获得全胜。”（《左宗棠略传》）左宗棠能打仗的名声，得到了实证。“而曾国藩亲自进军靖港，却出师不利，气得投江自尽，被人救起，只得退回长沙。左宗棠到湘江船上去见他，收点战余的船只、军械、火药等，并劝他‘事尚可为，速死非义’。”（同上）

左宗棠耿直、狂妄、自大、重义、精通用兵、才高八斗的名声，已经远播，远播到深宫大内咸丰帝那儿去了。咸丰五年（1855年），与左宗棠从未谋面的御史宗稷辰进京，路过两湖，考察当地人才、政绩、物产、粮价等情况。进京后咸丰帝召见，人才一项左宗棠名列榜首。称其：“不求名利，任职轻微而功绩不小，如让其独当一面，才

干和成就决不在胡林翼等人之下。”(《左宗棠略传》)

咸丰帝不止一次听说左宗棠，毁誉并存，誉者居多。御史禀报之后，咸丰帝下令湖南巡抚对左宗棠：“出具切实考察结果上奏，以备引见。”

骆秉章复奏说：

“该员有志观光，俟湖南军务告竣，遇会试之年，再行给咨送部引见。”同年，曾国藩也以左宗棠接济军饷有功上奏，得旨以兵部郎中任用。胡林翼另上奏折说：由于自己和左宗棠同是贺熙龄门下，所以知道他的才学高人一等。他对兵政机宜的研究尤有心得。在湖南张亮基和骆秉章幕下襄办军事，力能兼顾江西、湖北，代为出谋划策，已经由御史宗稷辰奏明在案。他秉性忠良，讲求气节，有时近于偏激。指责他人过失，全然不顾情面，致遭人怨恨。所以他不想居官任职，但一想到他现在的情景，不得不将实情陈奏，作为两湖储选将才的参考。(同上)

左公在骆秉章巡抚幕府被重用，人称“二巡抚”。当一切向好时，风云突起。某日，永州镇总兵樊燮求见，左宗棠对此人鱼肉百姓的恶行早有耳闻，自无热情欢迎的意思。而樊燮历来刚愎自用，面见左宗棠时有不敬处：只是拱手作揖，没有按礼仪规制屈体请安。左宗棠假以颜色：“尔不知武官见我，均先行请安。尔既不请安，何须来见？”

樊是个横行的浑人，竟然反唇相讥：“我这武官已是四品大员，你不过是一个小小举人，有何了不起？”因此争吵。左宗棠拍案而起：“滚！”把樊骂了出去！

樊通过关系向湖广总督官文进禀帖，“控告左宗棠为劣幕”。官文昏庸不能明察，据《湘军志》载：“湖南布政使文格亦忌左宗棠，阴助樊，总督官文疏闻，召左宗棠对簿武昌，称左为‘佐杂小吏’。”在一些满族地方大员的密谋策划下，满汉畛域之见极深的官文，对左宗棠提出弹劾，说他一官两印，嚣张跋扈。据薛福成记载，咸丰帝已下令官文密查，“如左宗棠果有不法情事，可即就地正法”。（薛福成《庸庵笔记》）

左宗棠切身感受到了人心不古，官场险恶。便于咸丰九年（1859年），以去北京会试为名，两袖一甩，辞官而去。两湖官员有不少为危急中的左宗棠呼吁，先是苦争不得，后给在京的翰林郭嵩焘去信，嘱郭公向军机大臣肃顺求情。郭接信后先向肃顺面呈一切，又向侍读学士潘祖荫告之，并望出面营救。郭嵩焘对潘祖荫说：“左君去，湖南无与支持，必至倾覆，东南大局不复可问。”（《左宗棠年谱》）

潘祖荫上书奏曰：

“骆秉章之调度有方，实由左宗棠之运筹决胜，此天下所共见，而久在我皇上圣明洞鉴中也。国家不可一日无湖南，而湖南不可一日无左宗棠也。宗棠为人，负性刚直，嫉恶如仇。湖南不肖之员，不遂其私，衔之刺骨，谣诼沸腾，思有以中伤之久矣。近闻湖广总督官文惑于浮言，未免有引绳批根之处……宗棠一在籍举人，去留无足轻重。而楚南事势关系甚大，不得不为国家惜此才。”

胡林翼上奏以左宗棠“精熟方舆，晓畅兵略，名满天下，谤亦随之”，为左公辩。

是此，不知由何途径，“中国不可一日无湖南，湖南不可一日无左宗棠”之语，竟由大内传出，流布一时。咸丰帝显然受到潘祖荫呈文的影响，特旨询曾国藩：

“左宗棠熟习湖南形势，战胜攻取，调度有方……应否令左宗棠仍在湖南襄办团练事，抑或调赴该侍郎军营，俾得尽其所长，以收得人之效？”

曾国藩上书复奏：“左宗棠刚明耐苦，晓畅兵机。当此需才孔亟之时，无论何项差使，唯求明降谕旨，俾得安心任事，必能感激图报，有裨时局。”（《左宗棠年谱》）

接着，又有骆秉章、胡林翼等纷纷上奏，指樊燮非仅诬害，且为贪官，将查明的账本送交军机处。咸丰帝遂召见深得信任的军机大臣肃顺，肃顺答曰：“赞画军谋，迭著成效，人才难得，自当爱惜。”当时皇帝用人有满汉之辨，却也知道满人之不可大用，对人才的发现和使用是用心的，凡是熟悉左宗棠的两湖官员进京觐见时，咸丰帝总免不了要询问一番。时在樊燮事件之前，“骆、曾、

胡之保，则已在圣明洞察之后矣。”（《左宗棠年谱》）

有咸丰八年，郭嵩焘给左的一封信可证：咸丰八年十二月初三日，咸丰帝召见郭嵩焘于养心殿西暖阁。

上问曰：“汝可识左宗棠？”

曰：“自小相识。”

上曰：“自然有书信来往？”

曰：“有信来往。”

上曰：“汝寄左宗棠书可以吾意谕知，当出为我办事。左宗棠所以不肯出，系何原故？想系功名心淡。”

曰：“左宗棠亦自度赋性刚直，不能与世合。在湖南办事，与抚臣骆秉章性情契合，彼此亦不肯相离。”

上曰：“左宗棠才干是怎样？”

曰：“左宗棠才极大，料事明白，无不了之事，人品尤极端正。”

上曰：“左宗棠多少岁？”

曰：“四十七岁。”

上曰：“再过两年五十岁，精力衰矣。趁此年力尚强，可以一出任事也。莫自己糟蹋，须得劝一劝他。”

曰：“臣也曾劝过，他只因性刚不能随同，故不敢出。数年来却日日在省办事，现在湖南四路征剿，贵州、广西筹兵筹饷，多系左宗棠之力。”

上曰：“闻渠意想会试？”

曰：“有此语。”

上曰：“左宗棠何必以进士为荣！文章报国与建功立业所得孰多？渠有如许才，也须一出办事方好。”

曰：“左宗棠为人是豪杰，每言及天下事，感激奋发。皇上天恩如能用他，他亦万无不出之理。”（《郭嵩焘日记·戊午与公书》转引自《左宗棠年谱》）

郭嵩焘并记：“右谨抄录圣谕，圣言尚多，略论大概如此。字句之间，未必能十分吻合，然非圣人所语及者，未敢稍附会一语。”（同上）

咸丰帝在是次谈话中，点出了左宗棠的一件心事：未中进士而耿耿于怀。后督陕甘，平定新疆阿古柏之乱，皇上特许他不参加会试，加封“大学士”“赐同进士出身”，了却了左宗棠内心深处拂之不去的遗憾。

左宗棠曾蛰居乡间，后战功累累，然对“进士及第”也极为看重。此士人本色也，虽左宗棠也难免。

第六章

创建“楚军”

话说，一边是咸丰帝看过潘祖荫的奏折与郭嵩焘谈话后，已深知左宗棠；一边是大清帝国四面楚歌，兵凶战危用人之际。胡林翼上奏建议：

“请皇上圣明饬湖南抚臣令左宗棠募集六千兵勇，以救江西、浙江、皖南。”

咸丰帝允准。

左宗棠当即募集兵勇，凡六千余，楚军由此始也。左宗棠并亲笔拟定《楚军营制》其中有：“行军必禁”——凡奸淫烧杀者斩示众；“体恤百姓”——概不准搬民家门片板材、桌椅、衣服、小菜、桶碗；“买卖公平”——必须按市价平买平卖等。

不日诏令下达：“左宗棠以四品京堂候补，随同曾国藩襄办军务。”此时，太平军名将石达开，有从贵州前往四川督战的迹象。而清政府有意调左宗棠督办四川军务。

左宗棠致信胡林翼：

“宗棠资望既浅，事权不属，……明知其无济而贸然应之，在己为不智；知我之无济而贸然以我应之，公等之谋国亦未得为忠也。”又曰：“幸为我致意涤公（即曾国藩，笔者注）我志在平吴，不在入蜀矣！”（《左宗棠年谱》）

左宗棠弃“督办”而居“襄办”，一是有自知之明，二是终究实现了他独率一军，纵横沙场，亲临前线的宿愿。咸丰十年（1860年），左领兵从醴陵出发，取道江西赴安徽祁门与曾国藩会师。不料祁门战事激烈，楚军奉命屯兵景德镇，以待时机。曾国藩的湘军与左宗棠的楚军在安徽、江西、浙江三省边境地区，与太平军拉锯作战。咸丰十一年（1861年）五月，又命左宗棠增援浙江。曾国藩奏请暂留左宗棠，移师临近浙江之婺源，以观动静态势。在安徽、江西大体平复后，而浙江告急时，清政府再次下达诏令：左宗棠督办浙江军务。

左接获诏令，再细察浙江军情，不禁愕然：浙地各城，如杭州、宁波、绍兴、金华、建德、台州等，均在太平军占领之下，他的督军衙门竟不知设在何处？左公原先设想，以江西为根据地，节节进攻，逐一攻城，其势必旷日持久。且内政不修，战事难为；吏治腐败，民心涣散；何能得一方之治？百业之兴？万民之安？

到任之后他即上奏说：

“考查浙江军事之所以败坏，开始是由于竭力以军饷接济江苏和安徽。浙江想依靠这两省兵力作为本省之藩篱，对于选将练兵却

漫不经心。”(《左宗棠略传》)

江苏、安徽兵败，浙江收纳溃退的散兵游勇，给予重饷，望能奋勇。结果是兵多饷多，涣散决裂，军纪不严，兵勇怯战，日久之下，饷重如山，兵溃若水。只能欠薪，兵怨日积。

左宗棠提出：

“臣奉命督办浙江军务，节制提镇，非就现存兵力严加挑选淘汰不可，非另行调集召募以资替换不可。如果欠饷日久，就难以淘汰遣散，经费不足，就难以调拨募补。名为节制提镇，实际上对营官哨长呼应不灵。不但得不到他们的帮助，反而要受到他们的压力。”(同上)

为今之计如何？左提出先查明各省援浙经费，及应拨解的军饷筹款，从速解缴，以应变革急需。此外，左宗棠认为在衢州水陆要道设水师，协同陆军作战。一应提议获朝廷认可之后，左宗棠改编军队提升战力，逐一收复了浙江各大城市，扭转战局。

人心安定，社会面貌焕然一新：宁波海鲜上市矣，绍兴老酒陈列矣，杭州食馆开张矣，西子湖畔游人渐众矣，西湖龙井发新芽矣！这是左宗棠第一次任地方督军而独当一面，把握全局，指挥有方，民生为上，吏治从严，惊人地展现了他的将帅之才。当年十二月，朝廷诏命：左宗棠任浙江巡抚。

左宗棠时年五十，两年后又朝命督师闽浙，任闽浙总督。

人生半百，鬓发渐白，老之将至矣！对左公而言，却只是纵横疆场之始。

第七章

海军之父

左宗棠是中国近代海军的最初创立者，海军之父也！

凡唐宋以来，所有记述海国故事者，他无不精读、记录，深谙海防、海军对国防及商贸的重要。尤在鸦片战争之后，洋人用铁甲兵轮，载着西方侵略者的野心，纵横驰骋于中国的海上。林则徐认为只有“造船铸炮，师敌之长技以制敌”，魏源认为“夷之长技三：一战舰，二火器，三养兵练兵之法”。左宗棠是第一个继承并实践林则徐、魏源思想的清朝大员，睁眼“看世界”者。他说：“自海上用兵以来，泰西诸邦以机器轮船横行海上，英、法、俄、德又各以船炮互相矜耀，日竞其鲸吞蚕食之谋，乘虚蹈瑕，无所不至。”（《左宗棠略传》）

《南京条约》在暴露清朝腐败的同时，也无情地拉开了中国近代史上丧权辱国的序幕。揭开了各种各样金碧辉煌、冠冕堂皇的面具，显露了当权者中各种人的真面目，其中也有竭尽全力、挽狂澜于既倒的英雄人物。左宗棠在浙江巡抚任上，就曾谋划、憧憬中国拥有自己的舰船，自己的海军，劈波斩浪于海洋之上。在浙江，他曾招募能工巧匠仿造了一艘小火轮，试航于西湖。并邀请法国人德克碑及税务司日意格参观，这两个外国人后来是左主持福建船政的重要顾问。小火轮试航西湖，驰骋水上，游人以为惊奇。两个老外的评价是："大致不差，唯轮机须从西洋购觅，乃臻捷便。"（《左宗棠年谱》）并取法国造船册请左观览。左宗棠找到商人胡雪岩协助洋务，编制预算，采办图纸、机器。正当左宗棠筹办海军之际，太平军攻占漳州，左奉命挥师入闽，打仗去了。左宗棠攻克漳州，德克碑返欧后从法国寄来"船厂图册"，并细列如何觅购轮机、招募洋工匠等计划，由日意格携至漳州行营面呈。左在督战之余，屡次聆听日意格讲解造船技艺，左自称"渐得要领"。（《左宗棠略传》）

福建战事渐趋平息，左宗棠拟上奏朝廷，建言自造火轮兵船事。英国大使威妥玛及税务司赫德游说清廷：造舰不如买舰，"广求新法于外洋，轮船器械以购雇为便"。（《左宗棠年谱》）自造不如外买，由来久矣！清廷密询左宗棠："造矣买矣，意见若何？"左在答奏中指出英人所言不善：

其意有三，一是，"彼无所挟，恐启中国轻视之渐"；二是，"结款已满，彼无所图，欲藉购雇轮船器械因缘为利"；三是，"西洋各国，外虽和好，内实险竞，共利则争。英人欲见好各国以固交，又知各国以新法售我，思先发以笼其利"。在奏折中左宗棠又进言道："然事急变生，不夺不餍，如有决裂，则彼己之形所宜审也。陆地之战，彼之所长皆我所长，有其过之无不及也。若纵横海上，彼有轮船，我尚无之，形无与格，势无与禁，将若之何？微臣所为鳃鳃拟习造轮船兼习驾驶，怀之三年，乃有此请也。"（同上）

这是同治五年（1866年）的奏本，左宗棠对老牌帝国英国之用心，已知彼若己，洞若观火矣！详细陈述了海军对于国防之重要，自建海军的计划，并对当朝中没有自信墨守成规者分析日本与我国的情况：

“近时，洋枪、开花炮之制，中国亦皆能之，炮可仿制，船独不可仿制乎？”左公又以日本和中国为例：“彼此同以大海为利，彼有所挟，我独无之，譬犹渡河，人操舟而我结筏；譬犹使马，人跨骏而我骑驴，可乎？”

又：“国家建都于燕（京）、津（指天津），实为要镇，自海上用兵以来，泰西各国火轮兵船直达天津，藩篱竟成虚设。”（《左文襄公全集·奏稿》）左宗棠同时预见了海军在经济、商业上的重要性：他说，东南沿海各省“大利在水，而不在陆……七省之储可通一水”。左宗棠对于办海军、造船，有非凡见解，也有具体而详细的规划。

左宗棠在奏折中说：

“非常之举，谤议易兴。始则忧其无成，继则议其多费或更讥其失体，皆意中必有之事。”

“天下事始有所损者，终有所益。轮船成，则漕政兴，军政举，商民之困纾，海关之税旺，一时之费，数世之利也。”

“窃谓海疆非此，兵不能强，民不能富。雇募仅济一时之需，自造实无穷之利也。于是则虽难有所不避，虽费有所不辞。”

“欲防海之害而收其利，非整理水师不可；欲整理水师，非设

局监造轮船不可。”(《左宗棠全集·奏稿》)

左宗棠的规划是:

一，造船厂设在马尾（福州外港）。同治五年七月（1866年8月），亲至福州马江入海口罗星塔，以时价购得马尾山下民田200多亩为厂址。在奏折中说:“如虑船厂择地之难，则福建海口罗星塔一带，开漕浚渠，水清土实，为粤、浙、江苏所无。”

二，轮船机器之觅购。采用渐进的方法,“先购机器一具，巨细毕备，觅雇西洋匠师与之俱来。先以机器造机器，积微成巨，化一为百。机器既备，成一船轮机即成一船，成一船即练一船之兵。比及五年，成船稍多，可以布置沿海各省，遥卫津、沽。由此更添机器，触类旁通……有适民生日用者，均可次第为之。”

三，外国师匠之邀约。“先立条约，定其薪水，到厂后由局挑选内地各项匠作之少壮明白者，随同学习。其性慧夙有巧思者，无论官绅士庶，一体入局讲习；拙者、惰者，随时更补。西洋师匠尽心教艺者，总办洋员薪水全给；如靳不传授者，罚扣薪水，似亦易有把握。”

四，驾驶船之难。“则定议之初，即先与订明:教习造船即兼教习驾驶，船成即令随同出洋，周历各海口。无论兵弁各色人等，有讲习精通能为船主者，即给予武职千、把、都、守，由虚衔荐补实职，俾领水师。则材技之士争起赴之，将来讲习益精，水师人才固不可胜用矣。”

并论及海军水师的训练之要:

“大凡水师宜常川任船操练，俾其服习风涛，长其筋力，深其阅历，然后可恃为常胜之军。近观海口各国所驻兵船，每月操演数次俨临大敌。”

笔者拜读并记录上述左公的奏稿时，所能感知的是，一个忠勇耿介将领的胸怀、远见，赤子之心，忧国忧民，企望富国强兵的韬略满腹。综观当时清廷满朝文武，王袍加身者、紫禁城行走者、拱手哈腰者之中，有能相比者乎？无出其右者也！

清政府同意了左宗棠的全部建议，划拨创办经费，批准在马尾筹建中国近代第一个海军造船工业基地。中国有船、有大船、世界排水量第一的船，久矣！可惜如梁任公所言“郑和之后再无郑和”，人亡船弃矣！正如卓明先生所言：

“尽管中国早在2500多年前就有了水上武装，而且曾在世界上长期处于领先地位，但严格来说那还不叫海军。海军是资本主义近代化大工业的产物……真正给中国创办近代海军带来希望的，是建立在马尾江边的福州船政局……马尾，中国海军从这里起步。”而左宗棠是“中国近代海军的第一功臣”。（1994年第六期《人物》）

同治五年（1866年），福州船政局正式筹建，左宗棠兼任首届船政大臣。聘洋人日意格、德克碑为正副监督，设立“求是堂艺局”，法国人教制造，英国人教驾驶。

招十余岁聪俊子弟，迎洋师以教之。先以语言文字继而图书、算学，“学成而后督造有人，管驾有人，轮船之事，始为一了百了”。（《左文襄公全集·书牍》）

马尾船厂紧锣密鼓进行时，陕甘吃紧，清政府于同治五年八月十七日（1866年9月25日），突发诏命：调左宗棠任陕甘总督。

左宗棠担心马尾工程夭折而忧心忡忡：

“西行万里，别无系恋，唯此事未成，又恐此时不能终局，至为焦急耳！”（同上）左公又上奏曰：“臣维轮船之事势在必行，岂可以去闽在迩，忽为搁置？”乃“日夜计划，必期章程周妥，经理得人而后去”。(《左文襄公全集·奏稿》)

左宗棠心里马尾船政的接班人是何人？林则徐的女婿沈葆桢是也。其时沈葆桢丁忧居家，左宗棠再三登门拜访，终于把“面辞者四，函辞者三，呈辞者再”的沈葆桢感动，答应接任“总理船政”。(《左家棠略传》) 左宗棠奏请朝廷给予全权便宜行事，并要求：“由部颁发关防，凡事涉船政，由其专奏请旨，以防牵制。”并由胡雪岩协助。左宗棠向朝廷表示：“此事系臣首议试行，倘思虑未周，致多疏漏，将来察出，仍请将臣交部议处，以为始事不慎者戒。”

如左宗棠为官一方，大权在握而勇于创业敢于担当者，古今官员可为明镜而鉴之焉！封建朝廷、封建官员，我们可以开口就来批判一番，连好的皇帝臣僚也都骂进去了。但没有几千年封建社会，哪来中国农耕文明？哪来诗、书、礼、乐？哪来“四大发明”？舍此，今日之中国岂非无源之水、无本之木？一切安排妥帖，左宗棠于同治五年十月，离福州取道江西、湖北进陕西。其间过家门而未

入。他在途中有致杨昌浚信:“身虽西行,心犹东注。”(同上)

东注者,马尾船厂也,中国未来之兵船海军也!马尾船政学堂,分制造、驾驶和技工三个部分。培养了628名航海、造船、蒸汽机制造方面的专家、工程技术人员。是中国最早培养近代海军军官、专家、技工的第一所摇篮,是中国海军最早奔竞于海上的先行者。船政学堂的毕业生,成为船政局、福建水师、北洋水师的掌舵、掌炮的军事骨干。在马尾海战中牺牲的担任管驾以上职务的马尾学校的毕业生有五人:“福胜”号、“建胜”号管带吕瀚;“振威”号管驾许寿山是第一届毕业生;“福胜”号管驾叶琛为第二届毕业生;“福星”号管驾陈英;“建胜”号管驾林森林是第三届毕业生。在北洋舰队任管带的船政学堂学生有15人。李鸿章说:“中国兵船学堂创自福建船政(即马尾学堂,笔者注),北洋前购舰船所需管带、大副、二副、管理轮机炮位人员,皆借才于闽省。”

甲午海战中献身的:“致远”号管带邓世昌;“定远”号管带刘步蟾;“镇远”号管带林泰曾;“靖远”号管带叶祖珪;“经远”号管带林永升等,皆为船政学堂首届毕业生中之佼佼者!

更令人惊讶的是,左宗棠在一百多年前,冲破闭关锁国之禁锢,在创办马尾学堂之初,即从长远战略上着眼,“招十余岁聪俊子弟,迎洋师而教之”。中国近代杰出的铁路工程师詹天佑,著名的启蒙思想家、文化学者严复,也曾就读于船政学堂。而且他们也是由左宗棠奏请朝廷,从通晓各国语言、文字的有才之士中“精为访择”,确定名额,“以游历为名”派赴国外考察学习的首批留学生。

左宗棠不仅旨在培养洋务人才，而且也考虑到，将来外交使节“即从此项人才中挑派”“不独英、法、美，应遣人前往”，且凡有长技可学之国“尽可能随时斟酌资遣”。其洋务思想的核心一在卫国，二在富民。“富民之道，在于兴利”“兴利之道，首重民生”“为政先求利民，民既利矣，国必与焉！”（同上）左公在一个半世纪以前的所思所为，其境界高远，谋略深邃，为国之忠，为民所想，至今仍在历史的时空中闪耀！

岁月不减其分毫也！

积尘不掩其闪烁也！

第八章

新疆危局：浩罕国与阿古柏

收复新疆是左宗棠一生中的伟大壮举。因为左宗棠，中国才保有这片浩瀚、美丽且富有的疆土；因为左宗棠，才让全世界认识到，中国人民是有血性的人民；因为左宗棠，中华民族始能站立于世界之林。假如没有左宗棠，今日中国西北的边界就是敦煌的玉门关了。在列强虎视眈眈、民族灾难深重、大清帝国积弊难除的时刻，左宗棠“引边荒艰巨为己任”（《左宗棠全集·奏稿》），西出阳关，收复沦陷已十四年之久的新疆，而轰动中国和世界，这是清政府灭亡前唯一的高光时刻。左宗棠的“雄师亲驻玉门关，不斩楼兰誓不还”的爱国情怀，豪迈气概，震烁古今，乃至将来！

新疆的局面为什么到如此地步？新疆发生了什么？且容笔者道来。新疆，西汉时古文献所称“西域”是也，即为新疆及其他与之有关联的地域。从西汉始，巴尔喀什湖以东和以南的地区，皆在中国版图内。汉武帝建元二年（公元前139年）、元狩四年（公元前119年），曾派张骞两次出使西域，史书有“凿通”之誉。汉宣帝神爵二年（公元前60年），西汉政府在乌垒城——今新疆轮台东设西域都护，作为中央政府的权力机构，行使西域行政管辖权。东汉初期，外交家班超父子在西域生活几十年，对民族和睦、中华一统有重大贡献。西域还是少数民族聚居地，是诗人李白的故乡。古西域三十六国以胡杨为庇荫，各自创造了神话般的史诗。在中原地区处于分裂、内乱状态时，西域和内地仍互有交通、联系。南北朝时热衷儒学的前凉国君主张骏，于西域置高昌郡——今吐鲁番东南——此乃天山南路设郡县之始也。唐朝初年设“安西都护府”，统辖于阗——今和田、疏勒——今喀什、龟兹——今库车、碎叶——今楚河上游四镇。随后唐朝派兵讨伐了突厥贵族军事政权，大唐收回并管辖整个西域。元朝时，西域和内地的经济商贸往来频繁，大量西域人内迁，时有“回回满天下”之说，世人渐知，所谓西域者，大山皑皑，大野苍茫，沙漠铺陈、瓜果香甜之地也。清康熙、乾隆两朝，万里迢迢，几次用兵，平定准噶尔部叛乱。

1759年之后，乾隆将西域改名为新疆，这是一个历史性的时刻，乾隆皇帝宣告了幅员辽阔，中国极西边陲之地、极旱之地，也是地貌多样，名胜累累，珍宝蛰伏之地，是中国的神圣领土！“吾之疆索”也！

浩罕汗国是邻近新疆西部的一个中亚汗国，十九世纪中叶，趁浩罕汗国社会动荡混乱之际，沙俄趁机入侵。1864年9月，喀什噶尔封建主金相印和思的克，一起派使者去浩罕汗国，要接回新疆叛乱者张格尔的儿子布索鲁克。同治四年年初（1865年1月），浩罕汗国军事首领派其部下阿古柏同布索鲁克一起，带六十八个亲随兵勇，闯入新疆。阿古柏以残暴、毒辣、惨无人道闻名。他进入南疆后，于同治四年二月（1865年3月）驱逐邀他入疆的思的克，强占喀什噶尔，接着又攻占英吉沙尔（今新疆英吉沙）。同年秋天，一支在塔什干被沙俄打得抱头鼠窜的浩罕汗国败兵七千多人侵入南疆，投奔阿古柏，使阿古柏的军力和野心大增。不久，阿古柏即攻占叶尔羌（今新疆莎车）、和阗（今新疆和田）。同治六年（1867年）夏，阿古柏领兵东进，占领阿克苏、库车，同治九年（1870年）秋，攻占达坂城、吐鲁番、乌鲁木齐，接着又突袭玛纳斯。是此，新疆大部分已成为侵略者阿古柏的领地。阿古柏在他侵占的地区，建立了一个称为"哲得沙尔"（意为七城）的汗国。它对新疆的殖民统治之极端凶残野蛮，世所罕见。"农民在交纳赋税之后，只剩下收获的二分之一，有时只剩四分之一。"（杨东梁《左宗棠评传》）除去正税，还有许多名目的附加税，使穷困的新疆各族人民只好"变卖土地、牲畜，甚至卖了家中的锅碗来交纳税款"。（包尔汉《再论阿古柏政权》）

新疆向为外国人觊觎，阿古柏政权得以横行，除了清政府腐败无能，主要是英国、沙俄侵略者各怀野心，插手搅局。十九世纪时，英国和俄国是两个争霸世界的殖民大国。俄人欲南下波斯湾，控制印度洋，实现彼得大帝的遗愿；英国这个老牌殖民帝国，"风度翩翩"地暗下杀手，维护既得的"日不落帝国"的殖民利益，不容他人染指！这一角逐到了十九世纪中叶，英、俄殖民者几乎同时向中亚推进，新疆首当其冲。当时，"沙俄为摆脱农奴制的危机，延缓该国革命的到来及开拓国外市场，执行疯狂的对外扩张政策"。（《左宗棠评传》）伟大的思想家恩格斯慧眼独具地指出：

“沙俄是不会在扩张的侵略路上止步的，它是‘一次征服必然继之以又一次征服，一次吞并必然继之以又一次吞并’。”（《马克思恩格斯全集》第九卷）

中国是沙俄武力掠夺土地和资源的重要目标，继第二次鸦片战争侵夺我黑龙江以北、乌苏里江以东的一百多万平方公里土地后，又于同治三年（1864年）十月强迫清政府签订《中俄勘分西北界约记》，强占了我国西北边疆四十四万多平方公里的领土。与此同时沙俄军队在同治四年五月（1865年6月），侵占塔什干城，次年挥师布哈拉，于1868年侵占撒马尔罕城。同治六年（1867年），沙俄在塔什干城设“土耳其斯坦总督府”，考夫曼为总督，负责推动侵略中国的政策。沙俄在战略、地域和经济的方方面面，早就盯上了我国新疆的南疆地区，屡屡派人刺探、勘察，十九世纪时，已逐渐形成抢占喀什噶尔的构想。道光二十七年（1847年），俄国外交部认为：

“喀什噶尔作为商业中心有许多超过恰克图的优越性。此外，就其地理位置而言，它具有极其重大的政治意义。”（《左宗棠评传》）

何谓政治意义？乃沙俄之侵略政治也：夺占喀什，就是夺占了一处战略要地。从喀什进则为帕米尔高原和克什米尔，可威胁节制英属印度；退则“足以阻遏英国向北扩张”。沙俄所愿也，力图在新疆“建立一个在俄国庇护下的脱离中国的傀儡政权”。（同上）

阿古柏政权在南疆出现，对沙俄来说可谓始料未及，对英国而言却是正其时矣。俄军利用其地理优势，取进攻态势。同治七年（1868年），沙俄侵占撒马尔罕后，便在与阿古柏相邻的纳伦河上游筑碉堡，徐图推进。同治九年（1870年），沙俄集结军队，策划对南疆军事远征。正其时也，军事形势突然紧张，阿古柏抢先夺占乌鲁木齐，进入北疆。沙俄预感到阿古柏有可能以乌鲁木齐为后援，进而侵入新疆重地伊犁，“建立亲英的统治”。（同上）于是沙皇政府在同治十年（1871年）五月无视中国主权，正式进攻伊犁，顶着新疆各族民众的抵抗，分两路攻进伊犁地区。七月初，割据伊犁称霸草原的地方势力投降，沙俄占领伊犁，为侵吞整个新疆建立了一个桥头堡，并与阿古柏联手，以承认阿古柏政权为条件，获得了在南疆通商、访问、派遣商务官员的便利。英国和沙俄狼狈为奸，相互勾结，鲸吞新疆的态势形成。

沙俄的情报显示：英国这个老牌帝国与沙俄表面的勾连，并不代表它不了解俄国，从掠夺土地，殖民他国而言，整个十九世纪，英国最难对付的对手唯有沙俄。因此在新疆，他们采取了先下手为强的手段：英国殖民主义分子罗林森，曾如此论述英、俄与阿古柏的关系：

“如果俄国以武力或当地统治者的请求，在新疆建立一个保护国——如同在乌孜别克诸汗国建立的保护制度一样——并经由西藏和瓦罕分别与克什米尔和喀布尔发生接触，那么，毫无疑问，对大英帝国是不利的。因此，即便不考虑到商业方面，我国的利益显然在于维护阿古柏的独立政权。”

1874年2月2日，一个英国使团与阿古柏签订条约：规定英国人可随意进入阿古柏的占领区，“享有当地臣民或最惠国公民，所享有的商业方面的一切特权和便利”。（包罗杰《阿古柏伯克传》）且英国从印度进入南疆的货物不需开包检查，英国政府在新疆任命一个外交代表、一名商务专员。此外，英国人还可以在南疆买卖土地、房屋、仓库。阿古柏自知是个入侵者，为新疆各族人民仇恨，又对沙俄满怀恐惧和疑虑，因而希望背后有个足够强大的主子，寻求英国的庇护。阿古柏如仆人、奴隶、走狗一样对英国使节福赛斯表忠心：“女王就和太阳一样，在她的温和的阳光里，像我这样可怜的人，才能够滋长繁荣。我特别希望得到大英帝国的友谊，这对我是不可少的。”（同上）

福赛斯代表英国政府承认：“阿古柏是喀什噶尔和叶尔羌地区元首”，还赠予炮两门、枪支若干，且表示：“如果需要的话，还可以派一个领事和一两万武装军队，驻扎在喀什噶尔保护你。”（包尔汉《再论阿古柏政权》原载《历史研究》1979年第八期）

阿古柏完成了一个彻头彻尾的“华丽转身”：从浩罕汗国的侵略者变成英帝国主义的附庸。这一切，充分展现了解决新疆问题的复杂性和紧迫性：

一、收复新疆已刻不容缓。

二、英、俄对新疆均筹谋占领，并已付诸行动。

三、沙俄占领的伊犁，有加紧扩张的态势。

四、阿古柏凶残的统治得到了英帝国主义的武力支持。

五、阿古柏已是英国的代理人，代表大英帝国的利益。

六、收复新疆是一次远征，需大量的军费开支及粮草准备。

七、不仅要击溃阿古柏，同时还要与英国、沙俄进行艰巨而坚决的斗争。

八、清朝政府必须痛下决心，调派战之能胜者领兵远征。

在外来侵略者的血腥统治下，天山南北各族人民在苦难中期盼着清兵、汉族同胞和其他兄弟民族的驰援，把他们从暗无天日的统治中解救出来。那些从乌鲁木齐、从喀什、从伊犁逃跑的大清官吏和兵丁呢？他们怎么连国土都不要，连天山雪水都不要，连吐鲁番葡萄都不要，连塔里木河胡杨都不要，一走了之，逃跑了，无影无踪了。

“而当地人民按照自己的愿望，传播着‘汉人就要来了’的讯息。他们日夜盼望着汉人，为汉人做着祈祷。”（新疆社科院民族研究所编《新疆简史》）“喀什伽师地方有个农民在犁地撒种子时，有人问他：‘喂！朋友，请问你在种什么？’那个农民回答说：‘还要问什么？种的是赫太依。’（或译‘和台’，指汉人，笔者注）问话的人微笑着高兴地走了。”（包尔汉《再论阿古柏政权》）甚至有新疆当地农民、官绅，翻山越岭，长途跋涉，逃往内地，到北京向清政府呈报情况。“阿不都热依木伯克和苏甫尔隔两人，在北京住了两年半后，随同西征大军回到了喀什。”（同上）

驱逐英、俄侵略者，消灭阿古柏政权，收复新疆，已成为当时中国的一种社会思潮，思潮意味着某种共识，某种期待，乃至对清政府久拖不决的失望；思潮是波澜壮阔的社会运动之酝酿、聚合，思潮是行动的先行者；它代表了全国子民百姓、农工士商的共同意愿，是一种无法支离的心心挂念。新疆问题除去阿古柏的入侵之外，更为严峻的是英国、沙俄正在实施分割新疆、撕裂中国领土完整的阴谋。凡此种种，加上社会各界及有识之士的呼吁，促使清政府不得不面对国土沦丧，英、俄帝国扩张野心的事实，而筹谋夺回新疆。

第九章

左宗棠抢得先机

同治十年（1871年）七月，得悉沙俄派兵侵占伊犁的消息后，左宗棠为抢得先机，火速行动，派徐占彪抵肃州，又致函在湖南休假的主将刘锦棠说：

“俄人侵占黑龙江，北地形势日迫，兹复窥吾西陲，蓄谋既久，发机又速，不能不急为之备。阁下假期将满，希即挑募数千，于九月率以西行，是为至要。”左宗棠又云：“本拟收复河湟后，即乞病还湘，今既有此变，西顾正殷，断难遽萌退志，当与此虏周旋。”（《左文襄公全集·书牍》）

左宗棠此时已年届六十矣！又有多种疾病缠身，他作为陕甘总督、督办陕甘军务之责已经完成，可以功成身退了。而且事关新疆的军政要务，如伊犁将军、乌鲁木齐都统等，清政府自乾隆以来，向以满族权贵充任。说清廷对新疆不重视是不确的，清政府极为看重，所以派出的是他们放心的满族亲贵。问题是这些满族官员要么是怯战，要么是贪官，怎么能与阿古柏杀伐抗衡？怎么可能尽守土之责？直到阿古柏和俄国军队，先后入侵新疆，大英帝国与沙俄准备瓜分新疆时，清廷依然把收复新疆的希望，寄托于伊犁将军荣全、乌鲁木齐都统景廉、提督成禄身上。左宗棠明白这一切，他的西进之路将充斥着各种障碍，虽千万人吾往矣，他决然面对这一切而壮志不改：收复新疆！左宗棠当即上奏朝廷：

“筹议出关大略，敦促清政府力排浮议，制订用兵新疆以保卫领土主权的决策”。(《左宗棠评传》) 左宗棠在上奏文中提出：“关外局势，以区区之愚揣之，实非从内预为布置，从新预为调度不可。”

何为“从内预为布置”？内者，清廷内部布设将帅也，而且必须“重新调度。”正如人们预料，当俄国侵占伊犁后，清政府下旨派伊犁将军荣全“前往收复伊犁”，令乌鲁木齐都统景廉“相机规复乌鲁木齐”，调乌鲁木齐提督成禄迅速出关赴任所。荣全不得要领而回，景廉、成禄若无其事，按兵不动。其中最为荒诞的是成禄，同治四年（1865年）新疆民众起事，身为乌鲁木齐提督，带兵逃跑至甘肃高台，虽“屡奉谕旨敕令出关”，至同治十一年（1872年）仍未出关。

其时，“阿古柏已窃据乌鲁木齐两年，俄国侵占伊犁一年”。左宗棠在密折中称，成禄奉旨西进七载，战绩无闻。该军十二营，现存实数不过五六营，前由高台发两营赴肃州，拉运车二百余辆，半载妇女小孩。部队久驻高台，蓄养戏班。上年遣人赴京接取其三姨太，荒边远塞，竟视为安乐行窝。

左宗棠在同治十一年无视亲贵直言上奏说：

“如成禄者，此时迁延不进，固失事机。即令勉强出关，终难期其振作有力，克当一路。”

在满汉之分如同泾渭一般的清朝，在清廷倚仗满族权贵、尽力包庇他们的贪腐无能时，左宗棠是个直言者，直接把八旗权臣告上清廷。左宗棠又何尝不知：这是一个靠腐败维持的政府。

腐败正在侵蚀所有官员，乃至普通人的肌体，也就是社会的肌体。“礼义廉耻”已经被遗弃、被践踏。

士不知耻乃国耻也。

没有腐败的清朝政府，哪来腐败的清朝官员？

明知不可为而为之，这是左宗棠性格、心系疆土、民生使然。也与“左骡子”的脾气有关：“我有根有据，奈我乎？我能打胜仗，奈我乎？我坦坦荡荡，奈我乎？我胸怀家国，奈我乎？”

同治十二年（1873年）初，总理衙门向左宗棠函问新疆相关情况。左宗棠在复函中，首先指出俄国侵占伊犁之不祥的、战略性的严重后果：“俄人久踞伊犁之意，情见乎词。尊处持正论折之，实足关其口而夺其气。唯自古盛衰强弱之分，在理而亦在势。以现在情形言之，中国兵威且未能加于已定复叛之回，更何能禁俄人之不乘机窃踞。”

左宗棠认为，对俄人强占伊犁的事实只能用军事力量解决，和侵略者讲道理，如对牛弹琴也。沙俄“狡然思启，必将不夺不餍，恐非笔舌所能争也。”而现在驻守新疆的清朝八旗将领“冗杂如常，并无斗志，望其克复要地，速赴戎机，实无把握，并虑徒增扰累”。

左宗棠陈奏的收复新疆方略及用兵之道是：

“宗棠所以有从内布置、从新筹度之请也。就兵事而言，欲杜俄人狡谋，必先定回部；欲收伊犁，必先克乌鲁木齐。如果乌城克复，我武维扬，兴屯政以为持久之谋；抚诸戎俾安其耕牧之旧，即不遽索伊犁，而已隐然不可犯矣。乌城形势既固，然后明示以伊犁，我之疆索，尺寸不可让人。遣使奉国书与其国主，明定要约，酬资犒劳，令彼有词可转。彼如知难而退，我又何求。即奸谋不戢，先肇兵端，主客、劳逸之势攸分。我固立于不败之地。俄虽国大兵强，难与角力，然苟相安无事，固宜度外置之。至理喻势禁皆穷，自有不得已而用兵之日，如果整齐队伍，严明纪律，精求枪炮，统以能将，岂必不能转弱为强，制此劳师袭远之寇乎！……要之，目前要务不在预筹处置俄人之方，而在精择出关之将；不在先索伊犁，而在急取乌鲁木齐。”（《左文襄公全集·书牍》《上总理各国事务衙门》）

左宗棠收复新疆的策略，从战略、战术、人员配备以及敌我双方力量对比上，做了详尽规划，也是后来左公进军新疆的基本策略。上书奏折中所言，“我之疆索，尺寸不可让人”，则是左宗棠的最高境界和原则。他教育部属常说的两句话是：面对强敌，畏惧不前，不守疆土，无一死以报国之心，何以为武将？不作豪情文章，鼓动民众爱我疆土，不为国家疆土呐喊，何以为文官？同治十三年（1874年）正月，左宗棠调派的广东陆路提督张曜所部“嵩武军”抵达玉门关。三月，清廷派金顺和凉州副都统额尔庆额率军出关。七月，清廷任命景廉为钦差大臣、督办新疆军务，金顺为帮办大臣。八月，清廷任命左宗棠在肃州设西征粮台，督办粮饷转运。这时候，金顺部前锋与额尔庆额的马队已抵达新疆古城。

可见，清廷仍不以重任托付左宗棠，只是粮饷转运督办而已。但是左宗棠很清楚，满族权贵那几个人是不可能有所作为的，因为他们习以美酒佳肴，惯以歌舞娱乐；用兵打仗，身先士卒，非彼之所能也。所以左宗棠仍为谋略、收复、经营新疆献计献策，一如既往的直言不讳。首先左宗棠认为：景廉“以科布多、乌里雅苏台采粮一石，运到古城需银子十余两，劳费多，停止之”，更甚者，其奏请出关粮料应由关内接济。（罗正钧《左宗棠年谱》）景廉的做法极为荒唐，为什么？从关内运粮至安西（今甘肃省瓜州），每石已费银十一两有奇，再由安西运至哈密，运至巴里坤、古城子，尚须加运脚十两有奇也，均责关内转挽接济，“是西师永无见贼之日矣”。（《左文襄公全集·书牍》）

而作为特命负收复新疆全责的景廉，怯战已成习惯，为保存自己所部实力，只派前锋抵达古城，留主力于肃州、安西，“观望不敢前进”。左宗棠上奏陈述了他对出关粮运和设立粮台的建议：

“军行粮随，移台之举自不容已……西疆地形，以天山为界，划分南、北两路，哈密居其中：由哈密北行，迤而西，历巴里坤、古城、乌鲁木齐各城，达伊犁，为北路，准部旧地也；由哈密西行，历辟展、吐鲁番、库车、阿克苏各城，达喀什噶尔，为南部，皆回部错居之地。”

可以得出的结论是：景廉进军北路，不应在肃州设粮台，而应该设在科布多（今蒙古吉尔格朗图）、乌里雅苏台（今蒙古扎布汗省省会扎布哈朗特），“预为筹措，厚其储峙，备支应续进之军”。（《左宗棠年谱》）左宗棠的精辟之见，在清廷与钦差大臣景廉商量后，未被采纳。

当左宗棠正为出关军队筹办粮饷、上奏建言之际，清廷内部因日本侵略台湾、展开了一场广及朝野的要不要收复新疆的大争论。

溯望当年，风声犹在。一个时代有一个人物，那些推动历史车轮的人物，必然会在存亡时刻出现，但他们要经历苦难。

左宗棠便是苦难中的前行者。

第十章

左宗棠与李鸿章：海防及塞防之争

同治十三年三月（1874年5月），蓄谋已久的日本政府，派陆军入侵台湾，先头部队从台湾南部琅峤（今台湾恒春）进入，后续部队也陆续运至台湾，于是海防告急。日本虽未敢贸然开战，却在外交上捞到好处。清政府迫于压力，于九月二十二日（10月31日）签订《北京专约》，规定中国赔款50万两白银，日军撤出台湾。(《左宗棠评传》) 日本侵台，先失公理，侵门踏户，强盗行径，世人所睹。为什么要中国赔款？日本侵略有理？这一事件朝野轰动，社会各界义愤不已，对清政府多有批评。

总理衙门在九月二十七日总结说：对日本侵略台湾事件，“明知彼之理曲，而苦于我之备虚”，致使日本“以一小国之不驯，而备御已苦无策，西洋各国之观变而动，患之濒见而未见者也”。(《筹办夷务始末（同治朝）》)

总理衙门还提出“练兵”“简器”“造船”“筹饷”“用人”“持久”等六项措施饬令沿海、沿江官员讨论，令直隶总督李鸿章、两江总督李宗羲，及钦差大臣沈葆桢等详细筹议，一个月内复奏。当时左宗棠还在陕甘总督任上，离江海甚远，应不在筹议之列。但总理衙门认为左宗棠“留心洋务，熟谙中外交涉事宜”，特将筹议海防的六条文本函寄，希望他能“筹议切实办法，以为集思广益之助”。左宗棠复函总理衙门关于海防的六条措施，他完全认同，可谓“因应之妙，道合自然”“闳远精密，无少罅隙”，并认为“海防言之，凡所筹画，宜规久远”。(《左宗棠评传》)

凡此种种，说明左宗棠对海防之加强，是完全赞同并提出“宜规久远”的战略思考。

“海防”“塞防”之争爆发，在朝廷或左宗棠，是出乎意料、事发突然，而李鸿章却酝酿已久。同年十一月初二，李鸿章在《筹议海防折》中，公然地、明确地提出了放弃新疆的主张，并涉及乾隆。

李鸿章认为：

乾隆年间统一新疆是“徒收数千里之旷地，而增千百年之漏卮，已为不值”。

这一历史虚无主义的言论，还将乾隆用兵西域，收复新疆，对中华民族版图金瓯一统的壮举加以否定。李鸿章还认为，眼下新疆已被俄、英兵力围困，“即勉图恢复，将来断不能久守”，又何况“中国目前力量，实不及专顾西域”。于是，李鸿章强调中国当下只能而且必须重视海防：“新疆不复，于肢体之元气无伤；海疆不防，则腹心之大患愈棘。”他建议清政府对西征军“可撤则撤，可停则停，其停撤之饷，即匀作海防之饷”。(《李文忠公全

集·奏稿》)

光绪元年正月二十九日（1875年3月6日），清廷命亲王、郡王、会同大学士、六部、九卿等廷臣对沿海、滨江各地方大员的复奏，并左宗棠致总理衙门函进行廷议。二月初三，清廷又“密谕左宗棠统筹海防、塞防全局并关外兵事粮运”。并将李鸿章海防为重，弃塞防并停撤西征之军、西征之饷的奏议转寄左宗棠，令他“统筹全局，酌度机宜，妥为上奏”。密谕上还有如下文字：“如可暂缓西征，节饷以备海防，原于财用不无裨益。唯中国不图规复乌鲁木齐，则西、北两路已属堪虞；且关外一撤藩篱，难保回匪不复啸聚肆扰近关一带，关外贼氛既炽，虽欲闭关自守，势有未能。”(《左宗棠全集·奏稿·上谕》)

清政府虽徘徊于海防、塞防之间，但显然不认为李鸿章之议可取，而表达了对加强塞防的意图，及对左宗棠的信任，以左宗棠“老成谋国，素著公忠”，令其专司粮运事宜，清廷还令左宗棠：“就关外景廉等统帅情况，及兵力布置密陈。”

岁月回溯到左宗棠对西北边疆的关注，道光十三年即1833年，他第一次进京参加会试，写《燕台杂感》，第三首便涉及了已沦陷的新疆，并令人惊讶地提出了“兴屯”之策，及新疆“置省”远见：

西域撄兵不计年，

当时立国重开边。
橐驼万里输官稻，
沙碛千秋此石田。
置省尚烦他日策，
兴屯宁费度支钱。
将军莫更纾愁眼，
生计中原亦可怜。

左宗棠在北京结识了慕名已久的、以精通西北史地学著称的徐松——乾嘉学派后期的中坚佼佼者。徐松，字星伯，原籍浙江上虞，后迁北京大兴。嘉庆十年进士，嘉庆十七年（1812年）流放至新疆，流放期间走遍天山南北，考察西域山水沙漠。因著有《西域水道记》五卷,《汉书西域传补注》二卷，编成《新疆识略》十二卷等而名震一时。左宗棠与徐松结识，两人皆有惊讶处：在左宗棠，惊讶为流放者多悲苦，却成了新疆地理学翘楚；在徐松，见左宗棠年少而见识不凡，并对漠漠西域兴趣独浓，岂不怪哉？俩人交谈甚洽，言及西域，徐松言有无尽："此大块疆域，实为须臾不能忽视者也！"

徐松送左宗棠《西域水道记》全本。在这本书中，徐松把新疆当时的河流，归纳为十一个水系，流水过处，雪山也、戈壁也、胡杨也、绿洲也、荒漠也。治疆者无不以此书为指要。徐松嘉庆二十五年（1820年）回京城，与魏源等人过从甚密。而左宗棠从青年以来受到的中国地理历史的熏陶，使他知道：西域之重，不仅地域辽阔，而且事关整个西北、国家的安危！他不能不挺身而出作塞防之辩。

同治十二年即1873年春，左宗棠给总理衙门复信，详细分析敌我双方形势，明确提出了别开生面、克敌制胜、收复新疆的战略战术，信曰：

“俄人久踞伊犁之意，情见乎词……然既狡焉思启，必将不夺不餍，恐非笔舌所能争也。荣侯（指伊犁将军荣全，笔者注）深入无继，景都护（指乌鲁木齐都统景廉，笔者注）兵力本单，后路诸军久成迁延之役，兵数虽增，仍多缺额，且冗杂如常，并无斗志，望其克复要地，速赴戎机，实无把握，并虑徒增扰累，以后更苦无从着手。甘、凉、肃及敦煌、玉门，向本广产粮畜，自军兴以来，捐派频而人民耗，越站远而牲畜空。现在仅存之民，已皮骨俱尽；屯垦之地，大半荒芜，年复一年，何堪设想？”又：“宗棠所以有从内布置，从新筹措之请也，就兵事而言，欲杜俄人狡谋，必先定回部；欲收复伊犁，必先克乌鲁木齐。如果乌城克复，我武维扬，兴屯政以为持久之谋，抚诸戎俾安其耕牧之旧，即不遽索伊犁，而已隐然不可犯矣。乌城形势既固，然后明示以伊犁，我之疆索，尺寸不可让人。遣使奉国书，与其国主明定要约……彼如知难而退，我又何求？……至理喻势禁皆穷，自有不得已而用兵之日。如果整齐队伍，严明纪律，精求枪炮，统以能将，岂必不能转弱为强，制此劳师袭远之寇乎！就饷事而言，西征诸军，各有专饷，如肯撙节使用，无一浪费，无一冗食，或尚可支。今乃以拥兵多为名，不战而坐食，唯知取资民力，竭泽而渔，不顾其后，往事之可睹者，已如斯矣！欲重新整理，非亟求实心任事之人，重其委寄，别筹实饷，于肃州设立粮台，司其收发，并将各军专饷归并为一，相其缓急，均其多寡应之不可；非核其实存人数，汰其冗杂疲乏不可；非定采办价值、差徭款目不可；而尤非收回各军专奏成命不可。此亦宜及早绸缪者。要之，目前要务，不在预筹处置俄人之方，而在精择出关之将；不在先索伊犁，而在急取乌鲁木齐。”（《左宗棠全集·奏稿》）

读取相应官员，尤其是封疆大吏的奏折，从中整理，是清政府治国理政的一个重要手段。一则听取众议博采众长，二则从奏议文书中可以看到一众官员不一样的见识情怀。左宗棠的复信，有根据、有见地、有对策，有不惧权贵的针对性，有昂然之气，令军机大臣们无不感从中来。左公明确：沙俄侵占伊犁，是掠我土地的主权问题，“恐非笔舌所能争”，要靠兵备、武力、扫荡新疆各路残敌，壮我军威并先克复乌鲁木齐，确立“隐然不可犯”之势，再宣告主权或刀兵以决胜负。此其一。其二，左公明确提出了“从内布置，从新筹措”的战略思想。简言之，当时关外各军将无才能，兵无斗志，兵员冗杂，畏葸不前。左宗棠指出：作为盛产粮食、进兵唯一要道的河西走廊已一贫如洗，盖因“捐派频而人民耗，越站远而牲畜空”。其三，关外各军，实非征战之师，而以吃空饷，享乐、避战闻名，而清廷对新疆的现状、包括兵备也很不了解。甚至阿古柏入侵的现实与凶残也知之甚少。直到沙俄侵占伊犁，通过署伊犁将军荣全与沙俄代表在塔城谈判后，才得知“沙俄志尚不在伊犁，直于新疆全局大有关系”，“断非空言所能有济，必须中国兵力足以震慑，先发制人方能操纵自如，杜其觊觎之渐”。(《筹办夷务始末（同治朝）》)

当时关外将帅均为满族亲贵，左宗棠直指其：

“兵数虽增，仍多缺额，且冗杂如常，并无斗志。”断不能指望他们“克复要地，速赴戎机”。

关外统兵者有谁？荣禄、荣全、景廉、徒有其名的乌鲁木齐都统成禄——龟缩高台，白吃军饷，把姨太太接至高台，夜夜笙歌，而不知乌鲁木齐是如何被侵占？新疆边地对中华民族是何等重要！这是一伙无勇无能无才无德的满族亲贵。

清廷布局依旧。新疆何去何从？

第十一章

新疆之重

新疆之痛，即新疆之重也，驱逐侵略者，收复新疆，已经是民族的意志，人民的心声。正是在这样的社会背景下，清廷不得不对汹涌的民意，有所反应，有所动作。有收复新疆的西征之举，有塞防海防的“左李”之争。从某种意义上说，正是这一场争论，使左宗棠再一次脱颖而出，获得了边荒艰巨却流芳百世的收复新疆的伟大功绩。与此同时，同为清朝重臣的李鸿章，因为“左李之争”，却“争”出了放弃新疆、边荒无用，不识国土安危，不顾民族大局，令后人侧目相视的真实的李鸿章。左宗棠在西北形势岌岌可危之际，不顾年老体弱、病痛缠身，以衰年报国之热忱，挺身而出，昂然决然地承担起收复新疆的重任。

他在上奏中说：

“臣年已六十有五，正苦日暮途长，乃不自忖量，妄引边荒艰巨为己任，虽至愚极陋，亦不出此。而事顾有万不容已者……伊犁为俄人所踞，喀什噶尔各城为安集延（即阿古柏政权，笔者注）所踞，事平后应如何布置，尚费绸缪。若此时即便置之不问，似后患

环生，不免日夔百里之虑，区区愚忱，窃有不敢不尽者。”（《左宗棠年谱》）

同治十一年（1872年），左宗棠在家书中自述积劳成疾：“我年逾六十，积劳之后，衰态日增。腹泻自吸饮河水稍减，然常患水泄，日或数遍，盖地气高寒，亦有以致之。（左宗棠当时在陕甘总督任上，居兰州。笔者注）腰脚则酸痛麻木，筋络不舒，心血耗散，时患健忘，断不能生出玉门关矣！唯西陲之事，不能不预筹大概。”在另一封家信中说：“西事艰阻万分，人人望而却步，我独一力承当，亦是欲受尽苦楚，留些福泽与儿孙，留点榜样在人世耳！”（《左宗棠家书》）

左宗棠，非常人也，亦常人也！一样思乡、思亲，他两次为侯名贵的《疏勒望云图》题诗，疏勒，古西域国名，位于新疆西南部，东临沙漠，西倚高原，是古丝绸之路南北两道的交会地，咽喉要冲也。与南疆重镇喀什噶尔相邻甚近，只一箭之遥。是历代西域屯兵戍边的军事要地，新疆有名的兵城、古战场，是抵抗外来侵略者入侵的前线屏障。其地偏且荒，却有一发千钧的战略位置。当古老的历史远去，中原内地的国人对疏勒这个地名日渐陌生时，一个跟着左宗棠西征，能打仗、能诗画的叫侯名贵的湖南人，却把疏勒刻画到了历史长廊上。

侯名贵，长沙人，字桂舲，号熊湘。咸丰十一年（1861年）投效左宗棠的楚军，光绪元年（1875年），随左宗棠出关西征，任湘军炮队统领，驻军喀什噶尔——古疏勒地，这里距故乡长沙，离老母亲一万三千里。驻军期间，侯名贵以左宗棠在兰州驻地种菜为榜样，在军营隙地中辟园种菜，又于古木流泉间，搬来一块块石头，垒石为台，名曰“望云台”。以寄思母、乡愁耳，并绘《疏勒望云图》。为其笔墨及西征路上情怀所感动，出人意料地得到了四十位道光、咸丰、同治、光绪四朝进士的题跋诗文。如道光进士何璟，咸丰进士谭钟麟、孙翼谋、曾光斗，同治进士何如璋、叶大焯、罗大佑，光绪进士杨熊飞、林鉴中、陈三立、叶德辉、尹铭绥等。疏勒古地，亦从此名扬。左宗棠两次奉题《疏勒望云图》，第一次为五古长诗：

昔在咸同间，盗起东南陬。
小丑不自陨，志欲扰神州。
群帅领部曲，走檄艰运筹。
长沙多弟子，奋起撞戈矛。
杀贼不顾身，呼啸动山丘。
侯生亦矫矫，捷若鹰脱鞲。
仗剑投予军，所至名城收。
豫章及浙闽，转战无番休。
余贼歼岭东，始释朝廷忧。
回众聚关陇，蠢动肆咆咻。
爪距虽自矜，不足膏斧锹。
持节督西征，远过交河流。

荡平关内外，万里通置邮。
防秋戍姑墨，勒兵屯尉头。
高秋朔吹发，白雁飞南投。
郁郁龙城将，各起怀乡愁。
侯生感行役，亦有陟屺讴。
既筑望云台，复绘望云图。
今还领专阃，迎养荣八驺。
毋望涅背言，叱咤抚吴钩。
当殄鲸鳄族，勿令犬羊羞。
援笔题斯篇，黾勉善所求。

“陟屺”，典出《诗经·魏风·陟岵》：“陟彼屺兮，瞻望母兮。”郑玄：“此又思母之戒，而登屺山而望也。”“陟屺”即为思念母亲之典也。第二次为七古长诗，题跋为：“桂舲大兄提戎从余定回疆，驻军疏勒，将母不遑，因结屋数椽，榜曰‘疏勒望云’。复图之索题，爰赋七古志之。”有“自来尽忠难尽孝，征人有母不遑将”句。

左宗棠不仅饱读史书，通晓地理、历史、经济，而且诗书俱佳。侯名贵之《疏勒望云图》，左宗棠为其诗，并流布于世，是西征路上的一个难得的、诗情画意的插曲。

左宗棠自创建马尾船厂起，深知海防的重要性，对加强海防所持的态度是完全赞同。在复总理衙门函中，左宗棠的担心是：“因为用兵新疆主要靠沿海各省协济军饷”，沿海各省因筹办海防急于自顾，纷纷请停缓协济，则“西北有必用之兵，东南无可拨之饷，大局何以能支？”其后果必定是“扶起东边倒西边”。

在地方督抚大员中，丁宝桢、文彬、吴元炳等，均力陈西陲新疆的重要性，湖南巡抚王文韶则主张“以全力注重西征”。

王文韶指出：沙俄欲占新疆，已迫在眉睫。“我师退一步，则俄人进一步。我师迟一日，则俄人进一日事机之急，莫此为甚！”(《筹办夷务始末（同治朝）》)

左宗棠的担心是因为，他在督办陕甘军务时，常有沿海省份应拨协饷拖欠的情况。但如晴天霹雳一般，左公实在没有想到李鸿章给总理衙门的复奏中，竟然要停拨西征之饷！竟然要放弃新疆宝地！匪夷所思，心寒而愤慨。

同治十三年十一月初二日（1874年12月10日），李鸿章上《筹议海防折》，称：

“历代备边多在西北，其强弱之势、客主之形皆适相埒，且犹有中外界限。今则东南海疆万余里，各国通商传教，来往自如，麇集京师及各省腹地，阳托和好之名，阴怀吞噬之计……”李鸿章强调海防之重，原本无错，其大错而特错者，是他的塞防之论，他作为清廷重臣曾国藩的传承者公然主张：放弃新疆！新疆，自乾隆出兵，平定阿睦尔撒纳及大小和卓叛乱后，一直由清廷派官员管理，为中国西陲重要疆域无疑，直到同治年间，阿古柏夺占南八城，沙俄抢占伊犁。西征军在边荒穷困之地，力图收复失地时，李鸿章则坚持兴海防弃塞防。

清廷不待廷议复奏汇总之前，将李鸿章停西征之军和西征之饷的奏议转寄左宗棠，令他“统筹全局，酌度机宜，妥筹具奏”。

清廷在海防与塞防，或者说是否要撤兵或继续西征问题上，看似模棱两可，总的来说头脑还算清楚，且偏向于加强塞防，收复乌鲁木齐，并借重左宗棠。清廷不仅令左宗棠统筹西征全局，还将不与左公配合的户部侍郎袁保恒调回北京，同时令左宗棠就关外统帅景廉等军事兵力情况，予以密陈。左宗棠接到密谕，看了李鸿章的奏议，拍案而起：“误国之论也！”

同治十三年十一月底，地方督抚对“筹办海防”的复议已基本汇齐，正准备由亲王、郡王、大学士、六部、九卿等参加的“廷议”时，同治皇帝病死，“廷议”推迟到次年春天。在第一阶段的讨论中，围绕收复新疆问题，已出现两种截然对立的意见，而第二阶段“廷议”，则远远超出总理衙门的原奏范围，变成了“收复新疆还是放弃新疆”的原则争论。(《左宗棠略传》)

当时身为文华殿大学士兼直隶总督的李鸿章，地位显赫，权倾一时，既被慈禧太后信任，又有曾国藩学生之称。当时清廷中，追随李鸿章的不乏廷臣与督抚，主张暂停西征，搁置塞防，其本质是向英国、沙俄帝国屈辱妥协，议和割地，弃新疆之安危于不顾，甚而放弃新疆，放弃西北边境的辽阔屏障。

李鸿章“拟停撤出关兵饷，放弃新疆”等谬论日益高涨，应者不少，大清官场，腐败成风，势力汹涌。依李鸿章之论，众口一词，随声附和：新疆不毛之地，弃之可也，西征何用？海防紧迫，实宜罢塞防而实之。

光绪帝的父亲醇亲王奕譞既认为塞防西征，防御沙俄是“不刊之论”，话锋一转又说：“李鸿章之请暂罢西征为最上之策”。（《洋务运动资料》第一册）

其时，英国驻华公使威妥玛，为阻挠左宗棠西征，对李鸿章全力施加影响，派参赞梅辉立于1874年11月专程到天津拜访李鸿章，并转达威妥玛建议：“把伊犁让与俄国，把天山南麓给阿古柏，以期缓和英、俄的矛盾，并卵翼阿古柏政权。”（同上）

“英俄矛盾，与中国何干？与新疆何干？”消息传出，左宗棠拍案怒喝：

“衮衮诸公听着：敢言弃新疆者，即弃中国也，如此行为不仅为投降，实为卖国！”

在外交上，大英帝国如此赤裸裸的、全无外交礼仪的、对驻在国领土的公然瓜分、胁迫，世所罕见，引起中国社会各界的公愤。那么，李鸿章是如何反应的呢？光绪元年（1875年）正月初七，李鸿章参加完同治帝的丧礼后，匆匆回到天津便不顾疲劳，立即写信给私交甚厚的河南巡抚钱鼎铭，唆使他“抗疏直陈”。（《李文忠公全集·朋僚函稿》）又致函老部下江西巡抚刘秉璋，指责他赞成收复新疆：“尊意岂料新疆必可复耶？复之必可守耶？此何异盲人坐屋内说瞎话。”乃至出言不逊指责刘秉璋：“大肆簧鼓，实出期望之外。”（同上）

李鸿章凭他的资历和地位，从朝廷到社会，掀起了举国上下的弃守新疆、新疆无用、出兵必败的舆论。新疆的广阔大地、绿洲连绵、巍峨雪山、悠久历史、丰富物产，一律弃之可也！刑部尚书崇实附和李鸿章称：

“新疆纵能暂时收复，万里穷荒，何益于事？”（同上）

海防、塞防之争也，李鸿章不仅是弃塞防的带领者，而且是上下其手的火上浇油者。他在给山西巡抚鲍源深的复信中，失地不可复，西域可摒弃的理由是：“各省财力分耗太多，西陲恢复无期，已成无底之壑。”（同上）

鲍源深知其意，上奏称：

“若不顾心腹元气之伤，锐攻四肢疮痏之疾，窃虑肢体之疾未疗，而心腹元气愈亏。”又称：“耗费于边陲，竭财于内地，何以异是。”“边地荒遐，敌情狡猾，恐非克日成功之举，万一贻误戎机，悔将何及！”（朱寿朋编，中华书局1958年版《光绪朝东华录》）

在朝廷各地大员奉李鸿章为圭臬，一片海防为重，弃新疆并停兵撤饷的呼声中，新疆的命运岌岌可危之际，事关国土完整、国家安全、新疆命运的一个历史关键时刻，左宗棠威风凛凛的挺身而出，针对李鸿章只有牺牲塞防才能加强海防的逻辑，读了李鸿章的上奏文后，可谓惊讶而痛心。大呼：“李合肥可恶！糊涂！”

光绪元年二月初三日（1875年3月10日），清廷密谕左宗棠：“现在通筹全局，究应如何办理之处，着该大臣酌度相宜，妥筹具奏。”并要左宗棠就关外将帅、军队能否胜任，如何调度，通盘筹划，详细密陈。

左宗棠接到谕旨后，即于三月初七日（4月12日）呈上《复陈海防塞防及关外剿抚粮运情形折》和《遵旨密陈片》。针对李鸿章的只有牺牲“塞防”，才能加强“海防”之论，左宗棠指出：

“窃维时事之宜筹，谟谋之宜定者，东则海防，西则塞防，二者并重。”（《左宗棠全集·奏稿》）他认为乾隆皇帝用兵新疆，统一中国，不弃寸土乃“圣意闳深”，其“拓地二万里”的功绩将彪炳史册。（《左宗棠评传》）

左宗棠又指出：所谓“并重”，不是平均使用力量，这里有缓急之分、贫富之分，左宗棠认为：“论者乃议停撤出关之饷，匀作海防，夫使海防之急倍于今日之塞防，陇军之饷裕于今日之海防，犹可言也。”

然实际情况却是，日本侵台事件已暂时了结，东南海防暂无战事、无燃眉之急。而浩瀚西北却是强敌环伺、大军压境，乃至已失去大片领土，而且态势还在恶化，军饷匮乏，“陈欠相因，旋成巨款。”（同上）缺粮之军，无饷之兵，焉能守边？焉能打仗？如不尽力筹饷，粮草不能先行，新疆战事不堪设想，大片领土将失于本朝，此李鸿章一意弃新疆广漠之地之必然后果也！左公强调此时决然不可“画地自守，停兵节饷”。

左宗棠在奏议中详为言之：

“无论乌鲁木齐未复，无撤兵之理；即乌鲁木齐已复，定议划地而守，以征兵作戍兵为固围计，而乘障防秋，星罗棋布，地可缩而兵不能减，兵既增而饷不能缺，非合东南财富通融挹注，何以重边镇而严内外之防？……今若画地自守，不规复乌垣（即乌鲁木齐，笔者注），则无总要可扼。即乌垣速复，驻守有地，而乌垣南之巴里坤、哈密，北之塔尔巴哈台，各路均应增置重兵，以张犄角，精选良将，兴办兵屯、民屯、招徕客、土，以实边塞，然后兵渐停撤，而饷可议节矣……若此时即拟停兵节饷，自撤藩篱，则我退寸而寇进尺，不独陇右堪虞，即北路科布多、乌里雅苏台等处亦未能晏然。是停兵节饷，于海防未必有益，于边塞则大有所妨，利害攸分，亟宜熟思审处者也。”（《左宗棠全集·奏稿》）

新疆不可放弃，那么在当时可能将失地收复，重归中国的版图吗？李鸿章为代表的海防派大员，认为收复新疆在军事上是不可能的，因为阿古柏已据喀什，沙俄强占了伊犁，且英、俄、土耳其又有合纵连横之势。

“我军甚单，敌势已固，即不惜添兵益饷，恐亦难收扫荡之功。”（崇实《请缓西征宽筹国用以备海防由》）即便收复，“边地遐荒，又何益于事？”失败主义，对边疆地理的无知，无感，无情，显露了那些位居高官者的昏聩，若非昏聩？怎出此言？

左宗棠认为：

“勿论贼势强弱，且自问官军真强与否？”只要“剿抚兼施，粮运兼筹”，西征是可以大获全胜的，国土是可以收回的。左宗棠除了强调“国家领土尺寸不能让人”外，还对“新疆穷荒”“得不偿失”等论加以驳斥：“天山南北两路旧有富八城、穷八城之说，北自乌鲁木齐迤西，南自阿克苏迤西，土沃泉甘，物产殷阜，旧为各部腴疆，所谓富八城者也。”（《左宗棠全集·奏稿》）

对国土的认识，显现的是一种情怀，一种境界，两相比较，左宗棠与李鸿章，高下立判矣！

海防与塞防之争，既不是一般的策略之争，也不是“淮系”“湘系”的派系之争，还有误传为曾国藩、左宗棠之争的，非也！是明明白白的李鸿章与左宗棠之争；是对国家的领土安全之争，是中华民族能否保有未来之争，是子孙后代有否立足之地的命运之争。左宗棠统帅的西征大军的参战部队来自湖南、河南、四川、陕西等十个省。有刘锦棠的湘军、张曜的嵩武军，徐占彪的蜀军，金运昌的卓胜军，易开俊的安远军等十几支部队。左宗棠用人“察人颇严，用人颇缓，信人颇笃”，重“洁己奉公，独立不惧”者，左宗棠一再强调“凡用人，用其朝气，用其所长”“勿穷以所短，迫以所不能，则得才之用也”。（《左文襄公全集·书牍》）

在《遵旨密陈片》，他请旨弃用景廉，因其“泥古太过，无应变之才。所倚信之人，阿谀倚势，少所匡助”。而金顺“性情粗暴，不甚晓事”，然“胆力尚优”“为人心性平和，失之宽缓。虽有时觊便乘利，而究知服善爱好，无忌嫉之心，故亦为众情所附。平时粥粥无能，带队临阵，尚能奋勉”。

左宗棠建议："以现在通筹全局而言，金顺既居前敌，任战事，似宜以战事责之。"弃用八面玲珑左右逢源"虚怀好善"的宋庆，而选用被诬指目不识丁的张曜为先锋；委任血气方刚、脾气如倔驴、年方三十二岁的刘锦棠以重任——总理行营营务。略举几例，可见左宗棠之明察秋毫，不惧权贵的大帅风度，以及用人之不拘一格，有容人之量，能团结各路将士，是左宗棠之道。由是，一个团结高效、有纪律、能打能拼的西征作战指挥体系确立。左宗棠、王文韶等坚持用兵新疆的主张，在其时朝廷官员及各省督抚中为少数，是堂堂正正的少数，是理直气壮的少数，是为国为民的少数，是代表了中华民族根本利益的少数，并得到了武英殿大学士、军机大臣文祥的支持。文祥云：

"以乌垣（即乌鲁木齐）为重镇，南钤回部，北抚蒙古以备御英、俄，实为边疆久远之计"，"排众议之不决者，力主进剿"。（李云麟《新疆省西陲事略》）

清廷终于下决心收复新疆！影响广及中国乃至海外的海防与塞防之争，以左宗棠的"凡我疆索，寸土不让"的胜利而告结束。

光绪元年三月二十八日（1875年5月3日），清廷发出"六百里加急"谕旨——这是一种最紧急的文书，每到一个驿站，换人换马疾驰，每日限走六百里——谕旨任命左宗棠为：

"钦差大臣、督办新疆军务"，授予他"筹兵、筹粮饷、指挥

军队的全权”。“这是中国近代史上，清政府难得做出的一次正确抉择。”（孙占元《左宗棠评传》）

同时把关外统帅景廉调回北京。命金顺为乌鲁木齐都统，帮办军务，督率关外各军，“作为前敌”，命陕西巡抚谭钟麟“督西征粮饷事”。此时，以左宗棠为统帅的西征军最高指挥部确立。（《左宗棠评传》）两江总督刘坤一致左宗棠信中称：“任天下之至重，处天下之至难。”（《刘坤一遗集》）

清人史学家杨毓秀说：“朝命甫下，人人皆为公（即左宗棠）危。又西土苦寒，诸将校多不愿往，公独毅然率其二三同仇，提师由秦逾陇以达关外。”

左宗棠自谓：

“臣本一介书生，辱蒙两朝殊恩，高位显爵，出自逾格鸿慈，久为生平梦想所不到，岂思立功边域，觊望恩施？况臣已六十有五，正苦日暮途长，乃不自忖量，妄引边荒艰巨为己任，虽至愚极陋，亦不出此！而事顾有万不容已者：乌鲁木齐各城不克，无总要之处可以安兵；乌鲁木齐各城纵克，重兵巨饷，费将安出？……伊犁为俄人所踞，喀什噶尔各城为安集延所踞，事平后应如何布置，尚费绸缪。”（《左宗棠全集·奏稿·新疆贼势大概片》）

上述奏议，是左宗棠的心里话，在大臣与朝廷的公文往来中，很少见到这样的文字：倾诉心灵，情真意切，不假浮词，独成一格。左公自谓“引边荒艰巨为己任”是“不自忖量”。然新疆支离，山河破碎，征途漫漫，艰难坎坷，总得有人去打仗去收复。此人是谁？若非左宗棠，还有谁人？也正好应验了二十五年前，林则徐的预言：“东南洋夷，能御之者有人；西定新疆，舍君莫属！”

左宗棠在给儿子的家书中说：“现奉谕旨督办新疆军务，应预筹出关驻节。衰病余生，何能担荷重任？唯密谕英、俄有暗约扰我西路之说，英由印度窥滇之腾越，俄窥喀什噶尔，使我首尾不能顾……此时西事无可恃之人，我断无推卸之理，不得不一力承当。”

“朔雪炎风，何容措意”的热血豪迈啊，左宗棠！

第十二章

胡雪岩筹饷

西征路上比起筹粮、转运更为重要的是筹饷——筹集战争所需、军饷及民工运输车马驴驼的开支银两。当时清政府的财政入不敷出，不但中央“部藏无余”，东南各省也“库储告匮”。(《光绪朝东华录》) 西征大事，饷从何出？“左宗棠统领的军队，一年的军费约八百多万两白银，国库只能拨给五百多万两，每年短缺三百万两。”这时候，左宗棠想起了一个人：胡雪岩。

胡雪岩本名胡光墉，幼名顺官，字雪岩，安徽绩溪人，中国近代著名集政商于一身的红顶商人，徽商之佼佼者。他的第一次出名，是在咸丰十一年（1861年），太平军攻打杭州时，胡雪岩从上海运来军火、米粮接济清军和百姓，被左宗棠赏识。后来又帮助左宗棠组建常捷军，创办马尾船厂。尤其在左宗棠西征新疆，极缺军饷时，主持上海采运局局务，代借洋商外款五次，共计1595万两银子。同时采购洋枪、大炮等军火，并将上海中外各界重要消息报告给左宗棠。因而得清廷赏识，官居二品，赏穿黄马褂。

胡雪岩自幼家贫，以帮人放牛为生，十二岁时父亲病故，十三岁孤身一人到杭州讨生活，在杭州杂粮行、金华火腿商行、信和钱庄当学徒。从扫地、擦桌子、洗碗、倒夜壶等一应杂役为起点，因腿勤、手快、诚实、有眼力见，而为杭州阜康钱庄于老板看中，成了钱庄的正式学徒。于老板没有后代，把胡雪岩当作亲生儿子，生病时让胡雪岩打理钱庄一切事务，井井有条，分毫不差。晚上则陪侍在侧，端汤端药，洗澡擦身，几乎无眠。于老板弥留之际，把钱庄及所有财产交给胡雪岩。这个价值五千两白银的钱庄，是胡雪岩闯荡江湖，置身商海的第一桶金。

在当时官场上，最早赏识并力助胡雪岩的是王有龄。清咸丰元年（1851年），王有龄署理湖州知府。湖州丝绸之乡也，胡雪岩开始代理湖州公库，开办丝行，用湖州公库的现银，扶助、鼓励农民养蚕，湖州蚕丝业一时轰动江南。并许诺蚕农：就地现银收购湖州农人的全部蚕丝。运往杭州、上海，出手变现后，再解交浙江省藩库，从中不取任何利息。咸丰十年（1860年），王有龄升任浙江巡抚，全力相助胡雪岩的阜康钱庄，同时开办药铺，王有龄委以办理军民用粮、综理统管漕运之重任。

咸丰十一年（1861年），太平军攻打杭州时，胡雪岩运枪运粮，接济清军。是年年末，天寒地冻，杭州城破，王有龄自缢，胡雪岩闻讯痛哭！一为好友遽逝也，二为顿失靠山也。胡雪岩的运气不差，正其时也，一样赏识胡雪岩的左宗棠，由曾国藩疏荐任浙江巡抚，同治元年（1862年），胡雪岩被左宗棠委以重任：主持杭州城由清军解围后的善后事宜，并负责浙江全省的钱粮、军饷，所有钱财经阜康钱庄转手，从而大获其利。

胡雪岩官场、商场皆得意，亦官亦商来往于宁波、杭州、上海，他在经办粮台转运，筹集军需物资之余，结交了不少外国洋行，乃至军界人物。推杯换盏之际，成为外国人眼里出手大方、彬彬有礼的好朋友。太平军溃败后，胡雪岩的钱庄开回了杭州，并在各省设立阜康钱庄二十余家。胡雪岩是做生意的一把好手，是识时务者，赚得盆满钵满，成了当时的中国首富。但胡雪岩又是懂得散财的人，杭州战后经济民生一片萧条，左宗棠命其管理赈抚局事务。胡雪岩在杭州多地设粥厂、善堂、义塾、施放中药、修复名刹古寺，收敛了数十万具无名骨骸，恢复了因战乱一度中断的牛车，使刀兵之下逃生的杭州百姓能喝上一碗热粥，能听见钟鼓声，使杭州人、杭州城有了重生的希望。胡雪岩、胡善人之名传遍巷弄。

左宗棠成为钦差大臣、督办新疆军务后，日夜思虑的是筹饷。集结在西征军大本营肃州（今酒泉）的清军，已达一百多个营、七万之众。左宗棠殚心竭虑筹集了军队一年的粮食，又为更大的困难——运费而犯愁。从肃州运粮到阿古柏侵占的乌鲁木齐附近，路程是八百五十公里，每百斤的运费为二十两白银，差不多是河西走廊一带粮食原价的二十倍。至于阿古柏的巢穴更是远在一千八百公里之外的喀什噶尔。左宗棠计算过，出关运粮费用年约白银二百余万两，加上官兵的饷银，民工劳力、维修车辆、蓄养牲口，每年共需八百多万两白银。银子何来？

海防之议起，各省实解的西征之饷，只剩下二百几十万两。为摆脱窘境，左宗棠只好请求借外债以补充军费。

同治十三年（1874年），他得到清政府同意，“命胡雪岩在上海向英商丽如洋行、怡和洋行借款三百万两……”（《左宗棠全集·奏稿》）此外，左宗棠另行设法“在上海、湖北、陕西、筹借了一批商款”（共一百二十余万两）。所有这些银两，对于七万人的西征军饷、粮草转运、提供翻山越岭作战部队的后勤保障，仍是杯水车薪！光绪二年（1876年）春，清廷同意左宗棠再借外债一千万两，以彻底解决西征军的军饷问题。

但两江总督沈葆桢等坚决反对，理由是利息太重：“今以一千万照台湾成案八厘起息十年清还计之，耗息总约近六百万，不几虚掷一年之饷乎？”（《沈文肃公政书》）沈葆桢在另一份奏折中说：“窃以为左宗棠此行不当效霍去病之扫穴犁庭，而当师赵充国之养威负重，将帅无赫赫之功，而国家受万全之福。”（同上）

沈葆桢的这些话，有的过头了。而在沈葆桢上奏反对举债的前几天，李鸿章写信给他：

“左帅拟借洋款千万以图西域，可谓豪举，但冀利息稍轻，至多不得过七厘，各省由额协项下分还，亦未免吃力，何独可诿诸执事耶？”（《李文忠公全集·朋僚函稿》）沈葆桢将反对左宗棠借外债的奏稿，抄寄李鸿章，李鸿章看后说：“剀切详明，词严义正，古大臣立朝风采，复见于今。大足作敢言之气，倾服莫名。”

李鸿章不以疆域江山为重，期左宗棠西征之路寸步难行，其心可诛，复有可疑者乎？左宗棠明白，重息借外债，从经济观点看当然不合算，并从内心深处谴责自己。但如果没有这笔借款，西征军没有物质保障，根本不能出关，国土破碎依旧，这与收复新疆比孰轻孰重？这与国家安全、领土完整比，孰轻孰重？况且所有这些借款，不得附加任何政治条件，与损害国家民族利益的举外债，完全不可相提并论。几经周折，左公甚至感慨：西征大业“将如海市蜃楼，转眼随风变灭矣”。

事情的转机在光绪二年（1876年）三月，左宗棠督率大军出关之际，清廷权衡再四之后，终于决定：以支持西征收复新疆巩固西陲大业为重，发布上谕称：

“左宗棠出师塞外，必须士饱马腾，方足以壮军威而张挞伐。各营将士踊跃前驱，尤深廑念。各省协解西征饷银未能足数，致有积欠口粮。此次远道进兵，必须粮饷充裕……加恩着于户部库存四成洋税项下拨给银二百万两，并准其借用洋款五百万两，各省应解西征协饷银提前拨解三百万两，以足一千万两之数。”（《左宗棠全集》）

“左公接到上谕，跪诵再四，大喜过望，老泪纵横。”（《左宗棠略传》）

左宗棠开借洋钱打洋人的先例，还要为之付重息，“一厘一钱，都是子民百姓的钱啊，吾何能面对父老乡亲？”但每每想到从此可以“粮草先行，大军接踵，攻城夺地，驱逐外敌，还我一统河山，而新疆边地可得数十百年之安”时，虽百感交集，亦可使内心稍得安慰。但左宗棠还是觉得：

“夫用兵而至借债，借饷而议及洋款，仰鼻息于外人，其不兢也，其无耻也，臣之罪也。”（《左文襄公全集·奏稿》）

清廷议决的一千万两白银，能够使西征军出关，能够展开第一步军事行动，能够使左宗棠偿还积欠官兵的饷银。但一年之后怎么办？国库空虚依旧，东南沿海各省、海关拖欠依旧，而收复新疆的战事，必须按左宗棠的战略步步推进，环环相扣。难以想象：一边等饷，一边打仗？因此，左宗棠托请胡雪岩向洋行举债远非一次。上海当时，各洋行的流动资金数额较小，并不充裕。借外债也不好借，坊间传说恭亲王奕訢向洋人举债被拒绝过，诚如左宗棠所言：“闻今年海口缺银，出息三分，尚无借者，不知明年又将何如，已致信胡雪岩，问其如何设法。”

胡雪岩几乎熟识上海所有的洋行、买办，并打过交道，有信用。在十里洋场最值钱的不是钱，是信用。当时上海的外国金融业，为英国财团控制垄断，胡雪岩旗下的阜康钱庄，与英国渣打银行有生意往来，胡雪岩出面与渣打银行商量借款事宜。对方的经理是个中国通，知道胡雪岩与左宗棠交好，便接连追问：

“谁借？何人所用？”

“是拿英人钱打英人吗？”

胡雪岩："英国人到新疆干吗？"

"调查矿产而已！"

"有杀人放火的吗？"

"捉起来可也，西征何故？"

胡雪岩："如是占我国土呢？"

"是吗？有吗？"

胡雪岩结束谈判时说："如借款成功，我代表中国政府；若不成功，我只代表胡雪岩。"(《左宗棠评传》) 并且表明："借钱就是借钱，不得附带任何政治条件。"

这一条款，左宗棠在信中曾反复提及，必须坚持。与渣打银行第一次面谈，双方在利息、借款期限等问题上无法达成一致，暂且作罢。然就胡雪岩与渣打银行而言，都不肯放弃这笔生意。前者，无银两西征军寸步难行也；后者，有厚利可赚，胡雪岩并且答应给予回扣——"入乡随俗"也，在利益面前，对商人来说其余一切皆分文不值。再谈，胡雪岩晓以大义，终于得到以江苏、浙江、广东三省海关收入为担保，为左宗棠借得第一批洋款二百万两，开中国政府借外债先例。此后，国库空虚依然，西征断然不能缺钱。胡雪岩依靠自己在上海商业市场的信誉：先后五次向汇丰银行等英国财团借得总计一千五百九十五万两白银（有史料记为一千七百多万两，笔者注），解决了西征军的经费问题。

英国人知道胡雪岩为左宗棠西征借债——用英国洋行的钱，打英国人的傀儡阿古柏，并让新疆重归中国版图。但是英人图利，并趁机敲竹杠：所举之债的利息，超过了百分之十，是不折不扣的高利贷。汇丰银行董事长在股东大会上坦承，“从中国借款中得到的好处是可观的”。光绪八年（1882年），西征借款本金归还833万两，而利息是395万两，几乎是本金的一半。

光绪四年七月二十三日（1878年8月21日），上海《申报》发表了《贷国债说》的文章：“未几，而复有新疆之事……于是左爵帅于万分竭蹶之中，作通盘筹算之想，特委胡雪岩观察在沪告贷于西商，前后三次共银一千二百五十万两，分期摊还，按年给与重利，并以江海、粤海、闽海等关为质，此为中国古今未有之创局，然失利亦无有甚于此者。夫泰西诸国之贷债也，其息大率每年百两之五、六两耳，今中国乃竟倍其数而付之，且必责关票以为凭。暂救燃眉之急，顿忘剜肉之悲。”

左宗棠念着“暂救燃眉之急，顿忘剜肉之悲”，捶胸长叹：“骂得好！骂得痛快！可是新疆不能丢啊！”

胡雪岩为左宗棠收复新疆还做了三件大事：

其一，胡雪岩在十里洋场，利用与中外商贾交流洽谈之机，搜集情报，提供给左宗棠，成为左宗棠的信息传递者。左宗棠心性自负，我行我素，却又十分看重社会、报章及中外舆情。知左宗棠者必知其对情报的重视，左宗棠实为斯时少见的情报大家，而助其成功者，胡雪岩也。

其二，胡雪岩用他自己的几十家胡庆余堂药铺，专为西征军研发了“行军散”等随军药物，源源不断输往前线。军队的战斗力，除情报信息，官兵训练有素，能打敢拼之外，健康同样重要。左宗棠甚至认为：健康力即战斗力，身体健康、兵强马壮，无流行病，非战斗减员甚少，这是一支优良战斗部队的标志，左宗棠所率之西征军是也，而胡雪岩功不可没。

其三，想方设法，游走于上海洋商、买办，白市、黑市之间，不计成本，自己垫资贴钱，购买军火。当时的新式武器之所以重要，是因为左宗棠面对的阿古柏所部，为英国人支持，有英式装备；而已经盘踞伊犁的沙俄，同样装备精良。如是故，若非开花炮便不能攻城夺地，马、步兵的装备，要用步枪，大刀长矛犹存，可是以冷兵器驰骋疆场的时代，在中国、在左宗棠收复新疆的战役中，正式宣告结束。胡雪岩当时富甲江南，不仅有财富，还有为中华民族、为中国疆土完整全身心投入的精神和行动，有同情贫困和弱者的良心、责任与担当。左宗棠手下主力、刘锦棠部一万三千人的老湘军——步兵十八营，马队七营，是攻最坚、克最难，所向无敌的王牌部队。这支部队拥有的各种来复枪达两万支，还有大量火炮。左宗棠所率领的其余部队，均配备了数量不等的枪支、火炮，均为胡雪岩从上海采办购买，并发送至新疆。

左宗棠从福建调任陕甘总督，除力荐沈葆桢总领福建船政局事务外，又向朝廷建议，胡雪岩任船政局提调并兼管浙江转运局。他协助沈葆桢利用自己在上海的关系，聘请了法国造船师，广招洋人技师，成为近代中国首家新式造船厂。

在兰州由左宗棠牵头，胡雪岩与德国泰来洋行几经谈判，达成协议：德国供应五十台织呢机、并负责技术安装和操作培训；中方给予贷款利息优惠、工薪优惠。兰州织呢局，成为我国第一个机织国货工厂，也是洋务运动中最早的官办轻工企业。机织速度比人工快一百多倍，提高了甘肃纺织行业的生产力，为此震动全国。上海及南方纺织业的兴起，其源头在甘肃兰州织呢局也。

光绪初年暴发的干旱大灾荒，是清朝历史中最为严重的灾难之一，称为“丁戊奇荒”。以山西、河南等地最严重，西北亦受影响，是从1876年开始，到1879年为止的罕见的特大旱灾饥荒。不少农户绝收，河西哀号一片，饿殍累累，粮食极度短缺，直接影响左宗棠用兵新疆。《光绪朝东华录》载：

胡雪岩为灾区“陕西捐银5万两，在河南、山西两省各募银1.5万两，为山东捐银2万两，制钱3100串，另有新棉衣3万件，合计银钱米价棉衣及水陆运解脚价，估计已在20万内外”。

为丁戊旱灾震惊，图西北水利长治久安，左宗棠与胡雪岩沟通后，胡雪岩从德国购得开河机，聘请德国技师，赴西北开凿泾河，历时三年，凿出一条二百里长的正渠，缓解了西北干旱。其谓：“西征事，国家大事也，我当竭尽全力！”

左公赞曰：“雪岩之功，实一时无两。”

第十三章

规略北疆

左宗棠在有军饷、有枪炮、筹谋稳妥、士饱马腾之后，便率大军，马步相续，兵指新疆了。怎样收复失地？左宗棠胸有成竹。早在加强塞防的奏折中，他的战略构想已跃然纸上：先歼灭阿古柏，再索还伊犁；先北疆，后南疆。左宗棠在详细分析新疆地形，及与之相关的用兵方略时认为：收复新疆要分两步走，先安定北疆，再进军南疆。

左宗棠又回顾历史分析道：

“周、秦、汉、唐之盛，奄有西北。及其衰也，先捐西北，以保东南，国势浸弱，以底灭亡。”（《左文襄公全集·奏稿》）又曰：“重新疆者，所以保蒙古；保蒙古者，所以卫京师；西北臂指相联，形势完整，自无隙可乘；若新疆不固，则蒙部不安，匪特陕甘、山西各边，时虞侵轶，防不胜防；即直北关山，亦将无晏眠之日。”（同上）

新疆战略地位之重要，左公言尽之矣。可是，要让中华民族的版图完整，要用兵收复已沦陷十多年的新疆——在大清已弱，国库空虚时，规复这大片河山、这西域边荒、这群盗窥视之地，又谈何容易！备战一年，左宗棠于光绪二年（1876年）三月，出兰州督军府，移师肃州（今酒泉），收复失地，已是箭在弦上；大营靠前，指挥及时，左宗棠可望前线，敌方有异动，我方能反应及时，做相应变更。左宗棠谋定而动，加之对历史、地理、地缘政治的深刻了解，融会贯通，做了四个方面扎实而有效的准备：

一、制订先北疆后南疆、“缓进急战”的战略方针；

二、对出关部队整顿军纪、战备集训、裁冗存精、严明军纪；

三、改进装备，增设炮兵；

四、筹粮、筹饷、军屯、民屯并举。（《左宗棠略传》）

左宗棠在对新疆地形分析时说，“天山南北两路”“北可制南，南不能制北”。（同上）

左宗棠督办新疆军务后，事无巨细，部署周详。并召集刘锦棠等各部军官，讨论、统一用兵战略。“官军出塞，自宜先剿北路乌鲁木齐各处之贼，而后加兵南路。当北路进兵时，安集延或悉其丑类与陕甘窜逆及土回合势，死抗官军，当有数大恶仗。如天之福，事机顺利，白逆歼除，安集延之悍贼亦多就戮，由此而下兵南路，其势较易。是致力于北而收工于南也。”（《左宗棠全集·奏稿》）左宗棠明确，新疆开战“先北路而后南路”。

四月初，令刘锦棠“率各营长驱大进”（《左宗棠全集·奏稿》），开赴哈密，进入古城（今新疆奇台县一带）；

五月，蜀军徐占彪部出关，进入巴里坤；嵩武军已先期抵达哈密；金顺所辖部队在济木萨（今新疆济木萨尔）、古城一带驻扎、巡弋。

左宗棠目送各军出关，威武雄壮，大战在即，心怀豪情矣！他说："前军已陆续开拔，大约五月内始有战事。万里长驱，每营仅发四个月盐菜，无却步者，忠哉！吾军。"（《左文襄公全集·与杨石泉》）

左宗棠规复新疆的首要战略目标，首先是乌鲁木齐。这是西征军扬军威、扬国威的需要，也是对朝廷中投降派、弃新疆边地者的一个回答。在西征大军出关之后，左宗棠的排兵布阵又有一番精细打算：

金顺驻济木萨，离乌鲁木齐尚远，"贼之精粹多在古牧地，是处距阜康县城九十里"，使令刘锦棠大军"到济木萨后，以迅雷之势直扑阜康县城，然后强攻古牧地，灭其精华，捣敌心窝"。

"此关一开，则乌垣、红庙子贼不能稳抗，白逆（白彦虎）必窜吐鲁番，以寻去路。"（《左宗棠全集·答刘克庵》）据左公部署，刘锦棠率军于六月初一（7月21日）抵济木萨与金顺汇合后，于六月初八进驻阜康。白彦虎闻讯从乌鲁木齐移驻古牧地（今新疆米泉），阿古柏也从南疆调兵助阵。二十三日，刘锦棠分兵驻防古牧地之东及东北两侧。次日西征军开始攻城，火炮先行轰击，步队在后，士气振奋。

"为消灭入侵者而战，为中国领土而战，为数十百年后民生安定而战"。左宗棠的这一堪称伟大的战略思想，深入军心。官兵知为何而战，为谁而战，则生死置之度外矣！冒着枪炮，破关而入。

左宗棠挥师北上，出乎敌人意料的有二：

其一，弃景廉在天山南北两路同时发动进攻、屡战屡败的战略。

其二，以仍为清军控制的北疆哈密、巴里坤、古城（今奇台）、济木萨等地，作为西征大军的出发地、补给地。

“缓进急战”的要义是，战役开始前举凡道路、粮草均需准备充足，左宗棠领军打仗，向有“慎于前敌”更“慎于后敌”的主张，此者“缓进”也；作战条件成熟，如河海奔腾，如猛虎下山，如秋风扫叶，如开江裂冰，务求速战速决，此者“急战”也。

左宗棠在给清廷奏稿中说：

“自古关塞用兵，在精不在多。方全盛时，筹甲兵，即先筹刍粟。如汉赵充国，古称名将，其驻军酒泉，即今之肃州治；敦煌，即今之安西州治，所陈兵事，重屯田而罢骑兵，留兵万人，借省大费。三奏力陈，行之卒效，至今言西北兵事者，莫能外也。乾隆间，兆惠苦守伊犁数月，维时，北路兵阻不前，其深入者，仅精兵数百。卒能力解重围，宣威绝域。约计当时北路丁马，多亦不过数千。然则道远运艰，不能用众，即古今承平无事，官私充足时，亦无以异可知也。”（《左文襄公全集·奏稿》）

左宗棠认为：西北用兵，因路途遥远等地理环境，兵不宜众而宜精。兵少，消耗也少，粮饷运输负担较轻；兵精，则有勇有胆敢冲锋在前，能打胜仗。满族亲贵统帅下的西征部队，不仅冗杂疲弱，且多虚额，冒领军饷。

左宗棠强调，“整军乃能经武”。“将金顺、景廉、穆图阿等部加以裁并，精择出关之将，任用英锐果敏、才气无双的刘锦棠总理行营事务，并严加训练。”（《左宗棠评传》）

左宗棠有令：“一营短一哨，即撤去一哨，一哨短十名，即撤去一棚（清代兵制，一棚十人）。如各营皆有短缺，即两营并一营，庶几无冒销粮之弊。”

驻守肃州高台的原乌鲁木齐提督成禄所部十七营，实际不过二三千人，且多冗杂。成禄还“蓄养戏班，相为娱宴”。（《左文襄公全集·奏稿》）成禄在高台，对敌，畏葸不前，不思收复失地，不敢打仗；对民，横征暴敛，滥杀无辜，劣迹累累。左宗棠密奏，清廷在同治十二年正月二十一日（1873年2月18日）将其革职治罪。所部由金顺并统。原钦差大臣景廉旧部号称三十四营，实者半。师无纪律，士无斗志。整编后为十九营，由金顺指挥。原署理陕甘总督穆图善有四营半，虚额很多，纪律废弛，战守俱不足恃。原乌苏台将军金顺部三十余营，也不过半数。哈密办事大臣文麟四营，虚额一千四百名。左帅为了西征事业，不怕得罪满族贵族，大胆上奏裁撤，穆图善、文麟部全部遣撤。左公对自己的部队“一秉至公”，带头裁虚汰疲，一百八十余营裁去四十营。（《左宗棠略传》）

左宗棠在裁兵的过程中，“还提出要尊重官兵去留意愿，入疆作战，十分艰苦，他不想强迫部下勉强出关。规定凡是不愿出关西征的，一律资遣回籍，发给路费。剩下的官兵既是自愿，士气自然

饱满，对他们进行纪律约束也比较容易”。（同上）

这一举措，在后世的研究者看来，是足可引为惊奇的、先进的、难能可贵的军事民主思想。

左宗棠作战的对象是阿古柏和沙俄军队。武装阿古柏的是英国，火力占优；沙俄军队装备的都是近代火器，军纪要比阿古柏严格。左宗棠对出关部队严令：“勤加演习，以期精而又精，克收寡可抵众实效。”（《左文襄公全集·奏稿》）并对武器配置进行了调整：

金顺军出关时，配给开花大炮一门，并派懂火炮技术的总兵邓增携炮手随同。

张曜军配连架劈山炮十门，劈山炮是一种旧式火绳引爆的迫击炮，后经甘肃制造局改造，用合膛开花弹，战斗时原需十三人施放，改造后只需五人。另外还有德国造后膛开花大炮一门、七响连发枪十杆。

桂锡桢部主要是马队，配德国造大炮一门。

主力刘锦棠部装备最优，除原有枪炮外，出关时又配给新式大炮及各式火炮十多门、各种枪支一千多杆。

左宗棠还建立了一支专业化炮兵——侯名贵炮队——开中国近代战争史专业炮兵之先。这支炮队于光绪二年八月初四（1876年9月21日）浩浩荡荡出关。“计后膛炮十二门。弁勇百有十六人。”（侯名贵《陟屺清吟录》）以供攻城克坚，为马、步兵之开路先锋也。或可说中国炮兵之始也。

按左宗棠设想，西征武器的来源趋于多元——引进与自造并举——由采办胡雪岩在“上海设立采办转运局，负责购运枪炮、弹药，筹借外债，收集情报；又在西安设立一个总粮台和军需局。同治十一年，设立了兰州制造局，光绪元年又建立了兰州火药局。”(《左宗棠略传》) 左宗棠开创的兰州制造局由兵器天才总兵赖长总理局务，从广东、浙江招聘能工巧匠，日夜加班，自造了多种炮弹、枪弹、劈山炮、抬枪，仿制了德国后膛炮，日夜不断输往前线。

赖长忙得不眠不休：“前线等着枪炮，左宗棠要收复新疆了！”

赖长（1833～1884年），普宁奇美村人。因助左宗棠夺回新疆，封为“建威将军”，居武官正一品。他的功业，以“两个第一”著称：中国第一个仿制成功新式后膛枪炮者；中国第一个用机器织呢者。

赖长的名字，将与左宗棠一起，铭刻于史书，铭刻于日月同光的历史风云间。

第十四章

筹粮和运输

左宗棠曾说："粮、运两事，为西北用兵要着。事之利钝迟速机栝，全系乎此。千钧之弩，必中其机会而后发，否则，失之疾与失之徐，亦无异也。"（《左宗棠全集·奏稿》）

无粮或缺粮，士兵怎么冲锋陷阵？有粮有草，但无路可行或者道路险阻，同样有碍军情战机。出关西征，万里戎机，战线长达数千里，且道路艰困或者无路可行，大漠浩瀚，岿岿天山，路在哪里？左宗棠不得不一边修路一边栽树，左公柳之来源也。左公对筹粮和运输，精心安排，他认为"粮、运两事，为西北用兵要着"。大部队出关，战线长达数千公里，行军需穿过浩瀚沙漠，翻过峻峭天山。同治十三年（1874年），给沈葆桢的信中说："西事筹兵非难，唯采买、转运艰难万状。"（《左宗棠全集·书牍》）除了修路改善道路情况外，左宗棠决定分南北两路筹集粮食。

北路于归化今呼和浩特，设西征采运总局，包头设分局。这一路，从光绪元年三月末至五月（1875年5月初至6月），陆续运往巴里坤的军粮约四十余万斤——每一百斤运费银八两左右。（《左宗棠略传》）

南路是指河西走廊的凉州（武威）、甘州（张掖）、肃州（酒泉）三地，从同治十二年（1873年）到光绪元年（1875年），购得军粮17.5万石，到光绪元年六月，“肃州局存粮三万余石，安西局存一百多万斤”“哈密除供应张曜办屯垦水利的各营军粮外存一百三万斤”。（《左文襄公全集·奏稿》）

此外，光绪元年（1875年）五六月间，沙俄军官索斯诺夫斯基以粮商为名，实为窥探军情到兰州，并求见左宗棠。左宗棠稍加思索：“如能得粮，无妨一见。”

主客落座，茶水招待。

左宗棠：“阁下远道而来，辛苦了。”

“比起大帅西征艰难万险，我只为卖粮，还可观光新疆风景。”

“你很关心西征的事，此刻我们是在兰州喝茶。”

“这不是秘密，全世界都知道大帅即将出关收复新疆。”

左宗棠：“我们是谈粮食呢？还是说西征？尔是商人？”

“是的，我是商人。”

左宗棠：“何不在商言商？”

“大帅需粮否？我有500万斤小麦。”

谈话结束，“左宗棠与他签了一个500万斤小麦的购粮合同，规定由斋桑淖尔（南距塔城256公里）运到古城子，粮价与运费总计每百斤银七两五钱，比安西运至古城子每百斤少银四两左右。截止光绪三年四月，俄粮之运古城者，可得480余万斤”。

西征部队七万人，年需军饷约六百万两白银，加上运粮费用两百多万两，共计约八百多万两银子。清政府规定各省、关每年协饷七百二十四万两，而每年实际到账的是五百多万两，至1875年11月左宗棠已欠发部下饷银两千七百四十万两。

七万多官兵饷银无着，官兵凭着对左宗棠的敬仰和信任，无悔无怨，西征报国，但左宗棠心里内疚不已，惭愧不安。由胡雪岩经手，左宗棠被逼得“开借洋人钱打洋人的先例”。饷银初步有了着落，官兵可以有饷了，官兵也是人啊，有父母有妻儿，而且是提着脑袋随左宗棠西征边荒的人啊！左宗棠在给友人的信中说：用兵而至借洋款，惭愧疚恨，但为了西征，为了收复新疆，忍痛吞下了这个苦果。

左宗棠是第一个向清王朝发出：甘肃“定西苦瘠甲天下”的呐喊声。

更何况定西之西的新疆？

在筹措军粮时，左宗棠说：

“要筹军食，必先筹民食，乃为不竭之源。”“夺民食以饷军，民尽而军食将从何出乎？”（《左文襄公全集·奏稿》）

当张曜率部抵玉门后报告：“沿途经过村堡悉成瓦砾，地田荒废，其遗黎力能自耕者，不过十之一二，余俱流离颠沛。”（《左宗棠全集·奏稿》）张曜部进驻哈密后，左宗棠指示不忙着打仗，先自力更生屯田种粮：

“哈密既苦于兵差，又被贼扰，驻军其间，自非力行屯田不可。”（《左文襄公全集·书牍》）

如果说左宗棠是中国近代第一个发出屯垦新疆的号令者、践行者，而张曜率领下的嵩武军，则是左宗棠所部屯垦的先锋模范，也是中国近代史上第一支屯垦新疆的军队。到光绪元年（1875年），嵩武军垦荒屯田19000多亩，获粮数千石，次年又获5160石。左宗棠对张曜“在哈密办屯垦水利，事必躬亲，不惜劳瘁”的表现十分高兴，并给予表彰，认为：“以后踵而行之，固此奥区，保绥戎藩，可成数十百年无穷之利。”（《左宗棠全集·奏稿》）

左公并指示张曜，在屯垦中必须严格管理，赏罚分明，三方面的利益，即国家、士兵、百姓，必须兼顾。左宗棠提出：

“每日出队耕垦，均插旗帜分别勤惰；最要是照粮给价，令勇丁均分，庶勇丁有利可图。”左宗棠还要求：“每哨雇本地民人一、二名当佚，给以佚价，以便询访土宜物性。”左宗棠的“兵屯要策”为：“各营勇丁吃官粮做私粮，于正饷外又得粮价，利一；官省转运费，利二；将来百姓归业，可免开荒之劳，利三；又军人习惯劳苦，打仗更力，且免久闲，致生事端，容易生病，利四。”（《左宗棠全集·书牍》）

左公兴办军屯的同时，还要求实实在在推行民屯。针对左公之前出关将领军纪不严，严苛百姓，以至屯田收不到实效的状况，左公提出办好民屯必须做到：“由官给赈粮、给种子、牛力、秋后照价买粮。”（《左文襄公全集·书牍》）左公想得可谓周全，让士兵得利，让当地农人得利，左公心里有穷苦人！

左公是一个有特殊性格的人，他自比诸葛亮，他恃才傲物，他从来不把李鸿章放在眼里，他经常和曾国藩吵架，可是他一直记着曾国藩的好处，他善待亲人、朋友、部属，体恤农人、穷人。作为征西军统帅，用兵大计方针，其魄力、坚毅，其时满朝文武大员，无有比肩者；而具体事务如筹粮运输、驮马车辆、兵屯要略，也思虑周详，列出条例，乃至想到战后百姓屯垦，实在是有点“婆婆妈妈”了。有人说，此等事大帅不为！左公说：“你不到新疆，你知道个屌！”“吃饭事，兵屯、民屯之举，乃自己有粮、兵勇受益，兹事体大也！”

关外屯田，涉及方方面面，首要者为兴修水利。其时哈密因战乱动荡，水利失修经年，腴田变为瘠田，哈密农村已成一片蛮荒。为此，张曜为修复已经废弃的石城子渠——无此渠，所屯之田即无水可以灌溉，张曜拟筹银四万两重挖、修缮此渠，并报左宗棠，左宗棠当即回函：“哈密为西陲屏障，地形极要，弟当为麾下成之。”（同上）

在军费紧张、艰困的情况下，左公决定于来年春天尽先拨解供张曜开渠修水利之用。左公又考虑到哈密一带土地，土性松动，水易渗漏，即令赶造一万条毡布，以备应急。光绪元年，张曜部垦荒地一万九千多亩，可获粮数千石。（同上）次年，又获粮五千一百六十石，可供应该部四五个月军粮。

军屯之外左宗棠还鼓励民屯，他指出以前出关将领在屯田上的原则性错误：

“其志不在恤民，不在济军，唯勒派取盈，以顾目前而已，预借籽粮，秋后数倍取偿，民不能堪，弃耕避匿，则系累其家属，追呼迫索，至不可堪。故立开屯之名，而地亩转荒。即哈密之缠回（维吾尔族，笔者注），先有二三万余口，今只剩二三千口，逃入吐鲁番者多也。”“从前诸军（景廉、成禄之流）亦何尝不说屯田，然究何尝得屯田之利？亦何尝知屯田办法？一意筹办军食，何从顾及百姓！不知要筹军食，必先筹民食，乃为不竭之源。否则，兵欲兴屯，民已他徙；徒费兵力兴屯，一年不能敷衍一年，如何得济？”左宗棠心里有军人、有农人、有穷人苦人，光芒闪耀矣！他总结了先前出关将领民屯失败的原因，提出必须做到：“由官给赈粮，给种子、牛力，秋后照价买粮。”

左宗棠嘱咐张曜：要使当地维吾尔族人民有利可图。“用廉干而耐劳苦之人，分地督察，勿任兵勇丝毫扰累，勿于银两出纳时稍有沾染。”嘱张曜：如当地维吾尔族农人“如借籽粮，假牛力，发农器，散赈粮，皆不可吝。”

对人民不吝其爱、其善、其物，其力也！张曜曾规定：维吾尔族人借种子一石，秋后缴粮四石。左宗棠告诉张曜：“此则毋庸计较，但能纳本上仓，待明年出借，即可允行。”当张曜把左宗棠的决定——春借一石，秋还一石，来年即可续借的决定，告知当地农人时，维、汉、蒙各族人等无不喜出望外：清兵见多了，无不搜刮百姓。左宗棠的西征军就是不一样！左宗棠还指示全军：“若民屯办理得法，则垦地较多，所收之粮除留种子及自家食用外，余粮皆可给价收买，何愁军粮无出？”（同上）而且可以省下大笔运粮费用。左宗棠留意并照顾农民利益，人民生计的平民意识，在当时清政府的封疆大吏中，唯其一人而已！

买粮运粮，在军事行动中绝对是大事且琐碎不堪。左宗棠大事英明，小事琐事同样思考周详：

“粮草不足，运力不足，兵马数字非实，怎么打仗？”在运粮问题上，左宗棠取“不与民争利，官方适当吃亏，但不可太亏的办法”。左宗棠谓：“买粮一事，须预计马步实数，克日行走，到地食用外，再确备裹带数日。一路一处，均须筹计。少买不足供食，多买又裹带累赘。若转运前去，发给脚价，耗费太重，殊嫌不值。且转运军粮，必须广拉车队驮，车驼一入军营，往往打越过站，民间甚以为苦。”(《左宗棠全集·书牍》)

根据“马步实数”的规定，左公用兵新疆时，严格分明：“步队每营算勇丁五百名，长夫二百名，合七百名。马队每营马勇二百五十名，战马二百五十匹，马夫若干。每名勇夫口食，每日净粮一斤十两或每月四十五斤（与笔者1962年当兵时口粮数同）。每匹战马每日料五斤、草十二斤。有多少部队，便按这个标准筹备多少粮料。”(《左文襄公在西北》)

前面说到，左公的军粮来源分为南路和北路。其中河西走廊由地方给养，是向农人捐派，人民苦累不堪。例如清兵“杨占鳌在甘州，规定每正粮一石，捐粮五斗五升，捐钱二串”。（同上）左公深恶痛绝其不知民间疾苦，肆意掠夺河西农人的行为，河西农人怨声载道，西北苦上加苦。左宗棠督办新疆军务后，下令：

不准掠夺农民，不准捐派。改捐派为采买，左公要求河西农民：“留足自己所需食用及籽种，其余一概卖给军营，不要囤积居奇。同时，允许民间交易，归凉、甘、肃、安营屯局收买。”（同上）

河西农民第一次体验到了西征官军对百姓的爱护及公正，自此从怨声载道，一变而为对左宗棠的赞扬之声不绝：“这个大官不同以往！这支军队看着亲切！”河西走廊是此面貌大变：不再惧怕官兵，不再担心粮食被征收，不再担心卖粮得不到银子。

怎样规定采买数量和价格，很难恰到好处。数量定得太少，则不够军粮，太多则地方又不够供给。左公宁少毋多，反对竭泽而渔：

“夺民食以饷军，民尽而军食将从何出乎？”（《左宗棠全集·奏稿》）在运粮时，左公取“节节转运”“非籍民力不可”等，实在而有效的办法。为筹粮，左公日夜思虑，如价格：“不可抑勒，也不宜提高，因为人情是贪心不足的”，这样势必把粮价越提越高。逼着无粮出卖的农民要买昂贵的粮食，生活费激增，怎样负担？而在有粮出卖的农人，为贪一时的利润，也许可以倾其所有卖去。于是到了青黄不接之时，大家没有存粮可吃。及至农时，更没有种子可种。同治十三年（1874年），便有此种现象，文襄公便在各郡县广设粥厂，煮赈疗饥；一面散给种子，免误农时。所以文襄公很沉痛地说道：“富者之欲未厌，而贫者之苦愈甚！”（同上）

左宗棠的做法是："照民间价格，发给实银，不折不扣，最为公道。"

《左文襄公在西北》统计左宗棠历年在河西采买粮食的数量为："同治十二年是十六万三千余右，十三年是十九万石；光绪元年是十二万二千石，照同治十二三年的采买数量，粮价高下和运费多少，通扯计算，每一百斤约为银五两五钱。"

凉州往西，一路坎坷，荒山块垒，草木罕见，路远而且运费太贵。光绪元年（1875年）之后，左宗棠明确告诉粮运官员，河西久经兵变，沙漠张狂，可以种粮的田亩还多荒废。现在每年采买这样大量粮食，实在已比平时整个甘肃省应征田赋还多。继续征粮，河西将民不聊生！后来关外统兵大员还要向河西加采，左宗棠坚决不许并明示："价愈增则，富者之欲未厌，而贫者之苦愈甚。揆之事理，实不可行。且新粮订买已多，民间搜括殆遍，本属实在情形。""夺民食以饷军，民尽而军食将从何出乎？"（《左宗棠全集·奏稿》）

是时也，左宗棠得知从包头向西到射台、大巴一带，其间是乌苏里雅苏台、科布多和归化各城所属蒙地，与清政府、汉人关系好，蒙汉杂处，产粮多，交通也方便，是归化到巴里坤的捷径。不经过乌、科两城，又有驼可雇，价格也便宜，所以一般商旅走这路，造成了巴里坤的繁荣。那里棉价、布价和粮价都与内地相近。然后是古城子（今奇台县），及乌鲁木齐的商货，也都从巴里坤转口。没有台站，却有村屯，蒙汉杂处，产粮颇多，蒙人友善。左宗棠又辟一路，口北是也。左公又以市价收购，不犯农人丝毫利益，就有了一条从归化到巴里坤的捷径，既有粮可买，又有骆驼可运，价格也相对便宜。所以不少商贾均走这条路，造成巴里坤的繁荣。即便是古城子和乌鲁木齐的商旅，也从巴里坤转口。（《左文襄公在西北》）

左宗棠先是侦悉情报，又派员调查清楚后，决定在这一带采买军食，在归化设一个西征采运总局，包头和宁夏设分局。采办军粮的事，左宗棠取分路采办，分地积存，至光绪二年（1876年）四月由河西运至安西和哈密的约一千万斤；由哈密运往古城子的约四百万斤；从归化和包头运存巴里坤的约五百万斤；从宁夏运往巴里坤的约一百万斤；从中俄边境采购俄粮运存古城子的约四百八十余万斤。北路收复后，左宗棠又命在古城子采粮一千万斤，备运乌鲁木齐；在巴里坤采粮，合归化、包头和宁夏存足六百万斤；在河西运粮六百万斤到哈密；吐鲁番收复后左宗棠又命在吐鲁番采存九百万斤……再节节转运至阿克苏。左宗棠存军粮数“以总共三个月口食，再从宽准备三个月为标准”。（《左文襄公在西北》）有了这些已运往接近前线的军粮，左宗棠长舒了一口气，又一声叹息：“谁知西北苦？谁知西征难？”

左宗棠恰当而充分地利用了上海与国内及洋人多有交易、信息流布极快的特殊情况：“还在上海设立采办转运局，负责转运枪炮弹药，筹借外债，收集情报。在汉口设立后路粮台，转运上海采购的军需物资。又在西安设立了一个总粮台和一个军需局。同治十一年，设立了兰州制造局，光绪元年建立了兰州火药局。”（《左宗棠略传》）兵器也，火药也，饷银也，军粮也，情报也，信息也，外交也，如此等等，一系列备战之网铺到了各个角落，一系列以上海《申报》为首的舆情达致高潮，一系列后勤补给措施，应了兵马未动，粮草先行的兵家常例。繁琐的、让人脑筋作痛的、必需的用兵准备工作一一展开。

清晨，左宗棠在兰州督军府踱步、徘徊，望向朝晖升起处，金色、黄色、橘红色，斑斓交织，互为接壤，也相与渗透，偶尔有白色与青色穿过；左宗棠心语：此美景与共也！庭园的大柳树上，喜鹊集群喳喳不息，叫得喜庆，叫得人笑逐颜开。左宗棠吩咐亲兵：通知伙房，早上做湖南辣子鸡丝汤面，要大碗。

当一切准备就绪，尽在掌握中时，左宗棠集结在西北地区的各路清兵一百四十多个营，约六七万人；投入一线作战的八十多个营、近四万人，分批向新疆进发。光绪二年（1876年）年初，刘锦棠率主力老湘军，为先锋，从凉州向肃州进发。二月，“帮办陕甘军务”的刘典到兰州，左宗棠将后路事务交托后，于是年三月，率亲兵步骑两千余人离兰州西进，三月十三日抵肃州，于城东南设中军大营，就近指挥。同月，湘军总统领刘锦棠与左宗棠“熟商进兵机宜后”，率主力马步二十四营，其中步兵十七营，骑兵七营，分四批，出星星峡，向哈密进发。

左焕奎藏有光绪二年（1876年）六月二十九日左宗棠给刘锦棠的一封亲笔信。它纠正了不少人对左宗棠的偏见：会打仗而不会外交。信中对用兵新疆，平定阿古柏之乱后，应采取的对内对外策略，都有明确周到的指示。从左宗棠这封信和其他奏稿、书牍的有关记载中，可以看出，左宗棠在用兵新疆的全过程中，十分重视军事行动的配合，针对英、俄不同的特点展开灵活的外交斗争。把坚持“寸土必争”的原则，与区分“轻重缓急”的策略相结合。做到“刚柔相济”“绵里藏针”。(《左宗棠略传》)左公的基本原则是：对阿古柏及其所谓“哲得沙尔”的非法政权，就地消灭，不得仁慈，投降者可免死，但需逐出境外。对沙俄帝国，则先外交谈判，做好随时用兵的准备。

在《与刘毅斋书》中，左宗棠说：“与外国辩论，一切总要主见拿定，委蛇说去，方无烦恼，义以为质，逊以出之，即谚云绵里针之谓也。”(《左文襄公全集·书牍》)对英国与沙俄争霸亚洲，左宗棠有自己的看法：“俄英倏婚媾，倏仇雠，十余年前曾战争不已。彼此忌嫉，至今如故。其衅端则肇于印度、争土耳其。”(《左宗棠全集·书牍》)左宗棠利用英俄矛盾，在集中兵力消灭阿古柏政权的策略上，充分显露了他外交手腕的高超：“此时俄人交还伊犁一节，暂可置之不论。”

玉门关头马叫人嘶啊！西征军马队衔枚疾行，步队急如星火，过得烽燧废墟，过得星星峡，阴郁沉重、苍茫黝黑，山顶上有白色雪痕，但不知是新雪还是旧雪的西部大山庄严、威武、肃穆地渐次展开，左宗棠在出人意料、先声夺人、取乌鲁木齐后，缓进急战、收复新疆的战斗正式打响！

第十五章

“缓进”进行曲

收复新疆之役开始的形态，并不是金戈铁马，摧枯拉朽，浩浩乎一往无前的。它和左宗棠预料中的、先已设计好的、并且为实践证明是正确无误的方针一样：缓进，脚踏实地的缓进，艰难困苦的缓进，是一步一步、一车一驼的缓进，是别样的进行曲。左公面对的现实是：

数以千万斤的军粮如何搬运？况且还有装备军火？不仅路途迢远，而且顽石嶙峋，崎岖不平；戈壁横陈，沙漠奔涌。左宗棠详为计算里程及沿途环境，最重要也是真正寸步难行的，是凉州经哈密到古城子一段。就里程而言，凉州到肃州九百里，肃州出关到安西六百六十里，安西州经哈密到古城子一千九百八十里，总共为三千五百四十里。

查新疆地理志：从安西到哈密十一站的一千多里中，一片瀚海大漠，满目黄沙飞扬，乱离经年之后，台站已无影踪，且无水无草。从哈密到巴里坤，三百三十里，路途不算漫长，但要翻过天山，天山多冰多雪，不是在冰路上滑倒，又爬起来，就是深陷雪堆，再扒出来，继续走；或者跌落悬崖粉身碎骨，人与驼马共命运。天山路上不乏这样的景象：跋涉冰雪，人滚驴翻，仰天长叹！

徐刚曾于天山左公运粮路旧地不胜感慨：李白的“行路难”，是蜀道艰险，诗人行路之难也；翻越天山的“行路难”，是冰雪荒茫，西征运粮，夺回新疆之难，难上加难，是真正的行路难！按左公的计划，是军运和民运同时进行，民夫无食，军队怎么攻城夺地？这一切，均要做细致的准备：军运的先要分头采买车驮，分伙遣选弁佚管理，大至车辆、鞍架，小至绳索、麻袋，一应杂物都在左宗棠的考量之中，都成了西征军不可或缺的一部分。还有，牲畜的口粮，牲畜的使用及各种药物，天山路上，车辆损坏是常事，还有车辆跌落冰河、骡马倒毙的。对倒毙的牲口一律以雪葬礼遇，然后是挑换、补充。民粮雇佣车载，每一百斤、一百里，关内给银四钱，天山路则为五钱，使用车辆，减半补给。有民工说俏皮话：“多了一钱银子，走了一趟天山阎王路。”

运粮草的困苦，也可以说是西征天山路的伟大：

在这只有冰雪没有人烟的高山严寒处，在这新雪旧雪千百年的累积处，除了雪还是雪，还有雪底下的山石，雪是坚硬的雪，石是冰冷的石，除此之外一无所有。一应什物都需准备周全，短缺一件，得不到补充，就会影响全局。所以左公命出发前详为准备，又命经过各站时，由官方批购储存粮食和各种什物，归民户领用，在运价内扣除。“这里头公家并不赚钱，还要赔贴不少。”（《左文襄公在西北》）有下级官员告左公赔钱事，左公曰：“民苦兵苦？民穷兵穷？我不赔钱谁赔钱？”左公认为：“只要搬运得快，才是上策。”（《左文襄公在西北》）

上述运粮种种，是左宗棠用兵北路时的情形。这一条艰难的翻越天山的运粮路——倘若天山有灵，天山曾为之惊心动魄，信夫？到新疆北路告捷，进击南路时，就不须翻越天山了，兵勇驮马无不为之额手相庆。其路线为：“军粮从古城子运往乌鲁木齐而南，军火装备从哈密运吐鲁番而南。”至于归化、包头和宁夏之军粮，由商人骆驼包运，实装实卸实算“脚钱”。驼行一天为一站，归化与巴里坤之间骆驼行走三十多日作三十多站，宁夏到巴里坤则少六七站。（《左文襄公全集》）左公对这一条运粮之路的快捷而顺畅，甚为得意。事关粮运大局，西征官员调整前，曾经有一场不大不小的争论不能不记：左宗棠与负责西征粮运的袁保恒，思路各异，争论激烈。左公办事细微认真，他广为调查后认为塞上运输，必须因地制宜，尽量多用骆驼。每一只骆驼可负重五百斤，日行八十里，这一运输量及运输速度，已为不小。而骆驼在关内行走，白天食料不过三斤，夜间则放牧自由行动。至关外，则食草而不食料，实在劳乏则喂料一升，再加点盐。一个驮夫可带五头骆驼，口粮也省，可谓经济。

左公还说及往事，真可谓前车之鉴：“当年岳钟琪用兵新疆，从肃州到了玉门、布隆吉（蒙古语谓水浊），就下令停止前进”，却从巴里坤招丁夫三千名来接运过岭。为的是什么呢？“就因为车

运太烦又太费。”（同上）

倘若，以重车过天山，左公细算之下，却也没有粮食可供军食，即部队将无粮可食。为什么？左公好算细账：

“按肃州、安西越哈密，二十四站，计程虽止二千二百余里，而道路绵长，又多戈壁……中间人畜疲乏，又须停住养息。即催趱迫促，断非三十余日不能到巴里坤。计每骡一头，日须啖料八斤，一车一佚口食日须两斤。兰州以西，料豆缺产，喂养用青稞、大麦、粟谷等充之。畜食之料，即人食之粮也。车行三十余日，计一车运载之粮，至多不过六百斤，两骡喂养，即耗去五百数十斤，车夫口食亦须六七十斤。而车粮已罄，安有余粮到达巴里坤乎？……此不谓之虚糜不得也。”（《左文襄公全集·奏稿》）

左公以为：新疆地形，以天山为自然分界成南北两路，哈密居其中。从哈密往北而西是：巴里坤—古城子—乌鲁木齐到伊犁，此谓北路也。从哈密往西而南是：辟展（汉胡狐国，今鄯善县）—吐鲁番—库车—阿克苏到喀什噶尔，此即南路。乾隆皇帝用兵伊犁，军队从乌里雅苏台、科布多进北路，故粮台设于北路。道光中，用兵喀什噶尔，大军从阿克苏进南路，粮台便设于肃州。左公用兵对象首为乌鲁木齐，大军从巴里坤、古城子进，乃为北路也。

左宗棠西征，所有粮运——大规模的粮运——坚持付钱买粮，不得扰累农人。在左公统帅之前，因为甘肃关内各军征粮、征人，河西农人已经深陷贫困，河西大地一派萧条。当左公出兵关外，亟需河西支援时，河西一隅，民穷财尽，绿洲荒芜，沙漠推进！左公何能在河西筹粮？愤慨之下给金顺写了一封信，表达了对西征前任将领剥削百姓、无一敢战、无一能战，而不惜搜刮百姓，劳民伤财的愤慨：

“军兴以来，十年于兹，各军营坐食不战。民间牲畜既被扰掠，又苦供亿之烦。人则转徙流离，地则荒废不治，牲畜日耗，民力何以能支？于是而欲转馈源源不绝，其可得乎？况关外一望平沙，无水草，无村落之地甚多，强拉民间牲畜过站，甚则扣留不发归原主。无论孑遗难堪，即承平之后，物产丰盈，亦必难以接济。天下事，不外乎人情物理。乌有倒行逆施而能济事者乎？用兵所以卫民，今卫民之效未闻，而虐民之事无不毕具。不知主兵者于目前事势，日后事势亦曾涉想否？前此凉、甘两郡素称饶裕，近年荒瘠至此，是各军营竭泽而渔明效。”(《左文襄公全集·书牍》)

左宗棠的这一番叙述和议论，说的是他督军新疆之前的往事，及带来的后果。景廉和袁保恒等因左公的上奏，已走人，留下的是个烂摊子，却由左公渐次收拾了，其中“卫民”“虐民”之论，乃千古不朽之论也。这封书札，看似有感而发信笔写就。其实不然，它充满着一个伟大的政治家、军事家的治军与关怀民生的思考。左公西征，靠的是得西部，乃至全国民心，及鼎力相助。倘无东南之饷，西征军费何来？东南之饷，乃东南人民血汗钱也；胡雪岩相助借“洋债”，还债者亦人民之血汗也。用兵西北，民夫繁杂，牵养牲口，运送粮草，翻越天山，有死有伤，肩挑车推，艰辛愁苦不离西征军及推车牵驼的农夫。

左公在阅览军民死伤人数后，叹曰：“收复新疆，运粮之辈，芸芸众生也，皆无名之辈。能相离乎？冰雪白骨，相与累积而成天山之高，可相忘乎？民无生也，军何以生？官何以生？国何以生？”

此左公兵法乎？左公论道乎？皆不为过也。由治兵而治国，左宗棠之言堪称不朽！

有了粮草还得运输，运输就要用工具。左宗棠命令：关内车载，关外则以骆驼运输为主。这一切，都是在军费不足，左公精打细抠、知晓地理的情况下，做出的决定，即各用其长而省费用。车载一项，左公明确多用驮或驴，少用大车。为什么？因为车的损耗多开支大，必须用车时，左公主张多用台车或雇民车，少备官车。这是什么讲究呢？左公曾把“一大批官车，廉价卖给农民，专供台车之用。三套的每辆成本银一百六十四两，作价一百三十两；双套的每辆成本一百八十两，作价九十二两”。左公是深知农人的，他认为“卖作台车，归农人所有，对于车辆的爱护，对于牲口的喂养，必比官车好。农人得利，军中得便”。(《左文襄公在西北》)两边得利，军民和洽，岂非乐事？

骆驼，还有马、驴、骡，都曾为西征军立下卓著功勋。尤其骆驼，“关内农家，向不蓄驼。关外兵事既兴，骆驼的损失很大。”何谓损失？不堪重负，筋疲力敝而倒毙沙场，驼峰不再向天矣！而骆驼性温顺、耐热耐饥耐寒，左公西征不可或缺者矣！当时想补缺骆驼，买或雇均非易事。“文襄公拟派员在蒙古搜购三千头，只得一千二三百头而报到的，实数更只得六百余头。”骆驼对于西征军意味着什么？“每营粮料，光从肃州运玉门，便需驼九十头，起运安西，也要八十多头。”左宗棠于是三令五申：“严禁各部队拉驼当差，严禁官厅对驼户征收捐税。”这些政策鼓舞了养驼人家，骆驼渐渐兴旺。

骆驼啊骆驼！
记着你踏实的脚步！
记着你高贵的沉默！
记着你自己驮起永远指向天空的驼峰！

秦翰才《左文襄公在西北》一书中，有运输工具的详细统计：“如今可以指数的，凉州和肃州间，有大车二千辆，驴一千五百多头；安西、哈密、巴里坤和古城子之间，有官驼三千头，商驼一万头，大车三百辆；肃州与古城子之间，大车一千辆；古城子和乌鲁木齐间，大车五百余辆，官、商驼八千余头；巴里坤和七克腾木（回语：得泉水）间，有驴一千头；乌鲁木齐、哈密、吐鲁番间，大车三百辆，骆驼八千头，驮骡一千头。”上述数字，非那些地段常备者也，而是西征时“车辚辚马啸啸”的运输工具。其运输程期为：“肃州、古城子之间，二千六百四十里，间天发车，来回八十天；古城子与乌鲁木齐间，四百六十八里，一个月内，车行两转半；吐鲁番和达坂间，二百余里，大车来回六天。”

这一些并不完整的数据，告诉后人左公西征，仅就筹粮运输一项的调度及困苦艰难，实难找到先例。秦翰才又记：“文襄公从东路调一军驻防安西，在文书中郑重吩咐说：‘多带柳条筐、扁担为妙。’做什么用呢？文襄公小字注着：‘须挑安西城外积沙。’”(《左宗棠全集・书牍》)。

左宗棠，治沙者也。

第十六章

狂风！（急战之一）

左宗棠强调：急战的“第一阶段，是收复阿古柏占领的北疆。”并务将阿古柏置于死地。这第一阶段，第一刀、第一枪，也是西征军全面收复新疆的第一刀、第一枪。左宗棠时代，中国还是冷兵器时代，但已有进口、仿造的枪炮，似可称为冷热兵器交替之际。而西征军，则刀矛枪炮兼具。

当粮草先行，各种战略部署准备就绪，在金顺、张曜等几支部队先行出关后，左宗棠开始派主力军西进。光绪元年（1875年）夏，左宗棠在兰州召开老湘军分统以上将领会议。

左宗棠宣布“缓进急战”之“缓进”已告捷，全军进入“急战”的战略阶段，左宗棠发出了“朝烹雄狐，夕醢封狼”的豪情壮语，宣布收复北疆，灭阿古柏之实兵实战开始。左宗棠严令：两军相战，刀枪炮火之下，努力保护民众，不得扰民。并宣布刘锦棠以三品卿衔总理行营营务处，“自定出关马步廿余营，以缓进速战为宜。”（《左宗棠全集·书牍》）

光绪元年年底，刘锦棠又奉命到兰州，左宗棠面授机宜，必须拿下、擒获或消灭阿古柏及帮凶白彦虎，左公将作战方案“备细告之，并以地图指示”。（同上）并为前线指挥官配备了望远镜。

英国人包罗杰评论说：“这支在东土耳其斯坦的中国西征军，完全不同于所有以前在中亚的中国军队，它基本上近似一个欧洲强国的军队。”（《阿古柏传》）

当有幕僚把相关的评论告诉左宗棠时，左宗棠掀髯一笑，有得意状。并谓：“以中华民族之历史文化渊源，一百年后、两百年后的中国，其军威雄壮，独立世界，边陲金汤，舰船列队，吾辈九泉之下亦可想见也！”

真是天有不测风云。大军西征，兵将出关时，忽然传来当时北京的社会舆论：西征能否全胜？怀疑者众——新疆之大，荒野之广，沦陷之久，需多久、多少兵力、多少饷银，方能支持？即便支持左宗棠的，也认为乌鲁木齐虽不难收复，但应该适可而止：“乌垣既克，宜赶紧收束，乘得胜之威，将南八城及北路之地，酌量分封众建，而少其力。”（《左宗棠年谱》）也就是说，左宗棠西征，克复乌鲁木齐为止。

此种舆论，实为海防与塞防争论之续，左公即将挥师、战役将起、新疆收复在望时，是何人挑起这一番争议？不得而知亦可想而知——李鸿章是也——背后是英国驻华大使的游说、恫吓。左宗棠一如往常，坚持用武力收复新疆——先北疆后南疆。不可言让！不可言退！不可言和！

他分析新疆地理、时政形势：

“沙俄踞伊犁，安集延（新疆对入侵者浩罕国的称谓，亦指代阿古柏，笔者注）踞喀什噶尔，皆腴疆也。我纵克乌鲁木齐各城，扼各处总要，重兵巨饷，何从取给？亦终必亡，藩篱一撤，强敌日肆凭陵，恰克图、库伦、张家口皆成沙场矣！”这是对官军取乌鲁木齐“赶紧收束”的回击：乌鲁木齐没有周遭藩篱作护卫，孤城何用？新疆何复？左公又说：“官军出塞，自宜先剿北路乌鲁木齐各处之贼，而后加兵南路。当北路进兵时，安集延或悉其丑类与陕甘窜逆及土回合势，死抗官军，当有数大恶仗。如天之福，事机顺利，白逆歼除，安集延之悍贼亦多就戮，由此而下兵南路，其势较易，是致力于北而收功于南也。”(《左宗棠全集·奏稿》)

左公把是非议论弃之荒漠，给予前敌统帅刘锦棠“便宜行事”之权“令其相机办理，不为遥制”。并继续已展开之兵力部署，直下北疆，剑指阿古柏咽喉。而巴里坤与古城子之间八百里，是重要的交通运输线，为防敌骚扰，左公命蜀军徐占彪部五营出关，驻守巴里坤。光绪二年四月（1876年5月），湘军前锋谭上连率四营进驻巴里坤，分兵驻守芨芨台、色毕口、大石头、三角泉，以坚固后路。总理西征军务的刘锦棠又亲至哈密，“将哈密存粮逾天山逆运至巴里坤、古城子，于是年闰五月初十日亲抵古城，分兵屯木垒河”。左宗棠的方针是“稳扎稳打”，“决计必俟古城存粮稍有盈余，然后再进，进则裹一月行粮趣战，计时近新秋，前途有粮可因，军食有资，而后路之粮亦集，于局势乃稳”。(《左宗棠全集·书牍》)

清军在天山北路最前线的据点，是金顺驻守的济木萨。光绪二年六月初一（1876年7月21日），刘锦棠由古城率轻骑疾驰至济木萨的金顺行营，商定前线进兵方略，观察前沿阵地。当时新疆形势与左宗棠在肃州大营分析大体无异。

沙俄侵占伊犁地区；阿古柏控制南疆八城和吐鲁番盆地；其帮凶、民族罪人白彦虎盘踞的主要据点是乌鲁木齐东北的古牧地，其精锐多集于此。按照左宗棠的计划：刘锦棠“以大队径驻阜康县城，出队直捣古牧地”。“此关一开，则乌垣、红庙子贼不能稳抗，白彦虎必窜吐鲁番，以寻去路。”（同上）

于是，西征军各路人马进驻阜康，与阜康西南百里之远的古牧地，遥遥相望。清军主力向前沿阵地集中，箭在弦上时，白彦虎从乌鲁木齐移驻古牧地，企图负隅顽抗，拼死一战，在古牧地前哨黄田筑卡设垒。阿古柏也从南疆派兵相援。西征军于六月二十一日晚三更，月黑风高时，秘密出动，取小路，急行军，直奔黄田关卡。“先踞山岗，金顺部由右路进，刘锦棠部由左路进。双方骑兵交战，马嘶人吼，清军人人奋勇杀敌，……敌军大败。”遂取黄田——古牧地前哨。(《左宗棠评传》)

西征军于六月二十四日（8月13日）开始围攻古牧地，湘军驻东北，金顺守东南，马步兵皆士气高昂，跃跃欲试。不出所料，翌日，阿古柏派出骑兵数千人，由阿托爱率领，从红庙子驰至。清军马队立即下山迎战，步兵配合，从中路冲出，把敌军击败，阿托爱弃马逃遁。湘军步兵分两路攻古牧地南关山垒，并以开花大炮轰击，攻克山垒。“十六日，清军大炮轰坍东、北两面城垛各一二丈。二十八日拂晓，又轰坍城东南墙垛，湘军三面围攻，鏖战多时，刘锦棠部从东南角突入城内，金顺部和另一支湘军也从东北方向入城，敌军五六千人全部被歼灭。”（《左宗棠评传》）刘锦棠在攻下古牧地后，从缴获敌人机密文书中得知乌鲁木齐空虚，遂乘胜追击，六月二十九日（8月18日）一举而将北疆重镇乌鲁木齐收复。（同上）阿古柏等匪部南逃，聚集在达坂城，妄图依托天山之高、天山之险阻止清军南下，做垂死挣扎。

是时也，荣全派原驻北疆的军队和民团，围攻并收复玛纳斯北城。七月初，金顺率部从乌鲁木齐赶来增援。八月十七日（10月4日）刘锦棠又应金顺之请，派罗长祜率步兵六营、骑兵一百二十五骑，前往助攻。各军协力，马步争先，于九月二十一日（11月6日），收复玛纳斯（曾下辖石河子，今为石河子市玛纳斯县）全境。至此，阿古柏在北疆的据点和布防，已被西征军撕开了一个大口子。西征第一阶段战役，按左宗棠预先谋划，历时三个月奔袭杀敌，大获全胜。

边荒大漠露出了一抹曙光。

第十七章

暴雨！（急战之二）

西征军第二阶段的急战，是达坂—吐鲁番之役。经第一阶段之战，阿古柏受到重创，在心理上也受到了强大的、泰山压顶般的压迫感。他无惧景廉，却害怕左宗棠。几次交手下来，在左宗棠是小试牛刀，在阿古柏则已心惊胆战。“左宗棠是来真的了，且治军有方，韬略深远，霹雳手段，可怕！”阿古柏自知远非左宗棠对手，前方是昏暗绝路，却仍幻想做困兽之斗。

此时，左宗棠驰书刘锦棠：

“行百里者半九十也。西征第一阶段全胜，只是开始。军书谓：一胜而二胜，二胜而三胜者，谓之常胜，有一胜而骄满，继之大败者，是谓无智。阿古柏仍占领南疆土地，共主力及其他贼部犹在。阁下必须号令全军，作攻坚克难之准备，长驱南下，胜利在望！”

左公并嘱刘锦棠：“南疆贼势，重在达坂、吐鲁番、托克逊三处，官军南下，必有数恶仗，三处得手，则破竹之势可成。”并对后续作部署如下：“徐占彪、张曜攻吐鲁番，刘锦棠率老湘军攻达坂。两处克复后乃进攻托克逊坚巢。”（《左宗棠全集·书牍》）

光绪二年冬（1876年10月），清廷急令催促左宗棠西征军南下。其时湘军刘锦棠大病初愈，天山大雪封山，左宗棠审时度势，不顾廷旨催促及部下将士的急切求战，奏告清廷前线战情，同时给刘锦棠的批复中明示：

“察看情形，通筹利病，进兵之期，非俟明岁春融不可。”（《左宗棠全集·批札》）

左公在写给刘典的信中说：“毅斋（刘锦棠，字毅斋）病虽痊复，然严寒临阵，非其所宜，老湘军患疫者几过一半，势非缓养不可。而后路转运新粮甫经开办，驼只车骡均形裹足，急切不能取齐，若即进兵，正值大雪封山、冰凌凝结之时，诸形棘手且无论筑垒、支账，皆不便利也。弟意决俟明年春融进兵。”（《左宗棠全集·书牍》）

左公此举，是他性格情怀的另外一面：不惜违朝命，不愿催迫部下，重天时地利而又惜将爱兵。信件的字里行间，充满着体恤将士，慈祥善良，恰与他坚定倔强、无惧无畏成为对照。记录左宗棠的书籍，都说他谋定后动，胸中有雄兵百万之气概；却另有婆婆妈妈的一面——尤其是对家事、军中琐屑，前者为刚也，后者为柔也；然有的传记只言左公家事，而不言军中。

左公用兵，同样有婆婆妈妈的一面——西征大将刘锦棠大病初愈，军中染疫者众——“老湘军患疫者几过一半”——又遇“大雪封山，冰凌凝结”，就连“筑垒、支帐”，左宗棠都想到了。这样的“婆婆妈妈”岂非柔情万般！

在西征军第一阶段战争之后，阿古柏已领教了左宗棠用兵之机智、老道，西征军之奋勇搏杀。但，阿古柏仍能负隅顽抗的主力军及白彦虎等帮凶犹在，并占据着南疆广大地区。按左宗棠部署，给阿古柏以毁灭性打击，西征军南下，攻克阿古柏依天山之险，重点设防的达坂、吐鲁番、托克逊三角防区。如是，南疆门户洞开，西征军长驱直入，置阿古柏于逃无可逃，生无可恋的境地。

在达坂—吐鲁番战役开始之前，左宗棠部署如下：徐占彪、张曜攻吐鲁番；刘锦棠打达坂；两处收复后，乃进攻托克逊贼巢。

光绪三年（1877年）春，依据左宗棠的部署，刘锦棠令经过整编后的金顺军，负责防守北疆西南地区，监视伊犁俄军动向。金运昌率卓胜军从肃州开拔，赴乌鲁木齐一线驻防，原驻该地的老湘军则南下作战。三月初一，刘锦棠率部逾岭而南，张曜部及徐占彪部，则分别由哈密、巴里坤西进。为收复新疆南路，清军集结、出动了马步兵近五十营，两万余人。从北、东两个方向对达坂—吐鲁番—托克逊展开了钳形攻击（《左宗棠评传》）。

新疆北路之战大败后，阿古柏惊恐不安，他集结了约二万七千名兵士，试图以天山之险作垂死顽抗。据光绪二年到三年（1876—1877年）之间，在阿古柏占领区搜集情报的俄军总参谋部上尉库罗巴特金说：阿古柏“在吐鲁番和托克逊以及达坂要塞布置了下述兵力：步兵七千人，骑兵七千五百余人，二十七门炮及一万东干（指回族）兵员”。后来“又增加了从库尔勒来的一千五百骑兵、从库车来的一千骑兵”。（同上）

达坂城是通往天山的、无可替代的重要通道，亦为通往南疆之门户。阿古柏派精兵四千携火器把守，又命其次子海古拉率步兵、骑兵六千人、携大炮四门，驻守达坂东南战略要地托克逊，以备战时相援。吐鲁番旧有满汉两城，阿古柏派从北路逃命出来的白彦虎死守。

达坂，一个原本平静、美丽、山峰夹峙的小山城，正成为双方必争之地——缘其地理位置之险要也——达坂是天山的重要通道，也是进入南疆的必经之地。其地缘大势为：从东南方向至吐鲁番为二百里，到西南方向的托克逊为百余里。三地可为犄角，达坂居其中。阿古柏重兵驻守，势在必然。阿古柏本人，在离“设险重重，有恃无恐”的托克逊七百里的喀喇沙尔——即焉耆，指挥战局。

西征军高歌猛进，阿古柏惊慌失措。便求助其主子英国政府，试图说服清廷：罢兵新疆，“让其在南疆立国”。光绪二年（1876年）英国驻华公使威妥玛，利用处理马嘉理案与李鸿章谈判的机会，要求李鸿章转告总理衙门，称英国可以代阿古柏乞降“立国”。总理衙门函告左宗棠，左宗棠当即上书，义正词严，正气浩然地说：“阿古柏窃居南八城，及吐鲁番”，且勾结白彦虎盘踞乌鲁木齐等地，“中外共知”。威妥玛代为请降，又称阿古柏为“喀王”，“请为属国”，“敢以此妄渎尊严，实属可恶！”左公严词拒绝了威妥玛的说情，揭露大英帝国的真实面目：“英人代为

请降，非为安集延，乃图保其印度腴疆耳，俄英共争印度数十年矣。”（《左宗棠评传》）

光绪三年三月初一（1877年4月14日），在左宗棠号令之下，刘锦棠率马步大队及开花炮队，由乌鲁木齐逾天山而南，初三抵柴窝铺（今柴窝堡）。入夜，召总兵余虎恩到帐，面授机宜：趁夜突击，率骑兵九营、谭上连率步兵四营，“衔枚疾走，乘贼不觉，径趋达坂。期以五鼓会师城下，立合锁围，杜贼窜逸”。（《左宗棠全集·奏稿》）刘锦棠、金顺等各部，以迅雷不及掩耳之势，率军逾天山，踏冰雪，所向无敌。阿古柏穷途末路，堵塞通天河，企图以洪水拦住西征军。英国驻华大使威妥玛又通过外交途径威胁左宗棠，左宗棠据理驳斥，告诉刘锦棠：“打！狠打！”清军骑兵涉水而过，直往东山冈，步兵则列阵于山阿，又与骑兵相连，完成了对达坂城的包围。三月初三（4月16日），刘锦棠向达坂城发起进攻，第二天中午，刘锦棠冒着枪林弹雨巡视前线时，坐骑中弹立毙，刘锦棠“易马而前”。初五日（4月18日），宁夏镇总兵谭拔萃押运开花大炮至，筑造炮台。随后，刘锦棠部下骑兵又阻截、大败阿古柏的两支援军，断绝其后援。被围困在达坂城中的守敌更加恐慌，试图突围逃窜。

“城内维吾尔族人潜出城外，向清军递送情报。刘锦棠令部队严加防范”“夜间列燧照耀，光如白昼。”（《左宗棠全集·奏稿》）三月初七（4月20日）刘锦棠命参将侯名贵、都司庄伟等指挥三门火炮连环轰击，先摧毁了敌人的炮台，接着又轰坍几处城墙，炮弹又击中敌方弹药库，达坂城中火光奔跃，炮声不绝。一时间犹山崩地裂，又有大风忽至，火得风卷，风推火势，风火连环。仓皇之下，阿古柏守军惊魂落魄，乱作一团，进退失据。刘锦棠一声令下，马步兵丁奋勇争先，势不可当，攻克达坂城，西征清军完胜。

计“毙敌二千数百人，俘虏一千二百人，统领级军官六人，束手待缚。清军伤亡一百余人。”（《左宗棠评传》）三月十二日夜，西征湘军一鼓作气，继续夜袭，刘锦棠兵分两路，罗长祜、谭拔萃率步骑六营直扑吐鲁番，与张曜、徐占彪会师；刘锦棠亲率马兵步兵十四营直捣托克逊，该城守敌海古拉已弃城逃命，白彦虎也从吐鲁番仓皇西逃。一路上四处劫掠，焚烧村庄。当地人民“请求大军速援”，三月十三日（4月26日）清军长驱直入，收复托克逊城。刘锦棠率部南下的之前，左宗棠命嵩武军、蜀军分别以哈密和巴里坤为基地向西挺进，于三月初八（4月21日），攻克吐鲁番东边门户七克腾木（今七克台镇），又攻占辟展（今鄯善）。再战，克胜金口，直抵吐鲁番城下。湘军罗长祜部赶到，三路合围，水泄不通，鼓角连营，吐鲁番全境收复。

达坂和吐鲁番之战，是左宗棠收复新疆的关键之役。它不仅是敌我双方主力的对垒，也是正义与非正义之战的对垒，还是西征者与投降派的对决。左宗棠预做判断，排兵布阵，行军打仗，先后轻重，井然有序，如有神助。战局的发展与左宗棠预判相合：给阿古柏主力以重创，乃至毁灭性打击，灭其威风，动其军心，打开通往南疆的大门，造成西征军无往不胜的破竹之势。“敌军损失不下二万人，是阿古柏在这一地区防守总兵力的五分之四，是其总兵力的一半左右。”（同上）

对是次战役的完胜，左宗棠的评价是：“西域用兵以来未有之事。”左宗棠号令全军：在达坂、托克逊、吐鲁番大捷后，“以目前局势言之，南八城门户洞开，应即整旆长驱，以符缓进急战之议”。并正告阿古柏：“如知去逆效顺，缚白彦虎，献南八城，固不可重烦兵力；否则，深沟高垒，先据形势，图劳我师，则官军分道长驱，集粮转馈，事不容已。”(《左宗棠评传》)

左公老成持重，谋略高深，先给阿古柏指明一条活路，却又深知其残暴早已不可自拔。命刘锦棠迅即开拔，务出万全，又命张曜同行助阵兼筹粮运；徐占彪暂留吐鲁番善后。此后，西征大军已势不可挡。阿古柏集团开始内乱，四月十七日（5月29日）凌晨，阿古柏暴死于库尔勒，其如何暴死，左宗棠在奏折中称系“仰药自毙”。(《左宗棠全集·奏稿》)另说是与部下斗殴中死亡的，而当年的《泰晤士报》则说是病死的。总之是死了，一个十多年横行新疆，分裂中国版图，霸占中国土地，欺凌、压榨新疆各族人民、仰仗英国人的外来侵略者，死了！死在左宗棠率西征军无往不克的军事行动及高压态势下，死在自知走投无路，只能是败亡而一命呜呼！

是日，库尔勒的早晨霞光万丈。

春风洋溢库尔勒。

库尔勒的梭梭发芽了。

第十八章

霹雳！（急战之三）

阿古柏毙命当天，其次子海古拉（或译为哈克·胡里），从喀喇沙尔赶到，遂集结军队于库尔勒，并宣布阿古柏暴亡。六月六日，海古拉移交军务给艾克木汗，运送阿古柏的尸体至喀什噶尔。他离开库尔勒次日，艾克木汗即自立为汗，西进占据阿克苏。六月二十三日，海古拉在克孜勒苏河桥上被他的兄长伯克胡里所杀。伯克胡里集结起五千人的部队，杀到阿克苏，艾克木汗以四千兵力迎战，直杀得狼烟四起，枪炮声不绝。火并的结果，是艾克木汗战败溃逃，投入沙俄怀抱。阿古柏建立的所谓"哲德沙尔汗国"，在西征军的打击下，加之内讧，分崩离析的结果已不可避免。

清政府在关外捷报频频，吐鲁番收复后的大好形势下，诏令左宗棠就南疆和伊犁问题"通盘筹划""统筹全局"，并迅速密奏。左宗棠当即具奏，言历史地理，地域政治，收复伊犁，新疆建省等等，展示的是一个大政治家、大军事家的深厚学养、高瞻远瞩。

"立国有疆，古今通义……顾祖禹于地理学，最称淹贯，其论方舆形势，视列朝建都之地为重轻。我朝定鼎燕都，蒙部环卫北方，百数十年无烽燧之警。不特前代所谓九边皆成腹地，即由科布多、乌里雅苏台以达张家口，亦皆分屯列戍，斥堠遥通，而后畿甸宴然。盖祖宗朝削平准部，兼定回部，开新疆、立军府之所贻也。是故重新疆者所以保蒙古，保蒙古者所以卫京师。西北臂指相连，形势完整，自无隙可乘。若新疆不固，则蒙古不安，匪特陕、甘、山西各边时虞侵轶，防不胜防，即直北关山，亦将无晏眠之日。而况今之与昔，事势攸殊。俄人拓境日广，由西而东万余里，与我北境相连，仅中段有蒙部为之遮阂。徙薪宜远，曲突宜先，尤不可不豫为绸缪者也……方今北路已复乌鲁木齐全境，只伊犁尚未收回；南路已复吐鲁番全境，只白彦虎率其余党偷息开都河西岸，喀什噶尔尚有叛弁逃军，终烦兵力，此外各城，则方如去虎口而投慈母之怀，自无更抗颜行者……英人为安集延说者，虑俄之蚕食其地，于英有所不利。俄方争土耳其，与英相持。我收复旧疆，兵以义动，彼将何以难之？设有意外争辩，枝节横生，在我仗义执言，亦决无所挠屈……至省费节劳，为新疆画长治久安之策，纾朝廷西顾之忧，则设行省、改郡县，事有不容已者。”

这一奏章，对收复新疆及其在地缘政治上的重要性的阐述，及文笔之优美，在当时清廷大员中，实为少见。左宗棠谋及千百年后之长治久安，第一次提出了新疆建省——左宗棠别具慧眼的建议。

收复南疆之役，势在弦上。但左宗棠考虑到西征战事频频，人困马乏，部队亟需休整以养精蓄锐，且“饷源枯竭，转运不继”，因此把战争发起时间推至秋凉之后。在战略思想上，左宗棠认为规复南疆仍须采用缓进急战法。

他告诫求战心切的刘锦棠：在北路肃清“屡胜之后，尤宜慎益加慎，勉加图维，断不可掉以轻心，致贻后悔。”（《左文襄公全集·书牍·与刘毅斋》）

新疆火热的炎夏一过，秋风秋意如期而至。刘锦棠等一应官兵休整四个月后，军队经过补充后为三十三营，可谓兵强马壮。光绪三年七月十七日（1877年8月25日），依左宗棠谋划，刘锦棠先派提督汤仁和率马步队，由托克逊进军，并驻扎于苏巴什、阿哈布拉。八月初一（9月7日），刘锦棠又派总兵董福祥、张俊率步兵三营，从阿哈布拉、桑树园、库木什、榆树沟一带至曲惠安营扎寨。继之，张曜部十五营，作为第二梯队跟进。此外，左宗棠又调易开俊率安远军步兵四营、骑兵三营，增援吐鲁番。“湘军各部齐集曲惠，又分兵两路：余虎恩、黄万鹏率马步十四营，绕博斯腾湖东南，袭击库尔勒；刘锦棠率大军，直指喀喇沙尔。其时白彦虎率残军驻于开都河西岸。”（《左宗棠评传》）

开都河，蒙语“开都郭勒”，新疆名河之一，源于天山山系的阿尔明山，又名通天河。是新疆内流河中含沙量最少的河流之一，流经巴音布鲁克草原时呈九曲十八弯风景，注入博斯腾湖后汇入孔雀河，流经塔里木盆地，开都河汇南而趋，横贯库尔勒、喀喇沙尔。

白彦虎一路出逃，至喀什，渡开都河西岸。“即壅开都河水以阻官军，漫流泛滥，阔可百余里。深者灭顶，浅者亦及马背。”清军只好绕路或泅水、搭浮桥转运军械。（左宗棠《进规新疆南路连

复喀喇沙尔库车两城现指阿克苏折》）

九月初一（10月7日），刘锦棠所部进入喀喇沙尔，白彦虎怕被活捉，逃至库车。西征军进驻库尔勒，又是一座空城，人烟俱无。清兵由于道路阻隔，运粮未至，面临断粮。西北地气干燥，太阳炽烈，人们有挖窖藏粮的习惯。便悬赏"觅窖寻粮，得数十万斤"（《左宗棠全集·奏稿》）。几天后，炊烟重起，刘锦棠为不给敌人喘息的机会，亲自率领步兵健卒一千五百名，骑勇一千名作前锋，如风驰电掣；在轮台东北胡杨林中追上敌人后队，而白彦虎已逃命于库车。白彦虎喘息未定时，清军已杀到，追杀四十里，歼敌千余人，九月十二日（10月18日）收复库车。

刘锦棠报左宗棠："得羊一万二千只，西瓜有重一百二十六斤者。"左公大喜而有感：新疆"物产丰富，实非臆想所及"。（《左宗棠全集·书牍》）

从库尔勒到库车，西征军在六天内行军九百里，前后"拔出被裹回众以十万计"——被白彦虎裹挟迫害的回族民众。（同上）左宗棠令："穷寇必追"，西征军马不停蹄，急速西进，拜城（汉姑墨国，回语谓"富有"）民众到城外出迎。九月十八日（10月24日），西征军兵至阿克苏，白彦虎已经逃跑，城中十余万人"皆守城以待"。并于九月二十日（10月26日）黄昏，残阳夕照，红云高远下，暂息兵戈，驻扎乌什城外。次日（10月27日）鼓角声起，穷追残敌九十里，死者死矣，降者降矣！直到近望戈壁，大块荒野，唯黄沙、红柳、芨芨草可见。敌踪全无，收兵还驻乌什。

白彦虎窜至喀什噶尔时，灰头土脸，满身丧气，溃不成军。“人不满百，饥疲殊甚。”（《左宗棠评传》）此时，伯克胡里从和阗经英吉沙尔匆匆回到喀什噶尔，与白彦虎会合，作困兽之斗。依左宗棠战略规划，刘锦棠本拟先攻打叶尔羌，但突然接到情报，喀什噶尔军情有变，当即兵分三路：提督余虎恩率步兵三营、骑兵半营，总兵桂锡桢率骑兵一营半，由阿克苏取道巴尔楚克、玛纳尔巴什进击；又命提督黄万鹏率马队六旗、总兵张俊率步兵三营，由乌什取道布鲁特（柯尔克孜族）游牧地前行，要求两路部队在约定的日子会师于喀什噶尔，形成双峰夹击之势。刘锦棠自率马步精兵，呼啸而行至巴尔楚、玛纳尔巴什，扼住和阗、叶尔羌要冲，策应前敌部队。刘锦棠有此一举，盖因当时阿克苏至喀什噶尔，巴尔楚克为必经之地，一夫当关，万夫莫敌矣！

为使后方稳定，后路坚强，左宗棠又命第二梯队的张曜部嵩武军快速前进。嵩武军进驻喀喇沙尔，再抵库车，再进驻阿克苏；从喀喇沙尔、库尔勒至库车、拜城一带，则命易开俊的安远军——步兵四营、骑兵一营半，镇守巡弋；总兵刘凤清率豫军两营分别驻守托克逊和曲惠。在吐鲁番和哈密之间，也驻有步兵、骑兵，日夜巡察。左宗棠必欲置顽敌于死地而后快，其行军布阵的周密布置，防线的层层设置，犹如铁铜一般。

“自肃州、嘉峪关以抵达吐鲁番，自托克逊以抵库车，皆防军也；自库车至阿克苏、巴尔楚克，为且防且战之军；自巴尔楚克、玛纳巴什以抵喀什噶尔、英吉沙尔，则主战之军。常山率然势成，首尾相应数千里，一气卷舒，将士心目中皆有全局洞贯之象。”(《左宗棠全集·奏稿》)

左宗棠在奏稿中还写道：“南八城中的东四城——喀喇沙尔、库车、阿克苏、乌什已为西征军收复。”左宗棠明确指出：“新疆南路以阿克苏为关键，北通伊犁，西连乌什，东接库车，迤西达喀什噶尔，又可达叶尔羌、英吉沙尔，稍南而东，则达和阗，为形势所必争。阿克苏既复，该逆窜路悉穷，既由乌什边外逸去，非至喀什噶尔，别无归宿。所盼大军围剿，或可聚歼。”行文至此，左宗棠搁笔抿一口茶，蘸饱浓墨，笔端下激情流淌：“此次官军浩荡西征，一月驰驱三千余里，收复喀喇沙尔、库车、阿克苏、乌什四城，南疆八城已复其半。”

其时，刘锦棠部在阿克苏会师，张曜部也由喀喇沙尔直至库车，

“前矛既锐，后劲仍遒，戎机顺迅，古近罕比。如叶尔羌速下，官军会攻喀什噶尔，并规全局，似戡定之期当亦不远矣！”豪情万丈从不掩饰自己喜怒哀乐的左宗棠，却又异常清醒：战事未了，不可轻敌！左宗棠要求部众：“军事瞬息千变，非敬谨襄事，必蹈危机，固有不可轻心尝试者。”

新疆朔风呼号的寒冬，按预定计划，黄万鹏军抵喀什噶尔城北

的麻古尔；余虎恩军抵喀什噶尔城东，十一月十三日（12月17日）晚迫近城下，黄万鹏从北路杀至，杀败守敌。刘锦棠分兵两路，进攻喀什噶尔。一路从阿克苏发兵，旌旗摇动，马嘶人吼，声威震荡；另一路则为奇兵，刘锦棠亲自领兵从玛拉尔巴什（汉尉头国，今巴楚县），无分昼夜，偃旗息鼓，直捣叶尔羌、英吉沙尔，同时又策应进攻喀什噶尔之军，并规取和阗。西征军于十一月十三日（12月17日）夺取喀什噶尔，随后乘胜追击，马不停蹄，连克叶尔羌（今莎车）、英吉沙尔、和阗。南八城中的西四城均被西征军夺取，著名的新疆南八城，重归中国版图。

白彦虎仓皇逃命至沙俄。

至此，除伊犁之外，新疆的大地、城池、沃土、江河、胡杨、荒野和沙漠戈壁，以及夜晚格外高远的星空，点缀其间的星星月亮白云与乌云，那无限风景，已被左宗棠西征军全部光复。

中华民族的历史应该永远铭记的一天：

光绪六年四月十八日（1880年5月26日），年近七旬的左宗棠，为了中国、中华民族版图的完整，为了收复新疆，前出指挥，从酒泉出嘉峪关，星星峡，坐镇哈密。出发时，左宗棠命亲兵抬着一口黑漆棺材，所谓“舆榇亲征”是也。这是左公无声的宣告：新疆之役，只能胜不能败！伊犁之战只有取胜一途，伊犁必须还我中国！他嘱咐刘锦棠：“倘我战死，棺材便是归宿；葬于边荒，魂系大漠！”

魏光焘撰《戡定新疆记·卷四·武功纪》云：“四月乙卯，宗棠发肃州舆梓以行。五月乙亥，抵哈密。”

从光绪元年三月二十八日（1875年5月3日）起，左宗棠的西征军纵横驰骋、翻越天山、穿越大漠，光绪三年十一月二十九日（1878年1月2日），清军收复和阗以两年又八个月的时间，收复了伊犁之外的新疆全部。边荒绝塞自此重光。

第十九章

波澜再起

左宗棠西征三个阶段的战斗此时全部完胜，第一阶段，收复阿古柏占领的北疆；第二阶段，达坂—吐鲁番之役；第三阶段，收复南疆之役。光绪二年（1876年），克乌鲁木齐，新疆北路悉平。光绪三年（1877年）四月，收复托克逊、吐鲁番，白彦虎逃往沙俄国。从光绪元年任命左宗棠为“钦差大臣、督办新疆军务”，刘锦棠的先头部队出关，到三个阶段战斗胜利结束，用时二年零八个月。其间朝廷催促过左宗棠，何时开战？紫禁城安知边荒事？两年，筹饷举债、准备粮草、屯田种树、练兵谋划的两年，是不一样的两年，是收复新疆无可替代的两年，那是为了胜利而筹备一切的两年啊！左公不得反复上奏：粮草如何？筹饷如何？因何缓进？无缓则无速，不预为绸缪而求速胜者必败，是以故缓进之后才能速战、速战而速胜等等。

正是左宗棠，粉碎了沙俄在北疆伊犁一带，挟持白彦虎制造第二个波兰；英人在南疆安集延，扶植阿古柏，制造第二个印度的阴谋，保持了祖国西陲一大片河山。其兵战之速，胜果之硕，为大清历代用兵所无。是大清朝，留迹于中国近代史上的、抗击外国侵略仅有的一次重大胜利！

问：西征路有多少雪岭冰川？

曰：山重冰复！

问：西征事有多少人为障碍？

曰：内外交困！

问：西征大军何人率军民修路、开渠、运粮？

曰：左宗棠！

问：从天山起，在大西北第一个试图改变人们生存环境，而“新栽杨柳三千里”者谁？

曰：左宗棠！

问：奉调陕甘，过家门而不入者谁？

曰：左宗棠！

问：身在边关，身不由己，夫人过世，悲痛不已给儿子信上说：“尔等将成无母之人矣”者谁？

曰：左宗棠！

问：“引边荒艰巨为己任”者谁！

曰：左宗棠！

问：“雄师亲驻玉门关，不斩楼兰誓不还”者为谁？

曰：左宗棠！

问：西征之战何人统率全军、谋划细微、运筹帷幄、舆梓出塞？

曰：左宗棠！

问：中国的边界不在敦煌，而保有新疆者谁？

曰：左宗棠！

问：第一个向清廷实说西北穷苦“甲天下”的是谁？

曰：左宗棠！

问：高歌“我们新疆好地方”的第一人是谁？

曰：左宗棠！

……

沙俄侵占伊犁后，自信伊犁将为沙俄所有，沙俄政府不相信清廷有收复新疆的能力。左宗棠之前，派往收复新疆的满族亲贵，贪渎腐败，军纪涣散，有的畏缩河西，不敢踏进新疆半步，凡此种种，沙俄窥而见之矣！他们曾虚伪地表示：对于伊犁，“俟关内外肃清，乌鲁木齐、玛纳斯各城克复之后，即当交还”。(《新疆图志》卷五十四《交涉志二》)“这是典型的口头欺诈，官员对我说：‘那一天（指清军收复新疆的日子）永远不会到来。’”（兰士德《中亚洲俄属游记》上海时务报馆1875年版）

沙俄未曾料到的是：左宗棠的出现，左宗棠的用兵，左宗棠的缓进从容，左宗棠的猛烈急战，左宗棠与民众的深情厚谊，左宗棠西征军有序、快速、军纪严明的战斗力，如此快速地歼灭阿古柏，收复新疆北疆全域及南疆八城。

伊犁的沙俄军队议论纷纷：左宗棠这么能打？阿古柏如此无用？西征军快到伊犁城下了等等，紧张而惶恐。当清政府收复新疆政策明朗化时，向沙俄索还伊犁，自然成了一个紧迫的议题。光绪二年——即1876年春，沙皇亚历山大二世指定一个“特别委员会”，研究这一问题。该委员会以陆军大臣米留金伯爵为首，包括财政大臣格里格、外交大臣助理格尔斯（或译：吉尔斯）等，于四月二十三日开会商议，做出决定：“只有在允许俄商进入中国内地贸易，并割让特克斯河流域和穆索尔山口的前提下，才能交还伊犁。”（纳洛契尼茨基《1860～1895年资本主义列强在远东的殖民政策》莫斯科1956年版）

当西征军收复天山北路后，“总理衙门曾与沙俄新任驻华公使毕佐夫（或译：布策）交涉，收回伊犁。南疆收复后，清政府又要求俄国派使节，与左宗棠直接谈判，但都被拒绝”。（《左宗棠评传》）

究其实质，沙俄方面从活跃而无所不至的情报中知道，左宗棠是强硬派，是与李鸿章决然对立的反投降主义者，尤其涉及国家领土。沙俄政府曾请多名汉学家，翻译并研究“我之疆索，尺寸不可让人”句的解释、含义，从而得出结论：

不能与左宗棠谈！

沙俄害怕左宗棠！

左宗棠用兵新疆，捷报频传，接下来需解决的是沙俄侵占的伊犁。伊犁包括九城，中间为大城，西北向有五城，东南向有三城。

纵横二百余里，为新疆富饶、广阔而美丽的形胜之地。左宗棠的宗旨是：以西征军战斗实力为后盾收复伊犁。令刘锦棠并饬各军：加紧练兵，积极备战，剑指沙俄，以待发之势索还或攻占伊犁时，忽然有消息传来：光绪四年六月二十一日（1878年7月20日），清政府派吏部右侍郎、署盛京将军崇厚，到俄国交涉收回伊犁。在满族贵族中，崇厚被称为“向能办事，于中外交涉情形亦俱熟悉”者。（《清季外交史料》）光绪四年（1878年）年底，崇厚到彼得堡。而在谈判策略上，沙俄并不糊涂，他们有一个基本的判断：

“绝对不能与左宗棠谈。”

“李鸿章是一个可以谈判的对象。”

“满族亲贵大抵是无能之辈，他们奢侈而好享受。”

沙俄政府先以盛宴美酒款待崇厚，让崇厚不知天高地厚，正如后来左宗棠所说，沙皇政府“先以巽词饴之，枝词惑之，复多方迫促以要之”。（《左宗棠全集·奏稿》）

在谈判过程中，清政府训令崇厚：“必当权其轻重，未可因急于索还伊犁，转贻后患。”并告诉他对于割地“决不可许”！（《清季外交史料：光绪朝》）

崇厚却复电清廷说：“约章定明，势难再议。”

“什么约章？何许条文？”军机处亲王、大员无不惊呆：“怎么没有报请便已定明？”上奏光绪，皇帝大喝一声：“崇厚亡我大清！”慈禧太后满脸愠怒：“这崇厚，胆儿够肥的！”

光绪五年八月十七日（1879年10月2日），崇厚一人一笔，独孤而行，未经上奏请准便与沙俄政府签订《中俄交收伊犁条约》(《里瓦几亚条约》)，沙俄虽然无奈交还伊犁，与之相连的是丧权辱国的主要条款：割去伊犁西境霍尔果斯河以西地区、伊犁南境特克斯河流域及塔尔巴哈台（今新疆塔城）地区斋桑湖以东土地，使伊犁与南疆阿克苏的联系隔断，沙俄获得了垂涎已久的大片中国疆土。

条约还规定：中国支付五百万卢布（约合二百八十万两白银）的“代守费”及“俄民损失费”。

俄商在蒙古、新疆经商免税。

通商路线增设两条：科布伦多至归化（今内蒙古呼和浩特市），再经张家口转天津；从新疆经嘉峪关、西安或汉中至汉口。

由陆路运入天津、汉口的俄国货物，进口税较海路运入者减低三分之一。

开放松花江。

沙俄于嘉峪关、乌鲁木齐、哈密、吐鲁番、古城、科布多、乌里雅苏台七处增设领事馆。

消息传出，举国震惊，舆论哗然，纷纷要求清廷弹劾、严惩崇厚，不得签约。掀起了一场举国轰动的惊涛骇浪！

张之洞上奏说：“若尽如新约，所得者伊犁二字之空名，所失者新疆又万里之实际。”“俄人索之，可谓至贪至横；崇厚允之，可谓至谬至愚！”“不改此议，不可为国。”

四川总督丁宝桢上奏："伊犁事件关系大局，自请赴俄重新交涉。"这是在中俄没有战争，而中国没有战败的情况下签订的条约。

东方史家查尔斯·耶拉维奇和巴巴拉·耶拉维奇合编的《俄国在东方》（布利尔出版社1959年版）称：沙俄在《里瓦几亚条约》中"所得到的东西，已经超过了甘愿冒战争危险来保持的东西"。

李鸿章在光绪五年十月上奏的《筹议交收伊犁事宜折》，就很有意思了。他说："在崇厚或因使俄之役以索还伊犁为重，既急欲得地以报命，而他务之利病遂不遑深计，诚未免失之轻率。"李鸿章是主张接受崇厚所签之条约："第此次崇厚出使，系奉旨给与全权便宜行事字样，不可谓无立约定义之权。若先允后翻，其曲在我。自古交邻之道，先论曲直，曲在我而侮必自招用，用兵之道亦论曲直，曲在我而师必不壮。今日中外交涉，尤不可不自处于有直无曲之地，我既失伊犁而复居不直之名，为各国所讪笑，则所失更多……即英德各国修约，恐亦因而生心，是崇厚所定俄约，行之虽有后患，若不允行，后患更亟。"（《李文忠公全集·奏稿》）

李鸿章又在写给曾纪泽的信中说："其实即伊犁久假不归，于大局亦无甚关碍，今成蛇足，进退两难。"认为左宗棠主战是"不明彼己，不顾后艰"。（《李文忠公全集·朋僚函稿》）

左宗棠斥之曰："李合肥无耻加一等！"

在朝野、全国的舆论压力下，总理衙门不得不谨慎行事，欲不予批崇厚的协议，又恐沙俄有借口从此不还伊犁，或者肆意要挟，伊于胡底？便特别要求钦差大臣、督办新疆军务的左宗棠：统筹全局，权衡利弊，一并合议，密速具奏。

历史再一次把左宗棠推到了新疆问题争论的第一线，而对手又是李鸿章。左宗棠取坚定态度，反对协议："兹一矢未闻加遗，乃遽议捐弃要地，餍其所欲，譬犹投犬以骨，骨尽而噬仍不止。目前之患既然，异日之忧何极？此可叹息痛恨者矣！"(《左文襄公全集·奏稿》)

左宗棠认为，在国与国的关系中，中国不能一味退让，一让再让；而沙俄凭借兵力，不讲信义，尤需警觉。崇厚之约，虽说归还伊犁，实际上仅仅是一座空城，且是守不住的空城——伊犁四周领土尽割沙俄——对俄防不胜防，尽在俄人把握之中。俄方的商贸苛求，不独夺华商生计，还是以商为切入点的蚕食之计。

至于俄方要求广设领事，欲以商务蔓及地方，左公认为："化中为俄，断不可许。""我得伊犁，只剩一片荒郊，北境一二百里皆俄属部，孤注万里，何以图存？""不及时处理，坐视边患更深！"左宗棠并未弃外交而求战，而是外交在先，用兵次之，外交用兵，双管齐下："就事势次第而言，先折之以议论，委婉而用机；次决之于战阵，坚忍而求胜。"(同上)

李鸿章明知左宗棠主张"外交在先"，而曲解为只求用兵、武力解决。并报以嘲讽："左公意在主战，未免不知彼己。"

左宗棠之奏议言之成理，响应者众，并很快传到社会民间。对李鸿章貌似公正，偏袒崇厚，不顾国家领土完整，而要接受协议“先允后翻其曲在我”的说法，加以批驳。

左宗棠认为：崇厚虽然以全权大臣身份签约，但是古今以来历朝历代，使者芸芸，协议无数，但必须经过朝廷御批得准方能生效。李鸿章称：崇厚不可谓无立约定义之权，“则有罔顾朝纲之嫌”。左宗棠娓娓道来：

“事机转圜，全在御批之准驳。以目前边事言之，论理固我所长，论势亦非我所短。只盼内外坚持定议，询谋佥同，钦奉谕旨，以与周旋，则先之口舌，继以兵威，事无不济。”

左宗棠同时认定：对付沙俄必须立足于奋力一战，“至和议难成，不得已而必出于战，当兹皇威远播，我武维扬，尚复何容顾虑。古云：‘未闻以千里畏人者’，况今日局势如日之升平。”左宗棠深信，不用“兵威”，伊犁事无以了结。先之口舌，外交商讨即“先折之以议论也”。议论不成则“继以兵戎，事无不成”。何以故？胸有成竹的左宗棠，对于若谈判无果，则对用兵伊犁早有准备。历经再三争论，朝议反复，李鸿章再次落败，以左宗棠为首的众多大员的奏议，得到肯定。清廷决定拒绝批准崇厚之条约。以崇厚之约“流弊甚大”为由将崇厚逮捕入狱，定为“监斩候”。

光绪六年（1880年）正月，正天寒地冻时，清政府派曾纪泽为出使俄国钦差大臣，赴俄谈判，重启议和；同时命左宗棠西征军全部整军待命，规划进攻路线，不惜一战而夺回伊犁地区。

中国舆情纷纷，而沙俄从来不会将已经掠取的土地、山川及商业利益轻易放弃，当即派驻北京公使代办凯阳德到总理衙门抗议，实行全面外交恫吓；一面加紧调兵遣将大搞军事讹诈。“俄军几万人集结于同中国毗邻的整个地区，仅伊犁俄军就增加了六七倍，达到一万二千多人，火炮五十门。在桑斋湖一带部署了步兵一万二千六百名，骑兵六千二百五十名，火炮六十二门。另有一支准备由费尔干纳入侵喀什的五千人部队（拥有火炮三十门）。同时沙俄又增加了在黑龙江以北、乌苏里江以东地区的兵力，准备一旦开战，即入侵吉林、黑龙江。此外，一支由二十多艘军舰组成的舰队，由黑海驶往日本长崎，准备封锁中国海面。一时间阴云密布，战争大有一触即发之势。”（《左宗棠评传》）

身处新疆第一线、年高六十九岁的左宗棠，斗志昂扬，摩拳擦掌，对沙俄的穷凶极恶早有思想上及军事行动上的准备。他说：

“衰年报国，心力交瘁，亦复何暇顾及！”（《左宗棠全集·书牍》）

左宗棠定三路精兵合击之计，图规复伊犁。

东路，由金顺全权负责，扼守精河一带，阻击俄人窜截。金顺辖马步兵二十营，并对金顺部军力加以补充：另拨步队三营一千五百名，马队二营五百骑。对方如有异动，马队当先，步队随之，兵贵神速，歼之后快。

西路归刘锦棠指挥，当时刘锦棠部有步队八千五百，马队一千五百骑。左宗棠加拨步队二千名。军情火急，昼夜兼程，朔风冰冷，取道乌什，从冰岭之西经布鲁特游牧地，旌旗猎猎，战鼓轰鸣，直指伊犁。

中路由张曜领军，兵力有步队四千五百名，马队五百骑，除张曜自己增雇步队一千名、马队数百骑外，左宗棠加拨步队二千名、马队二百五十骑。由阿克苏越冰岭向东，沿特克斯河指向伊犁，中路之险，为平日通商往来大路，所谓通衢大道也。西路则是军队换防必经之路，距伊犁均有一千二百五十里。

因俄军其时集中于金顶寺，故这三路军队皆以伊犁大城为指向目标：西路断其援军，由阿克苏越冰岭向东，沿特克斯河指向伊犁，中路截其退路也。东路之精河张曜部离金顶寺只有三四天路程，无须取攻势，防其窜出，聚而歼之可也。

伊犁北边塔尔巴哈台地区，左宗棠也加派兵勇一千多名，协同驻防，有备无患。

正是在左宗棠西征军的压力下，在大军围攻伊犁的军情下，在左宗棠至哈密亲自督战的威势下，曾纪泽几经周折，沙俄才被迫同意签订了《改订条约》，即中俄《伊犁条约》。沙俄同意交还特克斯河谷两万多平方公里的土地，赔款则由五百万卢布，增至八百万卢布——五百多万两白银。曾纪泽所签仍是一个不平等条约，但能使沙俄改约，保住一大片中国领土，已属不易。

有一位资深研究沙俄的英国外交官评论道："中国迫使俄国，做出了它从来未做过的事，把业已吞下的领土，又吐了出来。"

当时清政府中李鸿章为首的主和的一派，极为担心左宗棠挥师伊犁，与沙俄刀兵相见。且得知左宗棠部下群情激昂，求战心切，怕刺激沙俄。而朝中清流认为时局艰困，急需左宗棠入赞中枢，主持朝政，支撑危局。如御史邓承修上折说："观今之大臣志虑忠纯、畅晓戎机、善谋能断者，无如督臣左宗棠"，若"委以军国大柄，使之内修政事，外揽兵权"，可望"拯今日之急，守宗庙社稷"。

在这两种居心不同的力量夹击下，光绪六年七月初六（1880年8月11日），清廷发出加急谕旨，急调左宗棠回京："现在时事孔艰，正须老于兵事之大臣，以备朝廷顾问。"

实际情况是，"以李鸿章为首的主和派认为，中国力量不能和俄国开战，主张议和解决"，还"特地邀请从前帮助打太平军的英人戈登来华"，向清政府进言和议。清廷的本质是投降主义软骨头，便急调左公入京。"减少在新疆和俄人启衅的机会"。（同上）

西征将士依依不舍，左公谓："急啥子？还有两天呢！"

第二十章

军中夜话（一）

左宗棠奉命返京，以刘锦棠为首的诸将到哈密大营拜谒送行。左宗棠正在写字：案头、地上放了很多张左宗棠的大字书法条幅：天地正气。左宗棠不以书法家自称，但左宗棠的书法除了幼年习字遍临碑帖的扎实功底外，还多了他好读书、善旧诗的文人气息，加上他极为自信自大的个性，便使得他的书法有了独到之处：他能学人而人不能学他也。左宗棠高兴，吩咐众将，一人一幅，取走即可。又传令厨房：备酒菜。用饭毕，左公不让走，西陲之夜，风清月朗，西征军新栽的柳树及古老的胡杨，在大营外，如水墨画一般，浓浓淡淡高高低低的抹出了一道风景。左宗棠端坐虎皮交椅，众将围伺。

左宗棠风餐露宿，戎马一生，身体却很胖，肚子突出，大腹便便。左宗棠一开始，便捧着自己的大肚子寻开心：“将军不负腹，腹亦不负将军。”

他环顾左右：“你们给我的大肚子取个名字来。”

刘锦棠欲言又止，张曜开了个头：“‘天山肚’如何？”

众将以为然，左公却道：“天山，我西北边陲岿岿一大山矣！

此天生物也，人不能比，不可比。”

余虎恩：“凡山也，必有块垒突出，与左公肚相若。”

刘锦棠击节之余曰：“左公肚如何？”

左宗棠大笑：“此名正言顺也！”又说：“腹中常有鸣声，战鼓军号声也！或曰‘自鸣得意肚’。”

左宗棠喜欢自己的肚子，他抚摸着自己的肚子，一圈两圈三圈罢，说：“三生万物也！尔等可知我肚子里装的什么？”未等众将回应，左公先讲了个小故事：兵发新疆前，同治末年一夏日，兰州，炎炎午后，左宗棠半躺榻上，解开衣襟，抚肚，问侍从：“我的肚子大不大？”

“大！大得不得了”。

“何谓不得了？”

“没见过这么大的？”

“其中有什么？”

“燕窝鱼翅！”

左宗棠斥之：“你见我吃过吗？”

侍从回话：“我听人说过，这两样吃了可以长生不老。”

“到底是什么？”

“辣子、鸡丝。”

左宗棠吃过这两物，便大笑说：“尔听着，里面装的是五车经纶！”

侍从不识“五车经纶”，便在军中传扬：“左帅肚子里装着金轮，且有五车之多！”众人捧腹大笑之后，左宗棠一拍肚一伸手：

“各位高见。”

大营中，顿时热闹起来：

“满腹文章！”

“包罗万象！”

“边荒大漠！”

“旌旗十万！”

……

突然，大营门口站岗的小校大声说：

“大帅肚子里都是屎！”诸将一惊，这个小校自己找抽了。不料左宗棠面有喜色：“还行，说的是真话。”

受到这个小校的鼓励，另一小校大声说：“大帅肚子里满是马绊筋草！”

“马绊筋草”何物？湖南乡间野草也，牛爱吃的草。

左宗棠听后，先拍肚子，再拍桌子，大加赞赏：“说得好！”

左宗棠让刘锦棠靠近，指指那两个小校：“此二子可造！”

左宗棠从小农耕，识牛爱牛。他说：“牛有几大好处：负重一也；致远二也；沉默三也；吃草四也。惜乎天下，用牛者众，爱牛者寡！”

刘锦棠：“锦衣玉食，焉知稼穑！”

左宗棠对牛有种朴素的感情，他曾说过自己是牛命牛运，牵牛星转世。“他在兰州总督府的后花园中，凿一水池，并雕牛郎、织女石像。在牛郎身旁，一石牛伏卧池中。一天劳碌，左宗棠唯一的享受就是到池边小坐，抚牛背，或在池边菜畦中踱步。这个时候的左宗棠倘不是一身官服，便像极了一个湘阴农人。”(《近代稗海》《清代野史》)

左宗棠换了个题目：说曾国藩与左宗棠。

将领们众口一声：“左公韬略，远胜曾国藩矣！”或“克难艰任，收复新疆，左帅天下第一，名垂千古！”又或：“曾国藩一时战将，而左公则为千古英雄！”……

左宗棠得意地一笑，却又瞬间把笑意收拢，正色道：“曾左各有千秋，曾左互相诘难，尤其是我常常骂曾国藩，其实曾左难分也。”

左宗棠又娓娓道来：“国中有人把海防与塞防之争，名之曰‘曾左之争，谬也！’”其实这场争论，是李鸿章于同治十三年（1874年）年底挑起的，而曾国藩已于同治十一年二月初四（1872年3月12日）去世(《左宗棠略传》)，与曾国藩毫不相干。

左宗棠：“后世必有史家提及此事，应予匡正：海防、塞防之争，从头到尾，一而再再而三均是左李之争。”“无关乎曾国藩也。”

左宗棠又说：“本帅经常指责曾国藩，曾左时有争论，乃国事之争、君子之争。而我与李鸿章之争，乃收复或放弃国土之争，是民族大义之争，不能相提并论！”“我尝言：李鸿章真小人也，宵小之徒而已！”

曾左之争社会传言最多的是：同治三年（1864年），曾国荃攻陷天京（即今之南京），太平天国之梦彻底破碎。曾国藩、曾国荃连夜向清廷报捷。曾国荃声称：十万太平军已被全歼，幼天王洪福瑱（一称洪天贵福）积薪于宫中举火自焚。当时曾国藩也是邀功心切，没有核实这一至关重要的信息，也直接上奏清廷。当时左宗棠在江西打仗，得可靠密报：洪福瑱在太平军残部掩护下，冲出包围，一路奔逃，到了湖州。在细加核实确定无误后，左宗棠上奏清廷：小天王并没有死，且已逃至湖州。

朝廷震怒之下，令曾国藩：迅即查明小天王下落！曾左心结也由是而生了。

其次是关于曾国藩对天津教案的处理，左宗棠当时在平凉大营，远隔千里，左宗棠的直肠子、暴脾气按捺不住了，对曾国藩明知“曲在洋人”，却采取“弹压市民，以慰各国之意”，左宗棠愤然疾书：“中国有萧墙之忧，各国岂独无池鱼之虑！且津民哄然群起，事出有因，义愤所形，非乱民可比。正宜养其锋锐，修我戈矛，隐示以凛然不可犯之形，徐去其逼。”（《左文襄公全集·上总理各国事务衙门书》）

左宗棠喟然长叹：“世有是非，然并非皆为绝对之是非；人有私心，则天地所造之必然也。”“涤侯（曾国藩）较我宽大，余则不容沙尘。环境使然耶？天生性格使然耶？”

左宗棠稍顿，又说：“在座诸将出身低微者众，任重道远而要珍惜此低微，正是这清贫、耕读、低微，可以滋养吾一生，而不染富贵气，不染名流气，不染公子哥儿气。不染三气，毕生受用；染此三气，一生皆毁！”

左宗棠又详解："在一些涉外洋务中，曾公多妥协，曲全邻好，而鄙人则多强硬，反对一味迁就，欲存国体，必难尽协夷情，计唯有勉图自强之方。"

左宗棠又称："曲则全矣！曲而能求全，亦好事也。《道德经》好柔，柔能克刚，柔者生生不息，以天下之至柔克天下之至刚，则曾公胜吾矣！然老子又有刚柔相济说，柔不离刚也，天下皆柔，以至软弱，无刚者不达，吾胜曾公一筹乎？总而言之是各有千秋！"

曾有某先生说："曾国藩心中时有左宗棠，左宗棠心中全无曾国藩。"

左宗棠说："曾公生前，我常轻之；曾公死后，我极重之。"

曾国藩与左宗棠相互轻视戏谑，狂妄自大，谁也不服气谁的样子，有曾左合作嵌名对联为证：

曾出上联："季子敢言高，仕不在朝，隐不在山，与吾意见常相左。"

左对下联："藩臣当卫国，进不能战，退不能守，问君经济有何曾？"

"经济"一词，指经纶济世，即治理国家的才能。"有何曾"即"曾何有"，这一副曾左互嘲，各不相让，庄谐与共的对联中，既有曾、左内心的互不服气，也在一定程度上显现了两个人为人有所不同。虽然，曾国藩出上联，有先手之利，但对左宗棠的批评只是自命清高，不肯人下；常与曾国藩作对的左公以下联应之，看似被动，其实取的是得理不饶人的进攻态势，是说曾国藩“畏首畏尾，谋国无能”。

曾国藩读完下联对左宗棠说：“看来我们俩要绝交了！”

左宗棠：“何以故？”

曾国藩：“这对子传出去，我还能带兵打仗吗？”

左宗棠：“余无此忧也，公位高权重，功勋屡建，如不恋栈，你只管让左宗棠逞口舌之快，而乐在其中。”

曾国藩：“兄还是棋高一着！”

左宗棠：“可曾听说过相爱相杀？”

于是，曾国藩释怀。

曾国藩去世后，左宗棠自称“极重之”，则有左宗棠挽联可证，并当场诵读。大营中一片肃穆，左宗棠的声音里仿佛有泪水流淌：

知人之明，谋国之忠，自愧不如元辅；

同心若金，攻错若石，相期无负平生。

左宗棠又吟诵了同治十一年（1872年）四月十四日，写给长子的家书中的话：

“曾侯之丧，吾甚悲之。不但时局可虑，且交游情谊亦难恝然也。已致赙四百金，挽联云……盖亦道实语。”“君臣朋友之间，居心宜直，用情宜厚。从前彼此争论，每拜疏后即录稿咨送，可谓锄去陵谷，绝无城府，至兹感伤不暇之时，乃复负气耶？”“‘知人之明，谋国之忠’两语亦久见奏章，非始毁今誉，儿当知吾心也。”“吾与侯所争者国事兵略，非争权竞势比，同时纤儒妄生揣疑之词，何直一哂耶？”

蜀军徐占彪，卓胜军金运昌等无不感慨：“这是左公临别之前，教我们做人、做事啊。”他们只听说曾左时有不和，却从未听说过“每拜疏后即录稿咨送”。左公怕手下人有听不明白的，特意说明：“我和曾公或有意见相左，便上书朝廷。但双方必定把疏稿抄录，咨送对方。何谓君子坦荡荡？即此是也。”

“左公将去西征之前，曾国藩问侍读吕庭芷：你对左宗棠怎么看？平心论之。”

吕庭芷答：“左宗棠处事之精详，律身之艰苦，体国之公忠，窃谓左公之所为，今日朝廷无两矣！”曾国藩击案曰：“诚然！此时西陲之任，倘左君一旦舍去，无论我不能为之继，即起胡文忠公（即胡林翼，笔者注）于九泉恐亦不能为之继。君谓为朝端无两，我以为天下第一耳！”(《左宗棠略传》转引自美国《世界日报》茂怡《左曾君子之争》）曾国藩关心着左宗棠，也知西征事。但在李鸿章挑起海防与塞防之争前一年多，便驾鹤西去。

刘锦棠问了左宗棠一个极具挑战性的问题：“是时也，倘若曾公在世，是支持你还是支持他的学生、亲信李鸿章？”左宗棠答曰：“以国家领土、民族大义言之，曾公断无支持李鸿章之可能，而会痛加训斥‘新疆大地不要了？雪山大漠胡杨青草，你说不要就不要了？’乾隆爷‘寸草为标’，可还记得？你与左宗棠不可同日而语，老实点，闭嘴！”

易开俊道：“如此说来，如果曾国藩在世，就不会有海防与塞防之争了！”

左宗棠说：“历史岂有如果？”又道：“诸位明晚陪我继续聊天，后天一早即启程先回兰州，再回北京，可好？”众将大声应答：“好！”

西征路上难得的把酒言欢的军中夜会，不知不觉中已是月上中天。左宗棠与一众将领步出大营，夜深沉，天漆黑，无限星星簇拥着一轮圆月，星星作点点状，繁茂而散漫，各自闪烁；月色皎洁，月亮上的影子，或像嫦娥，或像吴刚，或像桂树、狗与小白兔。好一幅哈密夜空图！左宗棠感从中来：“戎马倥偬，忽略了多少风景之地，此生一大憾事也。社会稍安宁时，会常到园中白天看菜、看牛，晚上则好望星空。觉着兰州之夜要比内地高且旷，不知与新疆比，却又矮了不少。”稍顿，左宗棠又云：“西北之黑夜，黑得纯粹，黑得干净，黑得发亮，老朽之后，或会有保护黑夜者，此大可欣然也！”

“保护黑夜所为何来？”

“保护黑夜，即保护风景、保护土地、保护黑白分明、保护星光月色也！”

众人散去，左公又踱步再三，从大营出，一片空旷地上，唯有夜色朦胧中的背影，沉重而缓慢移动……

第二十一章

军中夜话（二）

第二天的夜话，是左公说新疆，北疆、南疆，大沙漠，大戈壁，三山夹两盆等等，无不知晓。三山者，阿尔泰山、天山、昆仑山，两盆为准噶尔盆地、塔里木盆地。左公还特别强调：新疆的地理位置之重要，处亚欧大陆腹地，古丝绸之路通道，是穿越亚欧大陆的必经之地。左宗棠详说新疆有深意：

所谓边荒之地，有大美在，国家民族之宝藏也；带兵打仗者不仅要知道地理，还要懂得历史，懂历史就要读书读史，唯历史能让人不致浅薄。

左宗棠自幼爱读书，直至做官，指挥打仗之余，在新疆，仍手不释卷的是《老子》《孟子》《诗经》《钦定皇舆西域图志》等书。

左宗棠说：正是乾隆帝在乾隆二十年（1755年），统一天山以北地区，实现了新疆大一统后，乾隆帝觉得历代史书，对西域的记载，有错乱不清处。如有的史书称楼兰为“落克兰”，《汉书》称伊犁为“伊列”。地名记载不统一，将会给治理新疆、书写新疆带来不便乃至错误。因而乾隆帝下旨：策划并督导编撰《钦定皇舆西域图志》。将新疆的历史沿革，山川地理和边界编入史册。而编纂该书的前奏，却是康熙四十七年（1708年）康熙帝下令编绘《康熙皇舆全览图》，这本书在全国大规模测量十年之久，将以此得出的数据编绘而成。让康熙抱憾的是，当时新疆哈密以西地区为准噶尔部控制，新疆未能详绘矣！西域之实际测量止步于哈密。

左公击掌道："昔止步于哈密！即今之本帅大营处也！"抚今追昔不无得意。大清初期黄金岁月时，康熙、雍正、乾隆三朝相继兵发西域，万里遐征，终于平定准噶尔之乱。乾隆时，开始派员前往新疆测绘舆图，并于乾隆二十年（1755年）六月发谕旨：

"西师奏凯，大兵直抵伊犁，准噶尔诸部尽入版图。其星辰分野、日月出入、昼夜、节气时刻，宜载入《时宪书》，颁赐正朔。其山川道里，应详细相度，载入《皇舆全图》，以昭中外一统之盛。左都御史何国宗素谙测量，着带同五官正明安图，并同副都统富德，带西洋人两名，前往各该处，测其北极高度、东西偏度及一切形胜，悉心考订，绘图呈览。所有《坤舆全图》及应需仪器，俱着酌量带往。"

左宗棠又谓部下："本帅好一切能找到的地理、历史书，并细读详研，追之以往，乃在识字不多的童子时，影响最深者，魏源《海国图志》是也。后受陶澍、贺熙龄、胡林翼、林则徐等影响，于边疆地理尤为注重，其时已捧读《钦定皇舆西域图志》而迷不释卷。”

“追问一本好书的前世今生，其来历必有异常，所谓筚路蓝缕也。盛世修志，修志者必是目光如炬，爱我国土，高瞻远瞩之伟人也，乾隆其一。”左公继而不无得意扬扬自谓：“余自号小亮，诸葛亮也，其实不虚。余中举时，已悉天下事；余进士落第时，已有救国策；余坐馆课徒时，已有收复新疆之韬略：缓进急战是也。本帅有大肚大福，自浙江巡抚始，独当一面，乃至收复新疆，指挥用兵，深谙山川，略知民情，手不释卷的便是《钦定皇舆西域图志》。此书乃指引者也，历史地理、村寨关隘、山水要道等，锦棠曾有问：‘大帅于新疆几乎无所不知，从何来？’书中来也，本帅坐大营，挥手夺新疆。”左公又补充道：“尚赖诸将兵丁猛勇也。”

左宗棠滔滔不绝：“乾隆帝开始的想法，只是补充康熙帝《皇舆全图》之不足，却恰恰成了《西域图志》的开端，乾隆帝阅尽新疆沧桑，知其美妙，知其广大，知其在地缘关系中的重要地位。并且设想到了因新疆之重，外国窥视者无时无刻，不在蠢蠢欲动，有此新疆百科全书，可助后来者了解新疆山川地形、风土人情，战而胜之也。”

这本图册非一时之作，乾隆二十一年（1756年），乾隆又令在平定准噶尔军中的刘统勋，协同何国宗考察新疆地理现状与历史沿革。后又两次派遣测绘队，细加丈量，历时五年，在乾隆二十五年（1760年）测绘告成，整理汇编后即为《西域图志》的雏形。乾隆二十六年，谕令由军机大臣傅恒为首，军机处方略馆整理编修《西域图志》，至乾隆二十七年（1762年）底初成交稿，共四十六卷，定名为《皇舆西域图志》。乾隆三十八年（1773年），清政府开始编撰《四库全书》，《钦定皇舆西域图志》于乾隆四十七年（1782年）修改完成，共52卷，由乾隆帝过目，为最终定稿本。由武英殿印行，编入《四库全书》，定名为《钦定皇舆西域图志》。

左宗棠赞曰："此书实乃三代圣明，接踵而修，成于乾隆。乾隆帝出力最多，关怀备至。修志，经国大事也。我曾告诫各位，细读该书即细读新疆，攻城略地，还我国土，倘无此书，何有今日收复之功？读书事，军人所必需者也！"

左宗棠历数《钦定皇舆西域图志》的编纂："勘察了西域的每一寸土地，还详细记载了西域之所有，绘出了当时新疆全貌及详细的地理信息。读此书也，爱我、惜我西域之情油然而生，岂容他国染指？岂容以边荒而可以唾弃的李鸿章之窃窃私语、妖言祸国？"说左宗棠不时骂曾国藩是夸大其词，逮着机会口诛李鸿章倒是真的。因为他心目中从来瞧不起李鸿章，为此，他还曾与曾国藩大吼："如此唯利是图者，以尔门生之名欺天下，余不忍也！"又曰："将来损公之清誉者，非李鸿章之流莫属！"

左宗棠说："少小读图志，有志新疆也；朝命西征，余已老矣。收复新疆之功，当首推康熙帝、雍正帝、乾隆帝也。"

《钦定皇舆西域图志》共五十二卷。卷首（含四卷）为《天章》，集论述描绘西域的御制诗文；卷二到卷二十八记新疆地区的疆域、高山、大漠、河流等；卷二十九至三十，为《官制》；详述乾隆时，天山南北不同民族聚居地的设官任职情形；卷三十一，为《兵防》，记有乾隆时在西域的兵力布防设置，兵勇多少，台站数目及名称等；卷三十二至三十三，为《屯政》，为西域各地的粮赋、租税土贡等数额；卷三十四，为《贡赋》，主要记载了西域各地的粮赋、租税、杂赋、土贡等的数额；卷三十五，为《钱法》，记设立钱币局，制造兼有汉、回两种文字的新币；卷三十七至三十八，为《封爵》，有大清对卫拉特蒙古的封赏安置记录；卷三十九详记准噶尔部（蒙古）、回部（维吾尔）社会生活的方方面面，包括：事佛、畜牧、田园、拜天、相见、政刑、嫁娶、丧葬等所有习俗；卷四十所记为准噶尔部和回部的乐器、乐谱等，其中有许多独具特色的民族乐器，生动而形象地展示了西域少数民族，热爱自然，热爱生活，热爱个性的卓尔不群的音乐风格；卷四十一至四十二为《服物》，记准噶尔部（天山北路，笔者注）及回部（天山南路，笔者注）的生活、生产用品，包括被服之物、坐卧之物、饮食之物、日用之物、耕种之物、成物之物等；卷四十三《土特》，载新疆百谷草木之属、羽毛鳞介之属、金石珍宝之属。卷四十四至四十六，为《藩属》，记录新疆各部首领觐见乾隆皇帝时，受到的热情款待，以及乾隆以记此盛的诗文；卷四十七至四十八，为《杂录》写准噶尔部和回部的世系、字书、语言、故事、附记。

《钦定皇舆西域图志》之所以精彩纷呈，除内容全面而生动，富有西域气息外，尚有新绘的地图二十一幅，历代旧图十二幅；其中皇舆全图一幅，西域全图一幅，安西南路图一幅，安西北路图二幅，天山北路图三幅，天山南路图六幅，西域山脉、水道图各一幅，左右哈萨克部图一幅，东西布鲁特部图一幅，塔什干诸部图一幅。历代西域图、三国、晋、北魏、周、隋、唐、五代、宋、元、明朝图，并有文字加注。乾隆皇帝补充后的《皇舆全图》包括了天山北、南两路，并标注了中俄边界，填补了全国地图的空白，是当时中国最完整的疆域地图。（民族文化宫微信公众号）

左宗棠坦言，今晚不是说故事而是说地图，“见诸位听得入神，本帅心有窃喜焉！”其实行军打仗固然需要地图，一个民族一个国家立于世界，号称地大物博，那是不够的，得有标识明确的地图，有山脉有江河有平川有陵谷在其上。见图如见大地，少了不少口舌。本帅凭着乾隆帝的地图而熟知新疆，才可领兵打仗，收复天山南北，诸将一日不可忘也。左宗棠又说：“行军打仗不容易，做地图也不容易，看图上形胜，却要感激先朝圣恩！仅是实地测绘，乾隆帝两次派员。图志所载乾隆皇帝写的《西域地名考证叙概》《阳关考》，是清朝最早研究考证新疆地名、考证古地的论文，给后人留下了研究汉至前清，新疆地理历史人文的重要文献！皆知乾隆写了不少诗，鲜少人知其文有开拓之功！”

左宗棠喝酒，举杯道别：“古人云：葡萄美酒夜光杯，欲饮琵琶马上催。醉卧沙场君莫笑，古来征战几人回？吾等不能醉，新疆尚有伊犁待收回，军屯民屯等所有繁重，拜托诸位了，所有军政大事由刘锦棠一肩任之，我明早回兰州，移交公务、关防后，稍作流连，不日返京。山高路远，后会无期，诸君努力！”

刘锦棠：“大帅何出后会无期之言？”

左宗棠：“老了就是老了，老了就是后会无期了。趁今夜诸将云集，尚有期也，各位均有重任在肩，老夫有三字相赠：‘知廉耻。’顾炎武先生有《廉耻》一文，吾之座右铭也，杨昌浚已刻印千份，所有将校都得熟读、背诵、体悟，则行止有节，不贪不腐，见富而不羡，视穷为己事，为人磊落，一世光明！”众人既不愿离去，便呼左公一诵。

左宗棠说：“童子所读，七十尚能言乎？”却从容站起，一手按住白木桌，铿锵之声出：

《五代史·冯道传》论曰：“礼义廉耻，国之四维，四维不张，国乃灭亡。”善乎，管生之能言也！礼义，治人之大法；廉耻，立人之大节；盖不廉则无所不取，不耻则无所不为。人而如此，则祸败乱亡，亦无所不至。况为大臣而无所不取，无所不为，则天下其有不乱，国家其有不亡者乎！然而四者之中，耻尤为要。故夫子之论士，曰：“行己有耻。”孟子曰：“人不可以无耻，无耻之耻，无耻矣！”又曰：“耻之于人大矣，为机变之巧者，无所用耻焉。”所以然者，人之不廉，而至于悖礼犯义，其原皆生于无耻也。故士大夫之无耻，是谓国耻。

吾观三代以下，世衰道微，弃礼义，捐廉耻，非一朝一夕之故。然而松柏后凋于岁寒，鸡鸣不已于风雨，彼昏之日，固未尝无独醒之人也！顷读《颜氏家训》有云：“齐朝一士夫尝谓吾曰：‘我有一儿，年已十七，颇晓书疏，教其鲜卑语，及弹琵琶，稍欲通解，以此伏事公卿，无不宠爱。’吾时俯而不答。异哉，此人之教子也！若由此业自致卿相，亦不愿汝曹为之。”嗟乎！之推不得已而仕于乱世，犹为此言，尚有《小宛》诗人之意，彼阉然媚于世者，能无愧哉！

罗仲素曰：“教化者，朝廷之先务，廉耻者，士人之美节，风俗者，天下之大事。朝廷有教化，则士人有廉耻；士人有廉耻，则天下有风俗。”

古人治军之道，未有不本于廉耻者。《吴子》曰：“凡制国治军，必教之以礼，励之以义，使有耻也。夫人有耻，在大足以战，在小足以守矣。”《尉缭子》言：“国必有慈孝廉耻之俗，则可以死易生。”而太公对武王：“将有三胜，一曰礼将，二曰力将，三曰止欲将。故礼者，所以班朝治军，而《兔罝》之武夫，皆本于文王后妃之化；岂有淫刍荛，窃牛马，而为暴于百姓者哉！”《后汉书》：“张奂为安定属国都尉，羌豪帅感奂恩德，上马二十匹，先零酋长又遗金鐻八枚，奂并受之，而召主簿于诸羌前，以酒酹地曰：‘使马如羊，不以入厩；使金如粟，不以入怀。’悉以金马还之。羌性贪而贵吏清，前有八都尉，率好财货，为所患苦，及奂正身洁已，威化大行。”呜呼！自古以来，边事之败，有不始于贪求者哉？吾于辽东之事有感。

杜子美诗：“安得廉颇将，三军同晏眠！”一本作“廉耻将”。

诗人之意，未必及此，然吾观《唐书》言：“王佖为武灵节度使，先是，吐蕃欲成乌兰桥，每于河壖先贮材木，皆为节帅遣人潜载之，委于河流，终莫能成。蕃人知佖贪而无谋，先厚遗之，然后并役成桥，仍筑月城守之。自是朔方御寇不暇，至今为患。”由佖之黩货也。故贪夫为帅而边城晚开。得此意者，郢书燕说，或可以治国乎！（上海古籍出版社影印本，顾炎武《日知录集释》）

左宗棠吟罢低眉，问众将：“廉耻，要得不要得？”“要得！”的呼应声中，大营外却是月上中天，星光散地。左宗棠双手抱拳：“各位，从此别过！”

此一别，或为永别也。

大营外风声暂歇，大营中一片肃穆，然后是众将不约而同地一律行下跪礼，呜咽声四起：“大帅保重！”

第二十二章

碧血碑

左公在回京途中的家书称："我之此行，本不得已。"又在给嵩武军首领张曜信中，对谈判结局极为担忧："俄事尚未议定，而先以兵船东行为恐吓之计，谟谋诸公便觉无可置力，国是混淆。计抵京时，错将铸成矣，为之奈何？"

将入关，左宗棠又致信总理衙门，深觉屈辱而反对妥协：

"察看情形，实非决之战胜不可。究之言战本是一条鞭办法，无和议夹杂其中，翻觉愈有把握。"(《左文襄公全集·奏稿》)

左宗棠奉旨返京，心中是五味杂陈的：新疆之乱荡平，大军对沙俄所占之伊犁，已成压迫之势，取之易如反掌，忽急急召回，所为何来？皇命不可违也，而左宗棠心中的煎熬及对和议的担忧，朝廷知之乎？知道又怎么样？

左宗棠即将奉命回京的消息传开，沙俄并不知道清廷的真实意图，以为把在新疆无人可敌、主战的左宗棠召回，是密商兵取伊犁，中国是否有动兵之意？左宗棠军威逼人，俄人害怕，不得不防。便打探消息，俄方和谈首席代表、代理外交大臣格尔斯问曾纪泽："我风闻左宗棠现在进京，恐欲唆使构兵，不知确否？"一个月后，格尔斯、俄驻华使节毕佐夫，再次提及左宗棠返京事，心有余悸也："皇帝（沙皇）谓有传闻，左相奉召入京，务须及早定议，免生枝节。"(《左宗棠评传》)

稍加分析便可得知：

一、新疆战事，改变了清政府的国际形象；

二、沙俄惧怕左宗棠，及更加可贵的爱国主义精神；

三、沙俄惧怕并知道左宗棠取伊犁，犹囊中探物也；

四、乘胜前进，一鼓作气乃兵家常理，清廷突然从前线召回左宗棠，世所罕见；

五、当时清廷因为左宗棠西征获胜，而有了清政府最后的高光时刻；

六、李鸿章为首的一派，卖国之心不死。上下其手，要左宗棠撤回北京；

七、一个惯于惧怕洋人、惯于赔款割地，惯于下跪求和的政府，是不可救药的政府；会习惯性见到洋人就下跪、就割地、就赔款，而无论土崩木坏，民生凋零。

正是因为左宗棠在新疆的攻城夺地，用兵练兵屯垦，安定民生，气象一新，备战主战，使沙俄不能不心生惧惮，支持并扭转了曾纪泽在谈判中的局面，迫使其改约，迫使其吐出已经到嘴的两万多平方公里的土地。虽然仍是不平等条约，已属不易了——就清政府而言。但左宗棠不满意，他要打败俄人、赶走俄人，哪有胜券在握而割地赔款的？到京后，左宗棠入值军机，公务繁忙中仍牵挂新疆，致书刘锦棠："俄事非决战不可，连日通盘筹划，似非将其占领康熙朝地段收回不可。"（《左宗棠全集·书牍》）

左宗棠揖别沙场，于光绪六年十一月二十一日即1880年12月22日抵达兰州。又见兰州，难免万般感慨，西征新疆的回想奔涌而出，暂且不表。

左宗棠要离开的消息不胫而走，如西北的秋风一样，浩浩荡荡从新疆传遍了甘肃。此时左宗棠，年届古稀，谁都心里明白：他的离去，将是一去不复返了。据《左宗棠年谱》记载，甘肃各地从城镇到偏远小村，在这段时间里，左帅的离开成了人们最为关注的一个话题，成为一时热点：

"左宗棠要走了，你知道吗？"

"左帅一走，西北稳得住吗？"

"听说慈禧太后看重他。"

"不一定，是李鸿章怕他打伊犁。"

"都是朝廷命官，怎么就不一样呢？"

"可不，听了李鸿章，新疆就没有了！"

……

这是一种难能可贵的现象，当时西北，这一遍布沙漠荒野的贫困之地，一时成为中国的舆论中心，上海、北京的各大报章，在欣喜雀跃的报道新疆收复后，随着便是左宗棠奉召返京，"以备顾问"的消息。自此，西北的雪山冰川，大漠胡杨，戈壁红柳，穷人牧民少见地被舆论关注。左宗棠经营西北的方方面面——屯垦、办学、办厂、修路、种树、救灾、亲民及重修兰州城、建烈妃庙等事迹，也因之广为传扬。而西北人民，都在为左宗棠的离去惴惴不安。西北苦，可是到西北做官的满汉大员中，贪官污吏结队而来。使西北人民苦上加苦。他们好不容易盼到了一个大清官场上难得的清官，在他的治下，有一种安定感、安全感。人们不会忘记他当陕甘总督时的一张告示的开头语："帝曰：回汉皆我民也。"议论、惋惜、担忧左宗棠离去的，对他恋恋不舍的，既有汉人，也有回民。因为历史的原因，很难说回民喜欢左宗棠，但左宗棠的出现让西北安定，汉回不再敌视，也让回民感到了安全，有了安居乐业的信心。

兰州，当然是左宗棠的难分难舍之地。一进兰州，往事如潮！

同治十一年（1872年）七月，左宗棠第一次进入兰州总督府。同治五年（1866年）九月，接到调任陕甘总督的谕令，他当了差不多六年的陕甘总督，东征西伐，转战各地，人在何处，督府便在何处。这一处衙门是由明肃王府改建而成的。肃王府建于明朝明惠帝建文元年（1399年），是朱元璋的第十四子肃庄王朱楧所建。王府的规模由朱元璋亲自规定：王城高二丈九尺，正殿高六尺七寸，《皇明祖训录》有训诫：诸王不得有离宫别殿。地理位置突显高贵，它坐北朝南，北临黄河滔滔浊浪，东至防卫兰州第一线东城壕，西及通渭路，南至张掖路。四周围墙长约一千米，自南朝北有辕门，辕门内外有旗杆四，次为大门、仪门、大堂、二堂、三堂、内宅、后楼，后楼之北为后花园，最北背靠兰州城墙。衙门前有牌坊三，正面的高大威武，书："宪纲文武"，东西两侧稍低，书："控制三边""威震西域"。

左公进总督府，稍事休息，喝了一杯花茶，便朝城墙踱步而去，自言自语："很久没有听见黄河涛声了！"城墙上有三层高的城楼，名为远源楼；下临黄河能见浊浪能听潮声，故又谓望河楼；文人雅士又称其为拂云楼。左宗棠驻节兰州时，晨起浇园，傍晚登楼；落日熔金，暮云合璧，晚霞如火。登楼远眺也，可解思乡之苦，可望五泉苍茫，可见白塔雄伟。暮鼓声中，星月上天，夜幕垂地。

当时左公曾有题句：

万山不隔中秋月，
千年复见黄河清。

某日，左宗棠于北城墙上路过一石碑，上刻草书，飘逸不群而潇洒从容，左宗棠注目久久。总督府旧人告知，这是先肃王所书，亦称碧血碑，其中有故事：崇祯末年李自成部将贺锦逼近兰州，肃王妃颜妃带领嫔妃宫人试图登拂云楼跳河自尽时，追兵已至，颜妃以首触碑而亡。死难的妃子们，埋葬在拂云楼下的花园里。自此，天阴欲雨时，碑上现血泪，是有碧血碑之名。左宗棠听完"碧血碑"的来历，沉思良久，抚髯自吟：吴宫芳草埋幽径，千年古墓成荒丘。

同治十一年（1872年），他命人在墓前建烈妃祠，将碑移至墓旁，表其墓曰："贞烈遗阡"。后又建亭子，将石碑移到亭中，并撰联：

一抔荒土苍梧泪，
百尺高楼碧血碑。

左宗棠反复研读后，考证“碧血碑”上题诗，为肃懿王朱缙熿所写。并有诗为记：

《次司马太恒吴老先生韵兼送之甘州》

边城春柳解婆娑，
别殿香风舞彩罗。
白简暂违双凤阙，
丹衷直上五云阿。
平戎漫讶龙堆远，
策马频从鸟道过。
最是识荆离乱后，
不堪回首阻关河。

左宗棠在兰州的另一创举，是在好友郭嵩焘建议下，于1878年将陕甘总督往日的花园，即节园，对兰州市民开放，是为甘肃公园之滥觞。郭嵩焘曾任驻英大使，对西方市民随心游览、官民同游的公园印象颇深。

遂建议：“何不开放‘节园’与民共乐？”

左宗棠大声叫好："就这么定了！"

每年四月，兰州南山第一枝迎春摇曳，大地春暖花开时，"节园"开放，任市民游览，划定北城墙及拂云楼，西至西城门，东至东城门的广大地域均为游览区。有管家建议："要不要收点门票钱？"左宗棠顿时黑脸：

"不要光想着占老百姓的便宜，没有百工农人，我们住在哪？吃什么？"有贴身卫兵担忧："人多而杂，安保如何升级？"左公挥手："不必！怕老百姓的官绝不是好官！"并下令：为游人提供免费茶水，并购置抽水设备，汲黄河水入城，建"饮和池"，先过园以清浊，与民共饮一池水。

有史学家认为：左宗棠是清末九位总督府开花园迎客的第一人，"饮和池"是兰州自来水的雏形，更是西北汲河水以抗旱的开端。左宗棠为之题联：

空潭写春，若其天放；
明漪绝底，饮之太和。

再以篆书、分四通屏纸本，高124厘米，横198厘米，写就《兰州和饮池记》：

轮挹河流上西城，傍堞迤行，东入节园。园西北阜，叠石峻嶒，高逾仞，疑积石也。阜下挎泥沙，煅石为灰，剂为三池款之。静极明生，黄变为碧，如湘波然，绕澄清阁，供烹饪汲饮灌溉。暇游其上，谋目谋耳者应接靡暇。树石其发肤，风其态度，月其色。或作响如球钟，或涓涓如笙磬，则其声也。祷曰：河伯丐我多矣，其有以溉吾人民！池溢北出，少东，迤而南，绕瑞谷亭，如经三受降城，曲折银夏间也。又南趋隆阜下，如出壶口，过龙门，而面二华。渠中石起，上立数石，则砥柱然。遵射堂东而南，清流汩汩，注大池中，命曰饮和。与古之大陆何以异也。用工万九千余，皆亲军力，未役一民也。用钱五百余缗，使者之俸余也。弥月毕工。役之征缮之暇，未废事也。呼民取饮，则瓶罍勺罂盎之属早具。乏者或以织柳之器来，或手掬而饮。老者弱者盲者跛者群熙熙然知惠之逮我。记此落之。凡有事于此者，条其衔名碑阴。左宗棠撰并书。

《饮和池记》启首章为“旗常懋绩”，朱文；落款名下印两方，一为白文“大学士章”，一为朱文“清宫太保恪靖侯”。

《左宗棠全集·书牍》记有同治十二年（1873年）“答吴南屏”云：“《饮和池》一篇实陇中一奇。……愚因金城缺水，居民艰汲，恐一旦有事，汲道断而城弗守。又浑流重浊，挟泥与沙饮之者，多愚鲁悍鸷，遂决为此。二十年后兹邦其昌乎？拓本奉寄，老人见之，将谓此件乃仿子厚也。”

左宗棠自己掏钱修“饮和池”“备香茗”“置茶碗百余，”呼民共饮。为预做军备急需，为让兰州人民有清水可饮，不再艰难汲饮泥沙混杂的黄河水，且思及二十年后之兰州，水质的改变能否带来人的改变？其想民之想，裨益地方，可感可佩。该池凿成，兰州百姓自然高兴，左公亦心情大好，以柳州文体，朴茂古雅的小篆写记刻石。左公书法，隶、楷、行书所见稍多，其实他最爱的、写得最好的、难得一见的是篆书。惜乎军中岁月，兵马刀枪，日思夜虑，无暇以篆也。

秦翰才著《左文襄公在西北·惠民之政》记：同治十一年，文襄公在陕甘总督衙门前面左旁，开凿一个“饮和池”。水从衙门后黄河引入，春冬用吸水龙，夏秋用水车。十二年，又在衙门右旁开凿一个“挹清池”，水从五泉山西南水磨沟，经西城门，通过渠道引入。文襄公开凿这两个池，做什么用呢？因为兰州人民饮水太污浊，所以公开给百姓汲用。“用吸水龙引黄河水，是制造局总办委员赖长的创举……饮和池的开凿，为文襄公得意之作，他仿柳州文体，做成一篇记，又用他古茂的小篆，写成刻石。可惜后人不知爱护，建筑电报局时（民国时期，笔者注），竟把它夷为平地，毁灭了一个先贤遗迹。”

秦翰才又记：“平凉柳湖书院旁边，有一个暖泉，古称柳泉湖。东流，过万竹园，溉田数十顷。所以叫做暖泉的原因，就为冬日饮之不觉冰冷，味也甘美。”左公驻军平凉时，曾命军队葺治，供民汲用，得空，好在湖边散步，看一汪清水中，倒映的西北蓝天白云。叹曰：西北有好水，苍天所赐也。左公奉召入京，“路过平凉，访寻旧迹，却已给道台魏光焘用围墙圈入院中了，阻断了人民的汲用”。

左公脸色骤变，大不以为然，说："此泉向本用以灌地，旱时尤为急需。与其私之园中，为乐饥之用，曷若引之田园，为救稼之用乎？"（《左宗棠全集·书牍》）左宗棠当即命令开墙门，为农人所用。这时左公的老部下魏光焘已升任甘肃按察使，左宗棠因此写信给署理陕甘总督杨昌浚，嘱其转告魏光焘："此乃左宗棠所为也。"

左宗棠极为重视水与民生的关系——饮用其一也，灌溉其二也；饮污泥浊水，人能不多病且污浊？无溉田之水，军民无食岂能安定一方？左宗棠曾为暖泉立碑，并题写"暖泉"字，篆书。花体碑形，龙形碑首。石碑背面，刻文为："平凉高寒，水泉甚冽，此独以暖称，验之隆冬不冰也。权郡守喻君光容甃为池，以惠斯民，为书此永之。"落款为："太子太保陕甘总督一等恪靖伯湘阴左宗棠书。"

《清史稿》：

"（左宗棠）善于治民，每克一地，招徕抚绥，众至如归，论者谓宗棠有霸才，而治民则以王道行之，信哉。"

左公第二次驻节肃州时，常去酒泉地，思酒泉之名何来？查历史资料称：酒泉之名源于西汉名将霍去病，霍击败匈奴后，将汉武帝赐给他的美酒倒入池泉，与将士共饮，酒泉名字之始也。后汉武帝设置河西四郡时，正式出现了"酒泉"这个地名。另一种普遍而缺乏个性的说法是：因传说"城下有泉，其水若酒"而得名。可惜左宗棠驻节肃州时，酒泉已近干涸。

“于料理军书之暇，捐廉二百两，浚酒泉为湖。湖中留着三个沙洲做岛，岛上筑亭子。又买鱼苗一万尾养湖内，环湖筑堤，周围三里，种花种树，堤外拓出肥田数百亩。光绪五年五月二十日举行落成纪念。”(《左文襄公在西北》)

左公又写信给杨昌浚，文采飞扬，情景交融，诗性流淌：

“酒泉湖堤亭子告成，盖自天地开辟以来未有之胜概也。白波万叠，洲岛回环，沙鸟水禽，飞翔游泳。水边亭子，上有层楼，下有扁舟，时闻笛声，悠扬断续。近城士女及远近数十百里间父老幼稚，挈伴载酒，往来堤干，恣其游览，连日络绎。虑其肆志游冶，或致废业也，饬有司出示：每年三月三,四月四,五月五,六月六,七月七,八月中秋，任民游览，妇女不禁。”(《左文襄公全集·书牍》)并赋诗刻石：“天教余事作诗人。”后人便称呼为“左湖”。又在湖前建楼，左公取名为“清励楼”，楼前有左宗棠自撰自书的楹联：

中圣人之清，有如此水；

去醉翁之意，以名我亭。

左宗棠是同治五年（1866年）任陕甘总督，至1881年，他在陕甘度过了十五个春秋。他在兰州办洋务，创甘肃制造局、织呢局，兴科举，建贡院。有史料云：“公自入驻兰州，著《学治要言》

一编，颁示各属，又葺署后园，建明肃藩烈妃庙，忠义祠。制机轮挹河流注入园中曰‘饮和池’恣民汲饮，皆有文以记之。”

左宗棠将别西北，西北似有感矣！风过高山大漠、戈壁乱石晃动，老树新柳飞扬……西北有太多太深的左宗棠烙印，镌刻在苍茫穷边，流传于村落道路。

笔者回首左公任陕甘总督往事，吏治一端，则不能不记。

第二十三章

“一片心肠都在百姓身上”

——左宗棠吏治之要

左宗棠说：

“天下之乱，由于吏治不修；吏治不修，由于人才不出；人才不出，由于人心不正，此学术之不讲也。”（《左宗棠全集·书牍》）又云：“戡乱之道，在修军政，尤在饬吏治。军政者，弭乱之已形；吏治者，弭乱之未形也。用人之道，重才具，尤重心术；才具者，政事所由济也；心术者，习尚所由成也。”（《左宗棠全集·奏稿》）

上述两段文字，是左宗棠对大清国事的最大忧患的分析：一曰吏治，二曰人才，这两者之间又互为关联——人才之盛衰，决定吏治良莠——吏治之良莠，决定民心所向——民心之所向，决定国家的治乱。左公出于此种信念，大军所至，一则剿抚并用以平定叛乱，一则以霹雳手段整顿吏治。自此，左宗棠待过的地方，均以长治久安为目的，而颇得民心。

王闿运，字壬秋，湘潭人，湖南名流，作《湘军志》，对显赫晚于清朝的湘军将领，各有评价：

胡林翼能求人才而不识人才。

曾国藩能用人才而不求人才。

左宗棠能识人才而不容人才。

确切地说，王闿运之论实可谓不确。胡林翼不识人才，焉能拔益左宗棠？曾国藩不求人才，焉能网罗幕僚？左宗棠不容人才，焉能八方以助西征军？左宗棠自有自己的用人之道。他曾把用人比作“做菜”：

“厨丁作食，肴果都是此种，味之旨否分焉。解此，便可知用人之道。凡用人：用其朝气，用其所长，常令其喜悦，忠告善道，使知意向所在，勿穷以所短，迫以所不能，则得才之用矣。”（《左宗棠全集·书牍》）左宗棠还以草药配伍比之：“人各有才，才各有用。尝试譬之，草皆药也，能尝之试之而确知其性所宜，炮之炙之而各得其性之正，则专用杂用，均无不可。否则必之山而求榛，必之隰而求苓，乌乎可，且乌乎能也？……非知人，不能善其任；非善任，不能谓之知人；非开诚心，布公道，不能得人之心；非奖所长，护其短，不能尽人之力。非用人之朝气，不用人之暮气，不能尽人之才。非令其优劣得所，不能尽人之力。仲叔围治宾客，祝鮀治宗庙，王孙贾治军旅，夫如是，奚其丧？此圣人指示用人之法。”（同上）

关于用人，左宗棠有夫子自道：“我国家自强之道，莫要于捐文法，用贤才，任亲贤以择督抚，任督抚以择守令。政事克修，远人自服。”（《复陈筹议洋务事宜折》）“任法不如任人，人存而斯政举；兴利不如除弊，弊尽而利自生。”（《沥陈闽省困敝情形请调员差委折》）左宗棠自谓用人之道，则是“察人颇严，用人颇缓，信人颇笃，此中自谓稍有分寸也”。（《左宗棠评传》）这说明：左宗棠用人从严而能求人才、识人才、其间颇多考察，然后用人不疑而“信人颇笃”。

左宗棠数次上奏，为改革吏治，主张将那些“年力衰退，昏鄙不职”而“难膺表率”，“貌似有才，心殊狡诈”而“有玷官箴”，“庸懦糊涂”“性情乖谬”而“不堪造求”，“才庸识暗，贪利忘公”而“庸劣不职”的官吏革职。（《左宗棠评传》引左宗棠奏稿之《甄别道员厅县折》等）左公认真地对待且考察下属官吏：“凡属官之贤否，政事之得失，舆论之是非，俱默为记存，时加访察。”左宗棠革去了一批贪官庸吏，而对那些“为守兼优”“堪膺表率”“廉干朴勤”“舆情爱戴”“守洁才长”的“官声卓著、政绩昭彰者”力请表彰任用，以明“澄叙官方至意”。（《特保政绩卓著知府折》）

曾国藩部下人才济济，他的用人标准有六个字：“少大言，多条理。”他的事业也可说是在“少大言，多条理”中成功的。

“李鸿章用人驳杂不纯，后来许多事业的失败，本是可以早望见的。而北洋军阀的养成，李鸿章要负相当的责任。”（《左文襄公在西北》）

左宗棠说：

“廉仅士之一节耳，不廉固无足论，徒廉亦何足取。”又说：“人不可无才，然心术究是制事根本。心术不正而才具觉优，则所谓才者亦只是长恶济奸，自便其私而已，于实事何益？”又称：“知人不易，大约以廉耻信义，刚明耐苦为大界划。出乎此者，虽才不足用也。”（《左宗棠全集·书牍》）

左宗棠整顿西北吏治，震惊一时的是批给甘肃布政使崇保（八旗镶黄旗人）等详查代理徽县县令杨国光营私一案的公文：

“杨令国光前在署徽县任内，一意营私，声名狼藉。业经本爵大臣阁部堂札饬撤任查办，该司等会移巩秦阶道委查复核，据情具详，尚无不合。兹据董道查复，据委员、留甘县丞陈炳基禀复情形，节节代杨署令设词开脱，徽县云令亦代为弥缝。无非为贪猾之令，曲意保全起见，殊出意料之外。除云令庆、陈县丞炳基先记大过，陈炳基并永停差遣外，巩秦阶董道向附清流，到任禀复时，亦力以实事求是自任，乃到任以后，随俗波靡，于应办各事，并无整顿实效。此次委查杨令国光劣迹，又漫不加察，仅据委员一面之词，辄行移复，不知是何意见。甘肃官场恶习，唯以徇庇弥缝见好属吏为事，不复以国事民事为念，驯致上下相蒙，吏事废弛。若再事因循，不知伊于胡底？兴念及此，实深叹恨！唯巩秦阶董道已经径札先记大过一次，勒令实查杨署令劣迹具复，如有一字含糊，定唯该道是问！”（《左宗棠全集·批札》）

“甘肃官场恶习，唯以徇庇弥缝见好属吏为事，不复以国事民事为念，驯致上下相蒙，吏事废弛。若再事因循，不知伊于胡底？

兴念及此，实深叹恨。”左宗棠批札中的这几句话，使甘肃官场震撼，为甘肃民众传扬。有的甚至书于纸张，贴在茶馆、拉面馆的墙上。睹者纷纷，议论不断，其深受地方官员贪渎、庸政、盘剥之苦，其有感也。

左宗棠的这一批札，使地方官员感觉到了左宗棠不仅对一个“一意营私”县令的震怒，且直指道员董文焕“随俗波靡”不认真办事。道员的官阶，按乾隆十八年谕旨：“道员职司巡守，以整顿吏治，弹压地方为任。……着俱为正四品。”正四品属于不小的官衔了，左宗棠毫不客气点名批判，先记大过，以观后效。所谓官场恶习，不正是这些自认为天高皇帝远，谁也管不着的道、县官吏吗？“不复以国事民事为念”“上下相蒙”“吏事废弛”“若再因循，不知伊于胡底？”是时清廷，对左宗棠来说，他面对的岂止一个道、一个县，整个甘肃莫不如此，岂止甘肃，整个中国莫不如此——人民在水深火热间，官员正推杯换盏中！左宗棠在整饬吏事，对官场陋规力主革除，他认为：

“吏事之坏，大都见得而不思义者，实阶之厉。当官而不能持廉，则属吏得以挟持之，丁书得而蒙蔽之，层累朘削，往往本官所得无多。而属吏丁书取赢之数且数倍过之。日久视为应得之款，名曰陋规。踵事增加，无有纪极。家肥国瘠，职此之由。究竟攘夺之财，每多意外之耗，蠹国者未必即能肥家，而公家经入之数已不可复按矣？”因此故，左公饬令：必须“裁革各项杂项，最为正本清源要图。”(《左宗棠全集·札件》)

左公还饬令："官评以操守为重。属吏馈赠，官价派买与衙门一切陋规不准收受，例禁綦严。晚近以来仕风不正，道府取之州县，州县取之民间，上下交征，吏事遂不可问……做官不要钱，是本分事。"（同上）

左宗棠切实查处陋规，声言："陋规于我，不敢及身，尔等何妨一试？"道府州县无有敢违命者也。在整顿茶务以票代引的改革中命令如下："如有丁书巧立名色需索规费，查出立毙杖下！"（《札试办甘省茶务章程》）

左宗棠致新任甘肃按察使史念祖函云："陇中吏事，虽渐觉改观，而骫骳玩泄，积习已深，非切实整理，难期丕变。所望风纪之司鼓舞振兴，乃有成效可睹。……敦煌互讦一案，……铁绍裴（名珊，汉军正白旗人）来肃，晤间询悉两革令曾因狡执，持刀拌命。承审各员或因此虑激成别端，遂拟颟顸了结，并均请开复，以解其纷。似此纲纪扫地，三尺何存？嚣凌之风一开，尚安问吏治仕风邪？已批驳矣，……希与峻峰方伯复讯，迅即具详，以凭奏结。如该革员等仍敢狡执，抗不遵依，或竟行同无赖，则秉请刑讯亦由取自取，不能任其刁横也！"（《左宗棠全集·书牍》）

当左宗棠驻节肃州大营，进兵新疆时，筹运粮食，配置军火，繁杂不堪，仍对甘肃吏治耿耿于怀，给帮办甘肃军务刘典及崇保信中，即便对个案均有详示："白马关案如实因劝捐肇衅，……周捷平何所辞咎？记弟濒行前，接周捷平到任后禀，中有修署一节，据称出其地绅之意，弟即批斥未允，盖已料其为借端营私起见。不料其胆敢擅便，竟至如此，……阶州处陇蜀之交，地险民悍，恐长刁风。洪惟善以严治阶，一时称治。顾牧以庸懦嗣任，诸务懈弛，恐亦难久处岩邑，请留意焉。”周捷平擅修行署，钱从何来？自然要搜刮民脂民膏，“劝捐肇衅”。左公深知阶州地少多山陵块垒，“岩邑”是也。在这穷乡僻壤，官衙高耸，民生潦倒，实在是晚清没落的迹象，左宗棠虽不能力挽狂澜之既倒，却是尽心尽力了……

左宗棠寄望史念祖、刘典等，改陇中吏事风气，“有成效可睹”，但又指出“积习已深”，任重道远。对“敦煌两革令曾因狡执，持刀对拌命”案，明令重审。加上对甘肃布政使崇保及白马关案的批文，发出了当时中国封疆大吏中唯一的直面清朝纲纪溃坏、权力腐败、吏治崩塌时的惊天一问：“甘肃官场恶习，唯以徇庇弥缝……不复以国事民事为念，致上下相蒙，吏事废弛。”

“似此纲纪扫地，三尺何存？”

“嚣凌之风一开，尚安问吏治之风耶？”

“徇庇弥缝”语，谓上下勾结，互相包庇，权势弥连，狼狈为奸意也。

左宗棠曾上奏清廷报告其整顿甘肃吏治情形：

“甘肃一省，荒瘠著名，兵燹之余，凋敝尤甚。筮任者久已视为畏途。臣度陇之初，府厅州县佐杂候补者，每班寥寥数员，或竟缺乏，不备任使。其实缺署事各员，缺稍优者，或由夤缘钻刺而得，恃有庇护，靡所不为；其苦瘠者，则视同敝屣，弃之如遗，求去唯恐不速。于此而言，遴选贤能，整饬吏事，实恐无从着手。

乃裁革陋规，以正其本；崇尚节俭，以养其廉；酌发廉俸，加给津贴，以恤其私；薄予到任盘川，免其挈债之官，以轻其累。又于军营保举人员，宽加甄录，以博其选。即保有省分，才堪器使者，亦间由差遣得力，委权地方篆务，以观其能。于是仕风一振，而留省候补及投效随营人员日渐加多，堪资选择矣。”（《左宗棠全集·奏稿》）

陕甘吏治，本由巡抚和布政使主政。左宗棠一破旧制，由陕甘总督兼辖。也就是说吏治事，左宗棠必得在握方能改善。谭钟麟初任陕西布政使，左宗棠便致信告诉他：“北山以内，荒苦较甚。承平时，专以此位置不能迎合之人。南山以内，亦间如此。同、西、凤三郡，则非其人不予调补。关中吏治颓废，此其大端。朝廷设官，所以为民，当为地择人，不当为人择地。现在北山以内贤能尚多，此皆克庵（即刘典，笔者注）之力也。当留其贤者久任其职，责其成功，加以拔擢，其不肖者重法绳之。”（《左宗棠全集·书牍》）

蒲城发生钱粮纠纷时，谭钟麟已升任陕西巡抚，左宗棠闻讯指示谭钟麟：

“蒲城钱粮归绅征收，官但报解，又借息耗扣其例得盈余，小民究未沾其实惠，殊堪发指。愚见绅士顽梗至此，非择尤严办，不足息此刁风。州县之不能整顿，固由玩泄成习，各存一得过且过之见；亦由司藩道未能择人任使，预存一息事之见，以此酿此厉阶。

亟宜遴选廉干之员前往整理，乃收实效，比犹痞塞之症，非峻利猛剂，无以为功。庸医但以甘草、薄荷进，希幸目前无事，究至奄奄待毙，终于不治而已。秦中仕气锦缀，豪恶全无忌惮。由于喜用圆熟而善敷衍之人，谓能了事，不图痼弊日升，将益决裂也。诚遴得能者，假以权势，资以津贴，饬办清漕。察其横梗者鉏之，一复自封投柜成法，宿障自清，乃可徐睹治效，想高明亦以为然。办此等事，须先存一拌字，庶僚属胸有成竹，不预存畏事之见，乃能破除积习，克竟全功。始虽怨诽，终必讴思。盖所恶者害人奸恶之奸豪，所恤者愚懦受欺之百姓，于理为顺，于事为平，断不致酿成事故耳。”（同上）

从上述奏稿、书牍、批札中看出，当晚清时吏治之恶劣，贪官污吏之众多，土豪劣绅之横行已到何等地步！而左宗棠整肃吏治之目的，清晰明了：为确保地方平安，一也；为穷苦百姓伸张，二也；为廉干之吏呐喊，三也。从陕甘到新疆，左宗棠不以收复新疆愁，左公心中自有军事韬略；然吏治荒废，遍及陕甘，新疆建省之前无吏可治，一直在军政治下，实为左公忧心焦虑也！在他看来一村一乡一地一省，吏治之好坏，直接影响到地方的风气、安危。

“吏治危，则地方危；地方危，则国家危！”吏治何以危？吏官之恶劣也。有贪者，有污者，有和地方恶霸称兄道弟，而盘剥鱼肉穷苦百姓者，能靠这些人为子民办事吗？能靠这些人求行政公平吗？能靠这些人保家国安宁吗？当然靠不得，但大清气数将尽时，腐败横行，土崩木坏，凭左宗棠、少数清流之力，何能弃恶扬善？何能弃浊扬清？何能拯救黎民？何能扭转乾坤？左公不是没有想过："大约只有最后一条路——鞠躬尽瘁死而后已了！"

左宗棠力主对危害一方人民的劣吏，决不能手软，必得以法治之，此为刚也；但吏治、察吏之举引起重视之后，左公的吏治之法，也发人深省："今日道府以至督抚，均言察吏，而不知察吏之外，尚有训吏、恤吏两端，训之使不至为恶，恤之使可以为善"，(《左宗棠全集·书牍》) 此为柔也。左宗棠性格中的刚柔兼备，"刚"的一面如严惩恶吏、恶霸，"重法绳之""峻利猛剂"甚或"立毙杖下"，很容易让人看见，其柔的一面，则少为人知。

"欲知民事，必先亲民，欲知吏事，亦须亲吏。今人但言察吏而不知训吏，但言课吏而不知亲吏，故贤否混淆，而属吏亦无所观感。所谓亲者，不在勤接见，通声气，要有一副勤恳心肠，与之贯注。见善则奖，见过则规。宽其不逮，体其艰苦，则中材自奋者必多，而吏治有蒸蒸日上之意。各属壅蔽悉去，彼此诚意交孚，何为不成，何事不办，百姓有不被其泽者哉！"(《左宗棠全集·批札》)

左公把整顿吏治这一关系到国家命运、生民利益、政权稳固的大事，细化了，细化到刚柔并举。既是整顿，且吏治败坏的大背景下，对于恶吏，不能没有惩罚，且是严加惩罚；恶吏的一个特点是，必与当地豪横联手，豪横亦在严办之列，此为整顿吏治之第一手段；同时左公又把吏治之整顿的另一方面，分为“察吏”——观察吏官之作为也；“训吏”——对吏官日常之督促教训也；“恤吏”——知吏官之不易而恤之也；“课吏”——及时纠正吏官之不当也；“亲吏”——亲近属下基层之吏官也。这五项归纳起来，“训吏”可以包括“课吏”，“恤吏”可以包括“亲吏”。所以不妨把“察吏”“训吏”和“恤吏”，作为文襄公吏治学的范围。(《左文襄公在西北》)

左宗棠又是怎么去实行的呢？先说“察吏”，察者观察也，言谈举止，待人接物中，会流露出诸多细节：知书识礼否？能分尊卑否？体恤民情否？温文尔雅否？等等。左公称：“或因公接见，询以吏治得失；或接阅禀详，考其政绩设施。”还有派员私访密查，倾听士民评说，左公对一地舆情极为重视：“民之声也”！左公“察吏”，有两条教训：

其一，“州县最须得人，朴勤者为上，安静者为中，沾染近时习气者不可留也。”

其二，“官无论大小，总要有爱民之心，总要以民事为急，随时随处，切实体贴，所欲与聚，所恶勿施。久久官民浃洽，如家人父子一般，斯循良之选矣。勤理案牍，操守端谨者，次之。专讲应酬，不干正事，沾染官场习气者，为下。其因循粉饰，痿痹不仁，甚或倚任丁役，专营私利者，则断不可姑容也！”(《左宗棠全集·批札》)

左公对于属吏禀报，一一详读，亲加批答，答中有训。如批答《临潼伊令允桢禀接印视事情形由》——新官上任也——左宗棠循循善诱道：

“做官要认真，遇事耐烦体察，久之无不晓之事，无不通之情。一片心肠，都在百姓身上，如慈母抚幼子，寒暖饥饱，不待幼子啼笑，般般都在慈母心中，有时自己寒暖饥饱，翻不觉得，如此用心，可谓真心矣。有一等人，其平日做人好，居心好，一旦做官便不见好，甚或信任官亲、幕友、门丁、差役；不但人说不好，即自己亦觉得做得不好。旁人谓其无才，上司亦惜其无才，实则非仅无才，还是不认真耳！如果认真，则保赤之道，心诚求之，天下无不知爱之慈母，故不能无爱子之慈母也。今以百姓之事，交付官亲、幕友、门丁、差役，若辈本非官，官既非真，心安得真耶？《诗》曰：‘弗躬弗亲，庶民弗信。’当引为大戒！因来禀虽是到任例禀，而其中有‘东国迂儒’及‘自愧疏庸、艰膺繁巨’等语，预以无才自命，觉其用心非真也，姑书此箴之。”（同上）

伊允桢诚惶诚恐的到任例禀，无才自命，语多谦卑，反让左宗棠觉其“用心非真”，而以长篇批札训之、导之，可谓用心良苦！亦可见“认真”与否，在左宗棠的吏治思想中，位置与“廉干”难分上下。所谓认真，一是要为地方办事认真，例如修桥补路，救济穷困等，二是对庶民之爱要真心，“一片心肠，都在百姓身上”——封建旧官僚也，怎么能说得出这种话？不知伊允桢读后感想如何？

《批札阶州州判刘立城禀报地方状况》云：官莫嫌小，由小可以至大。地方莫嫌瘠苦，唯瘠苦益足显其措施。民莫嫌刁顽，唯刁顽正赖官为训导。昔王文成（文成为谥号，即王阳明也。笔者注）曾为龙场驿丞，卒为有明一代名臣，良由动心忍性，增益其所不能，故后来之成就大也。白马关虽陋，较龙场驿为胜。该倅果能实心实力，为民谋生全，为民广教化，安见瘠苦不可致富厚？刁顽不可迁善良哉？……该倅自知“忠信笃敬”生平所短，即宜切实体认此四字，念念不忘，自有进境。盖做事不可荒唐，语言不可荒唐，而念虑尤不可荒唐。心能主一无适，自然罄无不宜。该倅前在保甲局办事，便想做官，莅任不过数月，又想回省听差，希冀寸阶，此是志不专一，便是念虑荒唐也，能弗返己自省哉！（同上）

这是左宗棠训吏、课吏的典范：说理在先，举例随之，随后训之。左宗棠与别的批札不同的是，谈到了王阳明、心术，与“念虑”及“荒唐”，一念之间，一虑之下，有思百虑，有天壤之别。惜乎人间多少荒唐事，十之八九，乃为官员所为。左宗棠一篇批札，是满满的学问，满满的人民至上，是满满的吏治典范！

左公对下级官吏“兴教劝学”，也是别开生面的，左公说：“区区于戎马倥偬之余，教稼劝学，姑启其端。以俟后之君子已耳。”

左宗棠将清初名臣汪辉祖的《佐治药言》、陈宏谋的《在官法戒录》分别重印，分发给官吏，“俾其知所敬畏。”左宗棠引古人“一时教人以口，百世教人以书”语，以为“有怀匡济者必取诸

此”。(左宗棠《翁藩司同爵禀呈〈四种遗规〉等书由》)

于同治十一年(1872年)在兰州编选了陈氏的施政文书、汪氏的《学治臆说》,及清朝专论吏治的十八篇文章,成《学治要言》书:“颁诸寅僚”“冀同志诸君子玩索是编而有得焉”“因公接晤时,当即是编相与考订往复,以求一是”。左公并强调:“学优而仕,往训攸章,未有不学而临民者。近世士夫竞习帖括,尚词章记诵,而经术早荒;骛利禄功名,而儒修罕觏。甲科之选已不古若,军兴捐例频开,保叙辈出,宦途日益猥杂。求仕风之进于古不已难哉?”(《札甘藩司发〈学治要言〉》)左宗棠试图提升官吏的文化修养,以《学治要言》为训导,为地方官吏之必读、慎记,而后行之有效:“官必爱民,乃为尽职。”(陈宏谋《申饬官箴檄》,见《学治要言》)

“地方官职在牧民,民之事即己之事也。一举一动,皆须从民生起见。”(同上)

“当官三字:曰清,曰慎,曰勤。”(同上)

“善气所召,休祥应之,造福于民者,己必兴焉!”(《左宗棠全集·札件》)

左宗棠“训吏”极严,“察吏”细微,而“恤吏”中,多有宽容,体量,对下属的亲爱精诚。当甘凉道与甘州府有不和时,左公对甘州知府龙锡庆的批札称:

“该署守洁己爱民,早所深悉。当此时局艰难,非虚心观理、实心任事不可。于行己、事上、养民、使民，一切尤宜细心斟酌，务期措置咸宜，方为尽善。黄署道（即甘凉道员，名庆章。笔者注）于事理或体察未周，或用人欠酌，尽可随时据实婉商，和悦而诤，自可转圜。若婞直自将，无论于使民之义，养民之惠多有窒碍，即以该署守行己、事上言之，亦有未尽，可深思之。"（《左文襄公全集·批札》）

左公这一批札，显然是据甘州知府状告甘凉道员而写。先是肯定并赞扬了甘州知府"守洁爱民，早所深悉"，但甘凉道员显非劣吏贪官之类，左公便用劝和一法，用了"据实婉商，和悦而诤"语，不致地方官员上下失和，殃及无辜百姓。

批札给巴燕戎格抚番厅（今青海省海东市化隆回族自治县巴燕镇，原隶甘肃，笔者注），通判龙昆道："该署倅在任，苦心孤诣，诸所设施，条理秩然，已有成效。本大臣爵阁部堂慰惬过望。拟列荐剡，以示优良。览禀颇不免意外吹求之虑，此却不然。巴燕戎格苦瘠难治，他人必不觊觎及之。且帮办杨前抚院好善为怀，于该署倅素深许可，岂浮言所能摇撼？此固无庸过虑者。身入仕途，即宜立定主意，毁誉听之人，升沉付之命，唯做一日官尽一日心，庶不负己，以负斯民也。"（同上）

绥德州知州成定康（字涤泉，湖南宁乡人）负疾行政，为官清廉，左宗棠批札道：

"该守积劳成疾，实深挂念。血性男子遇事不肯放过，不肯随人，固是本色。然当百忙之中，亦须稍存暇豫之意，庶心神和适，不致竭蹶。古人云：‘爱其身，以有待也。’又云：‘能事不受人迫促。’乃为入粗入细经纶好手。愿贤者百尺竿头，再加进步！”（同上）

左宗棠一生，以爱民、爱穷苦人著称。而这一对绥德知州的批札，关心疾苦，嘱其“稍存暇豫”“爱其身，以有待也”。并以“贤者”相称。却是爱意绵绵了。

左宗棠“察吏”“训吏”和“恤吏”的根本，可归结为一点：“唯做一日官尽一日心，庶不负己，以负斯民也。”

从历史资料研判，左宗棠在陕甘总督任上，对吏治的亲力亲为、着力督办，是当时清朝封疆大吏中，最为尽心的一个。而他的不二法门之一，便是：从我做起。

第二十四章

“吾之好恶一端，斯吏之趋向定矣！”

左宗棠有一段话，实可为后人思考：

吏治之振新，全在上司精神贯注。除贪鄙、吸烟（抽鸦片者，笔者注）及全无知觉运动之人，断不宜用外，余皆随材器使，亦可渐收转移之效。大抵中人之资，可与为善，可与为恶。吾之好恶一端，斯吏之趋向定矣。长沙一滑吏（奸猾之吏。李渔：“巧妇不敌痴男，清官难逃滑吏。”笔者注）曾语人云：“吾辈所工者，揣摩风气耳。使上司所尚者果是廉干一路，吾亦何乐而贪庸乎？”此言虽谐，却亦近理。(《左宗棠全集·书牍》)

左公痛恨滑吏，但这个长沙滑吏说出了一个道理，下级官吏必揣摩风气，揣摩上官。所谓上有所好，下必甚焉。上面是贪污的，下必更贪，乃至无官不贪；上面是讲排场的，下必有排场，形式主义铺排连绵；上面爱讲大话，下必更讲大话，社会被大话、假话、空话笼罩。

所以左宗棠在贪渎成风的晚清官场，独善其身，独树一帜，虽千万人吾往矣！孤独而清亮、如旷野呼告一般呐喊着“去贪尚廉”，并认为这是更新官场作风，改变吏治的首要。甘肃虽是穷困苦旱之地，但左宗棠督办陕甘、新疆前，清廷不放心汉人，高级官员一律用旗人，旗人入关以后，连马都不会骑了，为什么？荒淫无度，吃喝玩乐，旗人无骑矣！受此影响甘肃地更瘠人更穷，而官场流于奢侈，花团锦簇，弄虚作假，盘剥人民而不自知。左宗棠整顿吏治，官场作风开始变化。以自身为榜样，以身作则也。其“湘上老农”本色犹存，习惯自种园圃，自种粮食的农家生活。在陕甘总督衙门、肃州大营，自辟菜地，浇水松土，以此为乐。

有一个近乎“不近人情”的例子是：

“光绪五年文襄第四子一行五六人西来省视，文襄公给他们一个戒约：‘在督署住家，要照住家规模，不可沾染官场习气，少爷排场，一切简约为主。署中大厨房，只准改两灶，一煮饭，一熬菜。厨子一，打杂一，水火夫一，此外不宜多用人，尔宜三、八日作诗文不准在外应酬。’”（《左宗棠家书》）

左公用事实证明了“吾之好恶一端”——俭以为本，去贪尚廉。对爱子近乎严苛的要求，一时传遍西北官场。“当时甘肃第一循吏”（清正廉洁，所居民富，所去民思的地方官吏，笔者注）陶模曾写信告诉友人：“文襄公这般俭约的作风，确曾矫正了以往官场淫靡的风气。”（《左文襄公在西北》）

另有一件事使左宗棠大出意料：他还没有到陕甘总督任上，兰州那边已给左宗棠在五泉山清晖阁建了一个生祠。左宗棠闻讯，即令：改生祠“祀泉、雹两神”。西宁与甘州也要给左宗棠建生祠，左宗棠明言：“不喜歌功颂德。”而一概谢绝：“不许建！”左宗棠的“崇实黜华”，使陕甘、西北风气渐变，地方官员以做实事为荣，左宗棠驻节肃州，兵发新疆，发了一个通饬，是左宗棠打破官场陋规，倡导崇实无华，从我做起的一个典范：

“照得新疆军务未竣，本大臣爵阁部堂驻节肃州，启处不遑。所有关内外文武及营局各员，凡遇庆贺礼节，概应删除。即谓长属分义攸关，宜随时通候，以表谦恭之意，禀启将意，亦无不可，断不准擅离职守，来辕进谒，致旷职守。其有专差呈送礼物者，尤干例禁，已早饬文武摈弃不收。各文武印委均应勤思职业，毋得非分相干，自取咎戾，懔之！”（《左宗棠全集·咨札》）

左宗棠斩钉截铁地宣告：“庆贺礼节，概应删除”“不准擅离职守，来辕进谒”“专差呈送礼物者……摈弃不收”。一个地方最高长官，对庆贺应酬，专差送礼，所持的是这种态度，左宗棠以下，陕甘及新疆的军政官员，还有胆大妄为者吗？还有不为老百姓认真办事的吗？还有投机取巧，贪腐钻营的吗？还会有，此辈蛀虫很难灭绝，但大概不会成群结队、一时成为风气了。一声“懔之”，天地正气浩浩荡荡，左公榜样山高水远！

左公对“崇实黜华”的要求，还涉及汇报的内容、文字，对下属官吏毫不客气地训之斥之。有耀州（今陕西铜川市耀州区）知州王某奉禀致意，左宗棠批道：

“本爵大臣已行抵临潼矣！日接阅各属来禀，所陈地方利弊及贼情地势，无不随时批答。唯一切称颂贺候套禀，概置不览，且拉杂烧之！该署牧初权耀州，地方事宜岂无应行禀白者？乃仅以书启套话上渎，徒烦省览，何耶？原禀掷还。”（《左宗棠全集·批札》）

不说民间实事，尽以套话相贺，拍马屁者也，左宗棠毫不客气：“原禀掷还！”试问：如此之后，马屁精能不收敛吗？

再举例批札如下：金积堡战后，宁夏知府李藻到任禀谢，用的是骈语，左宗棠批道：“谢禀用骈语，殊可不必。此即所谓官气懒残，所谓为他人拾涕者也，于实事无益。”

左宗棠移驻肃州后，嘱哈密副将魏忠义禀报哈密情形，左公批道：“该副将在边有年，风土人情，自己熟悉。应将确实情形详细禀知，毋得照绿营恶习，摭拾浮词具禀。凡有禀牍，尽可据实陈奏，如写家信，不必装点隐饰。”

批甘肃按察史蒋凝学：“所亟欲闻者，甘肃近事耳。兵事、饷事、贼势、军情，可逐一详陈之。陇之既危，天下共晓，然亦岂无办法？该司署在兰垣有年，见闻多矣，当有以告我。另简寥寥数语，似有欲吐仍茹之势，其或有不得于中者耶？详陈事理之当然，于人物臧否则略之可也。度陇伊迩，本所闻见，无隐乎尔。”

刘锦棠率军已平定新疆南路，“原禀为陈述办理善后情事”。

(《左文襄公在西北》)刘锦棠，左公之爱将也。他仍然直白指出：来禀“不免疏略”，“视事太轻”，为此而“不能不鳃鳃过虑”，并告以宁静致远等语，新疆事任重道远也！给刘锦棠结结实实上了一课，也可知左宗棠对属下检校文书之精详，并要求务实，杜绝空虚。给刘锦棠的批札原文为：

“细阅所禀各情，虽条理秩如，不免疏略。而词意之间，时露视事太轻之态。虽系捉刀人代拟，本大臣爵阁部堂不能不鳃鳃过虑也。武侯不云乎：‘宁静以致远。’圣人云：‘凡事预则立。’切宜三思，并告知幕下诸君子。”(《左宗棠全集·批札》)

左宗棠慷慨对人，却严于律己，公私分明，自己从不收礼。“胡雪岩从上海远道送给文襄公的礼物，文襄公只领了一些食品，还回报了一些自己出钱买的甘肃土产。却把金座珊瑚顶一架和大参两件完璧归赵。他一生享用不敢过厚，素性铿铿，万不能领受。这不但是崇实黜华，也是去贪尚廉。”

有亲随问左宗棠：“光墉远在上海，深情被拒不会生气吗？”

左公道：“雪岩知我。”

左宗棠老家有一看门的，名何三，为人忠恳老实，晚景凄凉。“文襄公夫人曾说，要给他一名勇价。”（兵勇之饷，笔者注）左宗棠起先也答应过后觉得勇粮不可给家人，就没有办。

左宗棠夫人周诒端“殁于同治九年（1870年）二月初二日，春秋五十有九”。（左宗棠为夫人亲题《墓志铭》语）铭文中有：

“夫人率家省余福州，相见呜咽久之，诚不意有聚晤之一日。

无何，西事急，余奉督陕甘之命，总师西发，行至夏口，适夫人挈家累返长沙航海东来，复得一晤。余登舟饯别，慨后会之难期，夫人亦凄然相对，勉以吉语慰藉，而孰知此别即终古也！”又曰：“呜呼！妇人适人，由穷苦而充裕，患难而安荣，虽贤知鲜不移其志。若夫人黾勉同心，初终一致，已非寻常所能，矧其心之所存尚有进于此者！衰老余年，不遑启处，失兹良助，内顾堪虞，而谓能已于悲乎？”又曰：“余方督师剿逆回，驻节平凉，军中不可持私服，长沙赴至，乃书此塞余悲。饬威、宽卜壤湘阴东数十里玉池山外营母葬，虚左穴以待我。志夫人墓，亦所以自志也。”

铭曰：

珍禽双飞失其俪，

绕树悲鸣凄以厉。

人不如鸟翔空际，

侧身南望徒侘傺

……

能看见左宗棠性格的另一面：至爱夫人，儿女情长！这重要的关乎左宗棠情感世界的方面，写左宗棠的书中没有被突显，却不只是因为书写者的忽略，还因为左宗棠累年转战，浙江而福建而陕甘而新疆而两江，戎马倥偬，虽过家门而不得入也！周夫人辞世后，左宗棠谨守诺言，自己给了何三二百二十两六钱银子，算是四年的勇价费，也对夫人所托有了交代（从左宗棠薪俸中支出，笔者注）。家属探访的差旅费，左宗棠必自己给付。“文襄公眷属到福州省城，崇安知县用过招待费二百三十多两，后文襄公西征路过崇安，当面偿还了知县。文襄公二儿子、三儿子到肃州后回家，文襄公先给他们盘缠一百两，说明过兰州由支应处拨一百两，过西安由粮台再拨一百两，都在文襄公本人廉俸内开支，沿路只教防营就便照护，地方州县概不打招呼。”(《左文襄公在西北》)

有同族、同乡求左宗棠给一份差事的，“左公一律打发回去，对于草鞋赤脚的，按八两和六两两等，对于穿靴戴顶的，按十六两和十二两两等，分别贴补川资。这笔数目很是可观，光是在肃州，分五批遣送，花银四千两。文襄公自认受累不浅，然文襄公不愿以累国家。”(同上)

左宗棠自咸丰十年(1860年)，受命于危难，出山督师，而陕甘，而新疆，戎马西北大漠荒野，没有回过家。左公在西北期间，他的第四个女婿和女儿，周夫人，二女儿，侄儿和大哥，大儿子和大媳妇先后亡故。左宗棠把自己关在屋内，不许幕僚进入，涕泪横流，呜咽寄悼：“骨肉亲人，生离死别，不能亲至，老夫之过也！奈乎驰驱边关，人在沙场！”

左宗棠岂止是公私分明？他的账房先生曾抱怨：“本应由公家支付的，如家属探亲，遣送乡人等，左公全都自掏腰包了。”也曾为此提醒过他：“你的廉俸所剩无几了。”左公叹息：“比那些有了上顿没有下顿的穷人，我不是富翁吗？”“惭愧！惭愧！”有清以来，如左宗棠一般公私分明，廉洁奉公的官员能有几许？左宗棠的这些看似细微末节的“小事”，其实是为官者的大事，它与品格相关，它与吏治相关，它与政风相关，它与社会舆情及民心是否安定相关，它与一个国家、一个民族能否振兴相关。评价左宗棠，收复新疆是第一等大功，而勤政廉洁、爱民恤民则是第二等功迹。左宗棠是一个可以多视角、多侧面地审视的，且愈审视愈觉有味的一个历史人物，审视得越细微，越见其丰满、伟大、栩栩如生的一个人物。

当年纂辑《左文襄公全集》的规定：“必须是文襄公自己的写作，方得编录。”读左公的《批札》《书牍》等文，短小精悍而畅快淋漓。即便没有纂辑者的规约，也显见是左宗棠亲手之作。总督府中有多少刀笔吏？又有多少督抚的批文，是由他人捉刀代笔的？左宗棠说过：“吏治之振兴，全在上司精神贯注。”其表现之一，就是精神贯注地检校文书，一点也不放松。左宗棠认真研读僚属的禀告，再亲自批答。无一语虚浮应酬，而是开笔即入正题。是即是，非即非，褒奖的，批评的，一无遮掩。且指出谬误处，改正之道。

左宗棠不可能在大西北一个县一个州的亲自巡察，也不须个个召见，批札、书牍便成为一种上下沟通，了解地方社会的工具。以左宗棠的才学聪慧之过人，对下级禀示之辨析、禀告者之心思、文路，均为心中有数。而下属在左公的批札中，也渐渐由陌生而熟悉——其意志、趋向、崇尚廉洁干练以及对民生的极度重视等，僚属知其可为与不可为也。此非“吾之好恶一端，斯吏之趋向定矣”乎？

左宗棠好读书，经世致用，地理外，对历史书亦重视：“可以为镜也！”而明代距清咫尺，其兴，其败，其帝、其臣，左公尤为明晰。左公认为晚明政风荒废，吏治颓秃的扭转者是张居正。他的策略之一，就是亲阅亲批亲手写作的书牍。读《张文忠公全集》（即张居正的著作，笔者注）中的批札书牍，“或指示方略”“或纠正谬误”“或披陈怀抱”“或温词鼓励”“或厉声训饬”……上下呼吸，息息相通，政风自在无形中改观。（《左文襄公在西北》）对左公青年时代，影响深远，交谊匪浅的胡林翼在湖北巡抚任上，采取张居正之法，收获了“整饬吏治和整作政风之效”。（同上）曾国藩也以此法，收获颇丰。胡林翼、曾国藩之后，就整肃吏治，亲为批札而言，大有乃至远超张居正气象的便是左宗棠了。

左公曾批示一知府称：“每阅该署守禀牍，词意多不畅达，而一禀之内，杂引各端，文繁义寡，不成章片，于省览批答，均有不便，嗣宜改之。”（《左宗棠全集·批札》）

左公这种认真的作风，与当时官场流行的空洞无物的“已读”“即此办理”“碍难照准”等废话，判若云泥矣！

第二十五章

左公水

左宗棠在西北，除了打仗、吏治、稳定社会秩序外，他的主要精力都放到了百姓民生上，急农人所急。西北农人最急的是什么？干旱，缺水。左公常以《道德经》教育部下：

“上善若水，水善利万物而不争，处众人之所恶，故几于道。居善地，心善渊，与善仁，言善信，正善治，事善能，动善时。夫唯不争，故无尤。”左公说：“老子的话不能也无需都明白，因其深奥也。但就上面这段话，你要能明白水的重要就可以了。一是‘上善若水’，上则天也，天之庇荫万物众生之善，乃为大善，与水仿佛，水之善，大也哉！二是‘水善利万物而不争’，什么庄稼离得开水？但从来不争功，无言，大江大河有涛声，此自激之声也，或曰歌吟。水的作用与品德，全在此也。”左公又说：“水利所以养民，先务之急，此为最切。”（《左文襄公全集·批札》）其重要性，可以和当时为防卫乡间一方平安而“劝办堡寨”相提并论。

左公对部下说，中国水利史是中国文明史的一个部分，“相其阴阳，观其流泉”，《诗经·豳风·公刘》也，可证早在西周之西北，已发明灌溉制度。司马迁生逢黄河泛滥，跟着汉武帝背柴草、竹子堵决口，汉武帝有《瓠子之歌》，司马迁作《河渠书》，黄河水患需得汉武帝亲临指挥，可见兹事体之大。

左宗棠为陕甘总督时，对于水利和土地价值别有一番高论：

“西北素缺雨泽荫溉，禾稼蔬棉专赖渠水。地亩价值高下，在水分之多少。水足则地价贵，水绌则地价贱。治西北者，宜先水利，兴水利者，宜先沟洫，不易之理。修浚沟洫，宜分次第，先干而后支，先总而后散。然后条理秩如，事不劳而利易见。”（《左宗棠全集·书牍》）

在左宗棠心目中，平定民族纠纷是一时的有阶段性的，而让西北大地、西北各族人民能耕种、得五谷、有饭吃，才是头等大事。因而有“治西北者，宜先水利”语。岂止西北？治水即治国也，左公每到一地，水为先也。而左公面对的西北的泾水，却是一条令人生出复杂感情的河。史书有名的郑、白二渠，是引泾水溉田，造福民众的最早的水利工程。但泾水又不时泛滥，沿岸农人莫之奈何。同治七年（1868年），左宗棠的助手、帮办刘典，在郑、白渠处，重修龙洞渠一千八百丈，渠堰和石渠五十七丈二尺。利民渠是明成化末年引泾水的一条灌渠，可溉田三百余亩外，农人还用此水运磨，所以又叫做“头道磨沟”。但左宗棠不满足，水患未消除也。

左宗棠驻节平凉一年有余，常观察泾河形势，翻查其历史，派员到上游考察。

左宗棠的理想是：

“筑坝引渠，可复郑、白之旧。然弟意颇欲于上源着手，为关陇创此永利，未审能否？平凉西北数十里，为泾水发源处，南数十里为汭水发源处，至泾州合流，水势渐壮。若开渠灌田可得腴壤数百万顷。节节作闸蓄水，并可通小筏。吾乡湘、资之水，均可于源头通舟楫。醴陵渌水，小筏可至插岭关下。平凉郭外泾流大可用，若浚导得宜，何以异乎？”（《左文襄公全集·书牍》）

光绪三年（1877年），西北大旱，左公图以工代赈的办法开泾河，嘱平庆泾固化道道员魏光焘办理，并嘱曰：“泾水自郑、白渠后，屡经修筑，旋复就下，不得其利，反受其害。弟颇谓前人修渠，均慕郑、白故迹，但拟治其委而置来源于不问。以泾流之悍激性成，自高趋下，宜非人力所能施。盖来源既长，收合众流，水势愈大，但于其委治之，断难望其俯受约束。若从其发源之瓦亭、平凉、白水、泾州一带，节节作坝蓄水，横开沟洫，引水灌平畴，则平凉、白水、泾州一带，原地皆成沃壤。而泾之正流受水既少，自可因而用之。泾州以下，再能节节导引溉地，则聚之为患者，散之即足为利，而原田变为水地，泾阳南乡可无潦灾。”（同上）

治泾河要治到上源去，这是一种非凡之想。但上源水势湍急，泾流“悍激性成”——悍猛激烈之谓也，且“自高趋下，宜非人力所能”。这里要说到左宗棠的另一个优点，他绝不抱残守缺，他对新技术、新思想的敏感和接受能力，超过常人。当左公听说外国有挖河机器，先是交福建船政局探询，又委托上海采办转运局委员胡雪岩去访求。胡雪岩在德国购得一套，另外雇请了德国技师。“光绪六年秋，到达泾源工地……先开一条长二百里的正渠。”（《左文襄公在西北》）

左宗棠亲往视察，“指示新渠应再展宽，并加开数渠，以资容纳。上流宽缓，下游就可没有急溜，实为两利之道。”德人福克告诉左宗棠：“渠底多系坚石，人力施工困难，德国还有一种开石机器，如能买得，工程更可迅速。”文襄公很以为然，随命胡雪岩去添办。（同上）

光绪七年（1881年）四月，天降大雨，泾源暴涨，冲垮渠工。有同僚主张停工，以节劳力费用。左宗棠不许，他说：“西北水性悍浊，不但泾川，平凉受患之烈，较他处为最甚者，由于干流狭急，无支渠宣泄，以杀其势。故遇涨发，则泛滥无涯涘。积潦难消，足以害稼。前议速开支渠，治其上源者，以此。何图肇兴工作，猝遇此灾，致从前已成干渠，一并湮塞，益见支渠开浚之工不可缓也。福克所说，大约谓泾源纷杂，治之劳而见利少，主利之赢缩而言。若从养民之义设想，则多开支渠，以资宣泄，实事之不可缓者。”（《左宗棠全集·书牍》）

事关农田水利河道支渠庄稼收成，左宗棠养民，为民，爱民之心，不仅嘴上说，贴在告示上，而且处处落实在具体工程上。我们或可说：左宗棠不仅是一个伟大的军事家，而且还是个一心为西北各族农民着想的农田水利专家。

陕甘总督任上，宁夏河渠是左宗棠关注的又一个点，天下黄河富宁夏，为什么？端赖水利也！宁夏的渠道，是宁夏农人的衣食之道。宁夏的渠清澈而绵长，流淌着历史，流淌着先人恩赐的福泽。秦渠创建于秦，汉有二渠，汉伯、汉延是也。左宗棠经过统计、调查得出的结论是：宁夏的渠道实为一个系统工程。它拥有“干渠二十多道，支渠一百四十多道，灌田八十多万亩，真是洋洋乎大观”。(《左文襄公在西北》)

但经过十年战乱，破坏很多，战乱双方都曾利用决堤，水淹对方，各渠道已损毁至面目全非。左宗棠在收复金积堡后，即开始修复宁夏各渠。“光绪元年（1875年），文襄公拨银一万两，兴办宁夏垦务，又以半数整治境内渠道。”（同上）

河州（今临夏）平定后，左宗棠默默绕城墙而行，多有感慨：

河州古城也。相传是大禹治水之地，“导河自积石，至龙门，入于沧海”。“维雍州之西陲，壮矣哉，得地势之形胜！”左宗棠自言自语的，正是《河湟赋》佳句。

提振水利，农人可以溉荒田，可以有五谷杂粮，可以有饭吃。这对战乱之后，荒田满目，废溪横陈的甘肃、宁夏等地，尤其是农村，实在是头等大事。左宗棠命王德榜率军驻扎狄道和安定一带。王德榜不仅能打仗，还好挖河浚水，所用的办法比较出乎常人的想象。他先前就“提出过炸去洮河九岭峡以便向岷州运粮。现在他又想引抹邦河水来灌田”。抹邦河源出莲华山，流经抹邦山下，因名。(《读史方舆纪要》)抹邦河又有西漫坝河、小南川之名。抹邦河在狄道岚关坪之上，坪下，洮河在望，水流滚滚。坪上有一个山头，高三十五六丈，山坡长四百二十丈。王德榜反复勘察后，拟把这一段四百二十丈的山坡挖低二十五丈，开成明渠。估计人工五六十万，每天抽调一半的勇丁二千五百名施工，大概六七个月完成。工程告竣，明河落成，可灌田数十万垧——每垧二亩半地。王德榜向左宗棠禀报后，这个从来不怕艰巨，并且敢于知其不可为而为之的大帅，有点惊讶，说：“再议。”王德榜一而再再而三地找左宗棠，细说其计划，表示成功把握在十之八九。这十之八九倒是让左宗棠欣赏——凡事留有余地，不要太满。

“最后得到文襄公的允许和援助。”(《左文襄公在西北》)

王德榜率勇丁开山劈石，施以火药，半年奋战居然啃下了硬骨头，向左宗棠报喜。左宗棠即命巩昌府知府前往验收，明渠载抹邦河水，源源流向农田，左宗棠大悦。

巩昌知府呈文襄公验收报告，细致而恰当地描述了这一伟大工程：

“知府于七月初四日起程，初六日抵狄道州城。次日会同王藩司德榜、狄道州知府喻光容等携带丈尺，驰往距狄道城南三十里岚关坪地方，从迤东之陈家嘴行水旧道勘起。勘得此股渠水，旧由陈家嘴分出之岚关坪山腰穿洞入渠。据该处民人称：道光年间，山洞崩塞，是以水不归渠。此次王藩司于抹邦河上流，筑坝一道，阻住来水另开新渠，引水灌溉田亩。坝高三丈有余，宽二十丈，俾河水鼓起入渠。引至岚关坪山脚，复凿平山石，高七丈有奇，长四百余丈，中开石渠一道，面宽三丈，深八九尺不等。水由石渠绕入土渠。并于狄城南川一带，开挖支渠十一道。川北一带开挖支渠七道。所有南北两川民田，均可以资灌溉。其渠口之西，设有板闸一道，需水多少，则按闸板启放。坝右石山，又开便河一道，东西长三十八丈，深一丈八尺，宽十余丈，以备水旺时分泄水势，免致伤堤。坝之南，便河之北，就石坪上立庙一座，横联三楹。其沿山一带之土沟，碱水下注，均筑桥漕，架水过渠，由田间另辟水路，将碱水泄入洮河，不致有伤禾稼。洵为筹划尽善，办理得法。查由水入渠口，西行抵岚关坪高坎，计长七里；自高坎迤北至狄道州城，三十里；过州城迤北搭视渡，过东峪沟，以及八里、十里、十五里，直达清水渠。计自坝口至清水渠，统长六十余里，始由清水渠泻入洮河。卑府周视岚关山脚渠道及新开便河，均系石山开凿、地雷轰成，委非民工民力所能举办。且时值雨后，水势颇旺，渠内源源灌注，亦无泛滥之势。”（《甘宁青史略正编》二十四卷，转引自《左文襄公在西北》）

自此，王德榜便成了左宗棠麾下一个军中开河专家。左宗棠召集诸将领，表扬了巩昌知府及他写的验收报告："办事总要认真，德榜开山炸石修渠，有一点不认真，便有一处溃败处；知府写验收报告，有一处虚假处，便有一处祸害源！现在吃着民之饷，为百姓认真办事的少。听汇报，转一圈，然后酒肉伺候了事。这一份报告可读处则为翔实，无虚假，且文笔亦通畅。不仅今人要读，后之来者——为官者、到属地考察者，亦可一读也！"（同上）

同治十二年（1873年）八月，左宗棠赴肃州督师，进河西走廊。左公看见："自岔口、武胜、镇羌抵乌鞘岭，岭南水流经河口入大河，岭北之水会雪山水流经镇番入大河。计程七八百里，两水分流，漫布田野，地形竟可成井田，大似江南风景。惜乱后荒芜，村堡颓废，杳无人迹，负此乐岁腴区，良堪叹息！"（《左宗棠全集·书牍》）

兵燹以后，野田荒废，无人耕种也。凉州、甘州、肃州三地死亡者最多："川原之地耕种不过十之三四，旱地更无人过问。玉门和安西一带，孑遗之民力能自耕的，不过十之一二。敦煌人民存者不过十之三四，地亩荒废大半。"（同上）左宗棠用兵关外，剑指新疆，河西走廊将成为屯兵之地，大营所在。左宗棠使把整顿河西，安定民心，恢复耕种，放在了首位。拨给兵荒破坏最烈的安西、敦煌、玉门三州县赈银各两万两，寒衣各一万套。使百姓得以过冬，能续炊烟，不再流亡。同时拨款兴办兵屯、民屯，开修渠道。计张掖开渠七道，修复马子渠五十六里，灌田

六千八百亩。肃州就临水河治七大坝并以均差徭。抚彝厅开挖渠道用银一千七百七十五两有零。(《左文襄公在西北》)

新疆地，自张曜在哈密重修石城子旧渠成功，北疆、南疆相继收复后，左宗棠一方面整军备战，拟收复伊犁；一方面为人民福祉经济建设，左宗棠大力推行挖渠、修渠，《左文襄公在西北》记：哈密修渠道二,一在天山黑溪阪引水至东北之大泉；二在天山下拔木登引水，经大泉至黄萝岗东北小杨下，长六十余里，宽约八丈，深十丈余。

巴里坤兴修大泉东渠一道，在城东南三十五里，由导源南山雪水之东沟渠分枝，长二十里。古城子修官渠、民渠各一。乌鲁木齐修永丰、太平、工兴等渠。永丰东渠在城西南九十里，导源城南大西沟之西三道口，长三十里。支渠二：永丰中渠长三十里，永丰西渠长六十里。太平渠在城南六十里，导源大西渠之西二道口，长八十里。支渠二：太平二渠长五十里，太平三渠长三十里。又辟大地窝堡、小地窝堡与九家湾支渠三道。

玛纳斯修大顺渠一道。

吐鲁番官渠、民渠并举，挖坎儿井一百八十五处。

喀喇沙尔修官渠十道，辟上户新开渠一道，在城西一百八十里，导源哈蟒沟河，长三十里。

库车兴修阿柯寺塘、塞巴里柯两渠，横贯戈壁六十里。阿柯寺塘渠在城南六十五里，从导源渭干河之新托依堡渠分支，长十里。

库尔勒修官渠、民渠各一。

库尔楚，修河道四十里归渠。

至南路西四城水利，依向靠葱岭北河——喀什噶尔河及葱岭南河——叶尔羌河。时局混乱十年的结果，这时恰逢泛滥成灾。南河西岸，到北河南岸，皆成泽国。西征军与当地各族人民，分别堵筑挑浚，使河复故道；同时修复沿河各渠、添开支渠，以畅通泄。刘锦棠以巴尔楚克地当要冲，欲安户屯垦，苦乏水源。而玉带里克地居上游，水常有余，于是开凿大连、小连、萼拉合齐和老南四渠，共长一百六十里，灌喀喇尔巴什、巴尔楚克之田。龙口桥以上，英阿瓦提和牌素巴特（今伽师）各渠依次修竣。牌素巴特渠在喀什噶尔城东南九十里，导源乌兰乌苏河，长一百二十里。支渠为格密桑，长五里。英阿瓦提渠在牌素巴特庄西六十里导源推满河：支渠二，咯拉东渠长五里，小英阿瓦堤渠长六十里。

在左宗棠西征军的带领下，新疆水利大兴，军民屯垦事业随之茂盛。有田可垦，有水可浇，有粮可收。战乱十几年的新疆，开始呈现农人撒种，扶犁耕作，垦荒屯田，社会安定的生机。左宗棠谓："此十数年来未有之气象也！"

光绪三年（1877年）西北大旱，出现了一个掘井运动——以掘取地下水自救。左宗棠致信刘典：

"甘肃各州县，除滨河及高原各地方，向有河流泉水，足资灌润外，唯现在办赈之庆阳、宁州、正宁等处川地较多，尤易凿井。……劝有力之家，一律捐资开井，计富者出资，贫者出力，两得其益。"（《左宗棠全集·书牍》）

江流有声，渠道如带，水是有气息的，农人闻见此种气息，湿润而甘甜的气息，便是丰收的气息，便是馍馍的气息，便是生命的气息，便是子子孙孙的气息。左宗棠在战乱后更加贫瘠的西北黄土地上以治水为要务，西征军出钱出力，西北农人无不赞之曰：此仁义之师也！此积善之军也！此西北人民口口相传之左宗棠恩德之一也。

第二十六章

左公路

左公柳名闻古今。然植柳的前提是：有地可植，有路可行，左公柳应以左公道为先也。在西北，没有航行水道，一切行旅往返，军队调动，军需物资的运转，全靠马拉车驮。因而道路的修筑，关系着军事、民生的大局。左宗棠剑指新疆，收复失地，务求必胜，而粮草先行，是决战的准备，是决胜的前提，需做万全准备。那坑坑洼洼、时断时续、沙尘堆积、崎岖不平、一路皆坑的路，能让行者望而生畏，怎堪大任？筑路修路，便成了收复新疆军事行动的重要大事。

中国筑路之盛举，秦始皇为先驱者也。汉贾山《至言》说秦为驰道于天下，“道广五十步，三丈而树厚筑其外，隐以金椎，树以青松”。

历史记载说，秦始皇筑路是以咸阳为中心，作扇形向东南布局。

两千年后，左宗棠在西北筑路，规模之大及工程之艰难，远超当年，而其方向，恰与秦始皇背道而驰矣！左宗棠西征从潼关始，从东南运来的军火、军需和军饷，大部分由潼关转运。自此潼关便成了左宗棠筑路的始发地，由东而西，横贯陕甘，西征军进入决战之地新疆，左公路便继续往西，南路直到喀什，北路到新疆西部、天山北麓之交通要冲精河。

左宗棠筑路的第一需要，是为军事之用，大量调动部队，转运军需，尤其是必须先行的粮草；二是传递文报，上情下达，便于指挥。当时的路面约为三丈到十丈，最宽阔处有三十丈，至少可供两辆大车来往并行。为巩固路基，也为盛夏酷暑时行旅的荫蔽，路旁一律植树两行，随路宽阔也有四行的，潼关乃左公路，左公柳之肇始地也。西北筑路种树，绝不是一马平川，其难度之大，令人难以想象。一是过崇山峻岭，需凿石开路，而坡度、落差之大，往往有数百尺乃至数千尺；二是经山洪地带，泛滥成灾，泥浆顽石，一泻数十里。西征军凿石辟道、架桥、植树，一步一步地艰难前行。

有论家谓："凿通西域者，汉有张骞，清有左公！"此言不谬。

"左公路"其要者如下：

左宗棠先治潼关到西安省城路，并下令严加把控。但有一次"华州知州为雨后路面泥泞，大车不能通行，耽误了军火，还大受文襄公申饬。"其严厉程度，左宗棠直指战事成败："延误军情，新疆大局有碍，尔知何罪？”

左宗棠亲定编制的《楚军营制》，大至部队编制，粮草定额，军备采运，修路架桥，沿途种柳，小到屯兵时野外砍柴，与当地百姓公平买卖等，一一详为规定，使西征各军有所规范，务必遵照。

魏光焘所部武威军，长期驻扎在从平凉经六盘山到定西一带的陕甘大道，大道则名谓也，实乃嘉峪关内之路况最差、最难修筑的“行路难，难于上青天”之地。魏光焘率其部下开山裂石，开辟了自泾州至兰州的车马大道一千余里，确保西征军行路畅通，附近百姓无不称赞。

左宗棠在奏稿中称：

“平庆泾固各属驿路，固原北至平远以达惠安堡盐路，均已一律修治平坦。”并为魏光焘邀获朝廷嘉奖。三关口为古丝绸之路处陇东咽喉要道，频年失修，风吹沙打之下，山石横陈，行者无不叫苦，而路面无一处无塌陷，以致“乱石齿路，车骑弗前”。魏光焘称：“丝路古道，吾族荣光，其破碎若此，何能安心！”决定修复三关口，以古道为中枢，分别向东西两侧延伸二十多里。

时任陕甘学政的吴大澂视察平凉，为之感动！挥毫撰“八分书”碑文，为之赞：

“三关口为古金佛峡，山石荦确，杂以潢流，夏潦冬雪，行者苦之。坡南旧通小道，西出瓦亭驿，乱石齿路，车骑弗前。庆、泾、平、固观察使邵阳魏公，始以光绪元年二月开通此路，为道廿余里。凿隘就广，改高即平。部下总兵萧玉元，副将魏发沅、杨玉兴，参将邹冠群、彭桂馥、岳正南、罗吉亮、徐有礼等分督兴作。凡用功八千余人，役勇丁四万余工，炭铁畚锸，器用功费，縻白金千两有奇。是年五月讫功。行人蒙福，去就安稳。督学使者吴大澂采风过，美公仁惠，勒石纪事，以示来者。大清光绪元年三月榖旦立。”

略窥“八分书”之美，则必先知其来历。汉之前有隶书无“八分”。

“八分”最早见于蔡文姬《石宝书势》：“割程隶八分取二分，去李篆二分取八分，是为八分书。”程隶，即程邈所作之隶书也，取其二；李篆，即李斯所作之小篆也，取其八。“八分书”即为隶书二分，小篆八分结合而成的一种新的隶书体。清杨守敬有论：“按其字体，长短广狭，参差不齐，天然古秀，若石纹然，百代而下，无从摹拟，此之谓神品。”碑文作者吴大澂在学术与书法上，能书能画，擅长篆体，又好隶书，其“八分书”一时无两；他并参以古籀文书之，开中国书法之先例者也。宁夏固原博物馆所存的“三关口筑路碑”，是吴大澂先生唯一存世的“八分书”，而又与左宗棠部下魏光焘和他的兵勇一边开山辟道，一边种柳植槐相连接，可谓青史垂名，美美与共矣！

现存平凉市博物馆的《武威军各营频年种树碑记》，为后人再现了当年西北的社会、道路、民生惨状：

“西陲媾祸，陇东为烈，甚至道周树木，存者寥寥，满目荒凉，不堪回忆。”又：“制府左侯（即左宗棠也，笔者注）相檄各防军夹道杂柳，意为居民聚材，用庇行人，以复盛平景象而畅皇风也。”

从同治十二年（1873年）开始，武威军士卒在魏光焘率领下，历时六年，沿道路种植柳树不下二十万株，名其为“左公柳”——“左公柳”得名之始也——亦为栽树工程的开始时间。过了三关口，路边是泾河，一旦潮起，路成水面。便从蒿店到瓦亭，修石子路四十里。再植柳树，生气渐盈。陕甘大道从此成为内地通向新疆的、具有战略意义的真正的大道。

瓦亭过去，六盘山在望矣！六盘山古称陇阪，言其山高坡陡也。左宗棠下令在六盘山的上坡和下坡两面，筑行车路二十多里。左宗棠当年，西征军在寸步难行的六盘山上开山裂石，筑路种树，嶙峋为之惊也，此天兵下凡？块垒为之颤也，此何方神圣？

翻过六盘山，从翟家所到会宁城东，有民谣说“七十二道脚不干”，新筑车路四十三里。

从会宁到安定间的险阻路段，一概平整治理，这里是左宗棠西征军的一个关键点：由此到河西走廊，已不再遥远，但筑路艰难依旧：在平番县境烂泥湾，筑石子路一条，泾州境内修建大小木石桥九座，平凉筑木石桥二十九座，固原十座，会宁修砖石土木桥十九座，安定筑木石桥八座，金县三座，臯兰建木桥一。

会宁境内有三桥修建，左宗棠格外重视，由周绍谦与李良穆督建。一桥在青家驿东倒回沟，长十二丈，宽三丈，左公题名曰：“利济”；一桥在青家驿西尚家湾，长十六丈，宽二丈，左公题名曰：“履顺”。主事者立碑，左宗棠为其撰写了碑文。此碑已于光绪年间不知所往，唯其文字，幸有晚清诗人方希孟于光绪三十二年（1906年）往新疆途径会宁时记于《西征续录》，得以幸存部分：二十二日，四十五里至青家驿东。近驿十里有石桥二，左宗棠撰记刻石云：

“驿东七里许有水曰倒回沟，迤西三里许，有水曰尚家湾。记名提督周绍濂从余转战来甘，驻军于此。同治十一年春，督其营员李提督良穆于两处各创一桥，并筹垦荒田为永远修桥之费。桥成，为之赐名，倒回沟曰利济，尚家湾曰履顺。是年十一月立石。”

这是当前能见到的残缺的唯一碑文文字，共九十八字。其中“筹垦荒田，为永远修桥之费”，可见左宗棠西征军以民生为重的军民关系。路成桥成，道路两旁植杨柳，浇水维护，树活，小树茁壮，军民共叹。

左宗棠檄令：“屯垦军，一边屯垦，一边修路，一边架桥，一边种树；西征军，一边行军，一边修路，一边架桥，一边植柳。”

西征军所经之处，不仅有路，还有桥梁，还有槐柳。一株株新柳，象征着一点点生机，一点点尚未成木，假以时日，可以成荫的希望，人们得以度日，社会得以安宁的明天。还有一桥在会宁县城东南数十里高山峡谷中，左宗棠名曰："平政"，是魏光焘部下郑连拔修。

左宗棠撰写《平政桥碑记》：

逾陇而西，道出会宁，由县东张陈堡至古城翟家所，为车道所经。山冈逶迤，中唯坡堑，车行必于两山之峡。水从东来，入于峡中，左旋右薄，一里数曲。前车蓦坡，后车涉涧，盘折迂回，七十二曲，陟者为涂，降则为川。每夏秋山水骤发，泛溢汹涌，遇其冲激，摧折立致，叫号神明，末由挽救。冬春冰凌欲解，轮蹄滑汰，寸进尺退。一日之间数见倾陷，行者苦之。邵阳魏君光焘备兵平庆泾固，巡视斯道，良用恻然，请于余，率所部屯军循山凿石，梼去廉利，填塞洼坎，起翟家所，讫张陈堡，于旧路北别开新路二十余里。又于董家堡、白家沟、古城子沟野水通川处，建大桥三，黑耶沟建小桥一。尽岁俸所入以充用，率所部将士千数百人就工作，昼夜罔间。经始今年闰月，凡五阅月而功成。余闻而嘉之，命其桥曰"平政"，并为之记。客有谓余曰：孟子平政之说，就役民言也。会宁之治道建桥，所役者军，公以此义当之，有说乎？余曰：惟其时耳！凡厥庶民修桥治道，力役有证，农隙为之，其常经也。若夫役不可已而民力不足举之，商旅俱病，又适当征调络绎，军书旁午，驿传攸经，而乃脱幅没踝，灾及行役，将若之何？会宁乱后，遗黎仅存，魏君慨民力之艰，不得已以屯军代役之，其恤民也。役师人之力修桥治道，师人欣然，如营其私，事以速蒇，军不知劳，其兵民之杂处相安抑可知矣。桥修道治，会宁休息有年，丁男蕃衍，足任斯役。异时缮其坍圮，补其缺坏，有不待催呼而自亟者，追维始事之功，不益晓然平政之义矣哉！襄是役者：总兵郑君连拔，副将杨君玉兴，副将武君万才，参将邓君高魁，例得并书。左宗棠光绪二年十月记。

沿路设备，相传五里一小墩，十里一大墩。

冯焌光（字竹儒，广东南海人）光绪三年（1877年）的《西行日记》云："自长武西三十里交甘肃界，直抵兰垣，五里一卡，十里一哨，百里一营。"裴景福（字伯谦，安徽霍邱人）光绪三十一年（1905年）写《河海昆仑录》："自黄冲（平凉境内）以西，每十里，建兵房三间，旗杆台一，土墩五，标明里地。"

这些稀少难得的文字中，都有左公西征的履痕、筑路的印迹在。历史的物质标记很快就会湮灭，但不会无影无踪，因为有那些片言只语的文字在。在这里，文字的魅力显现，且一反常态的不以华美或清丽取胜，它只需实录，真实胜过一切。

在甘肃东北，庆阳、泾州（今甘肃泾源）、平凉和固原，以及从固原往北，经平远到惠安堡的道路，重加平治，修旧如新。甘肃西南，狄道州（今甘肃临洮一带）西门外筑永宁桥，是河州与巩昌往来要津，又从"岚关坪到白林口"修筑道路一百六十里，木桥两座；从碾伯县（今青海乐都）的响镗到老鸦堡，筑路二百四十里；在大通县筑路三百多里；在丹噶尔厅（今青海湟源）筑东路石峡峡道十里和南路水峡峡道三十里。

左宗棠西征的道路修筑到了嘉峪关，嘉峪关之后，是河西走廊的最后一关玉门关。玉门关，多么美丽古老的名字，名犹在而关不见矣！何处玉门关？如烽燧一样堆积，如沙子一样静默，如废墟一样安静。这里是中国西部风化史的一部分，风化史的美妙在于：风化的过程小大由之，不论高矮，无坚不摧，不事声张而几无声息。它总是在静僻处、暗夜里进行，有谁见过悬崖跌落？有谁见过高山风化？或者听到过那些理应山呼海啸般的声音？没有，什么都没有。但它们会留下痕迹，沙堆与废墟。变关为沙即是变高大为细小，变雄伟为平常。如何变化的所有的细节，在千百年的岁月冲刷、风云聚散中，均已飘逝。当你站在它的面前时，你只能目睹，全神贯注的目睹，让目光深入，深入到地下，触摸古往，在沙子和砾石间游走。然后回想："秦时明月汉时关。"回想是美的，废墟是美的，它们在沉睡中。

西征军的脚步，从它们沉睡的梦的边缘经过，过星星峡，再西、再西。筑路变得越来越艰难，惨淡经营的成就有六：

其一，从哈密到巴里坤，须翻过三十二盘的天山之脊。统领嵩武军的张曜受左宗棠之命，担当起了在天山上堑山堙谷之责任。他开凿危石、减低坡度、立石贯木、装设护栏、回绕三十六盘，建成宽有一丈五尺的天山路。左公为之振奋，写《扶栏铭》：

天山三十有二般，

伐石贯木树扶栏。

谁其化险贻之安？

嵩武上将唯桓桓。

利有攸往万口欢，

恪靖铭石字龙蟠。

戒毋折损毋钻刓，

光绪二月六月刊。

其二，从哈密到吐鲁番，从瞭墩（位于三道岭向西约五十公里，亦称了墩，回名“阿尔特里克”，乾隆始建驿站）到七克腾木，有南北两道可走。南道是官路，路况要好一些。但须经过赫赫有名，让人闻名丧胆的三间房和十二间房。古籍所记“风灾鬼难之国”地也，不知哪个瞬间大风突起，风卷嶙峋，沙能飞而石能走。倘有过路人马，一律席卷而去，不知何往，尸骨难寻。俗称“风戈壁”，古名“黑风井”。北路经一碗泉、七角井和西盐池，虽是小路，却能躲开黑风之害。于是加宽道路，增添房屋，可以供给水草，并把南路台站搬至北路。

其三，达坂，达坂为回语，汉言峻岭是也。达坂为西征军战略要地，它是天山南北孔道，山陡路险，车尚折轮，驼常失足。（《左文襄公在西北》）左宗棠接获禀报后当即下令：“另凿新路一里，减少兵勇、农佚、驮马损失。”

其四，从托克逊到喀喇沙尔，要经过苏巴什山口，山经弯弯绕绕，时曲时折，有一百七十里长，这是南八城的咽喉地带，也是左宗棠的西征军必取之地。其中苏巴卡什驿南八十里到阿哈布隘口，此隘口即《唐书》所记之银山道，左宗棠言其地理形势谓：“两峰壁立，积石崚嶒，一径羊肠，下临无际，东驮经过，辄有意外之虞。”军队不能不止步，而“锤幽凿险，化而为夷。”（《左宗棠全集·奏稿》）

其五，喀喇沙尔清水河西碱滩，泥淖连绵达五六里，行旅中无论人、车、驮尽为陷没。西征军便日夜搬运石子泥土，填筑车路。

其六，古称布古尔的轮台东四五里地方，从北面山峡流下一道河，河上有一大桥，这里是从西面进入回疆的唯一通道，《汉书》所称“苇桥之险”地也。左宗棠要求：这里的道路必须修筑完善，植树庇荫，以备人马辎重，连绵通行。

上述为新疆北路筑路之要，而新疆南路已在刘锦棠的率领下，亦成绩斐然：“从玛喇尔巴什到爱吉特虎，筑路五百三十里，大小桥梁二十多座；从玉带里克到龙口桥，其间所有道路和桥梁整修一新；在七托克，筑桥二座；从喀什噶尔以南，筑路数百里，建桥三十多座。”其间榆柳争风，各展英姿。

筑路之重要，还与驿递密切相关。驿递者传递文书、情报也，若在战时，形若命脉，非同小可。所谓驿递有两种：分布全国各地的驿站，一也；另有军台、营塘合一，均为传递文报所用，是为驿递，二也。差别只是，驿站设于内地，归地方行政管理；军台和营塘限设西北，归军队管理。按当时规制，每三个军台，由一个笔帖式管理。各军台设外委一，识字兵一，按军台大小，配供差兵五名至十四名，供差夫（回民或蒙人）四名至九名，奔马十余匹至三十匹，牛十头，铁车三辆。营塘有兵而无弁，兵勇八至十人，有马，没有牛只、车辆。陕甘保有的驿站等机构相对完善一些，而新疆境内，十多年被叛匪占领，刀兵交错、拉锯之下，从星星峡而巴里坤而古城子而乌鲁木齐而精河，在被阿古柏侵占之前，原先驿站、军台和营塘一律被破坏，或者毁灭，“马匹化为虫沙”（秦翰才语）。左宗棠极重视文书往来，也就是我们今天说的信息交流，况且这些信息事关军事行动、军政沟通。

左宗棠“痛恨于陕西文报限行每天六百里的，只能实行一百里，从洛川到临潼大营飞禀，须十天，凉州和兰州省城间文报往来，要一个月之久”。(《左文襄公在西北》) 左公曾戏言：此“飞报”不飞而走也，不走而爬也！

按清制，清代的通信时限达到了中国历史上最快的速度，清之前，公文传递一个昼夜的快马最多跑四百里、五百里，而清朝的马最快可达一昼夜六百里至八百里。左宗棠与下属常举的例子是：康熙帝平定三藩时，从大西北到京师路程五千余里，六百里加急快马“飞报”，九天便可到达。康熙派施琅收复台湾，康熙急等前方信息，快马疾驰四千八百里，九天内送达京师。

清代史学家赵翼晚年回忆在军机处耳闻目睹乾隆帝为平定准噶尔之役宵衣旰食的情景时记道：边疆战事正酣，乾隆每夜都要等前线的军报，无论什么时候到，哪怕在夜间，必须叫醒他：“军情火急，岂容差池！”

若是前方一二天不来军报，乾隆就会坐立不安，来回踱步。从北京到准噶尔有万里之遥，加急飞报也需月余。乾隆朝盼夕盼，快马扬鞭奋蹄，路上烟尘斗乱，或者雨雪交加……左宗棠会沉浸在此种感觉与气氛中，将筑路同情报乃至沙场胜败相连接。因此他在修筑道路的同时，必派部队驻防，维护运输路线，在驿站重建尚未完成前，左宗棠先利用沿线防军：“命他们用马匹和伕子节节传递，分别叫做‘马拨’和‘步拨’，每隔一个月，酌给犒赏。”“每次制定出兵路线，同时规定文报传递线路，分设正线、辅线，某地不通，怎样绕递，都指示明白。大军出关收复北路，左宗棠命先头部队尽先恢复驿递设备。”（同上）左宗棠对于军情文报的重视，也在某种程度上加快了左公路的建设。

左公路引出的商业经济，是左宗棠也未曾想到的。随着时局安定，道路通畅，杨柳依依，驿马飞驰，应声而起的是各种可以用餐，可以住宿的小店小铺。左公之前，西行路上最无奈的是难有食宿，百里不见一处买卖，绝塞是也。军出玉门关，荒凉复荒凉。军队带有行帐、军粮，尚可应对。然车马牵伕，一应民工怎么办？左公决定，先在驿站、军台、营塘路旁造简陋房舍，搭盖马厩牛舍，置备粮草，也有绳索等什物。并招募木匠和铁匠，可以随时就便修补。左公还允许在距离营房半里以外，商人可搭棚开店，做生意。妓院、烟馆和牌馆一律严禁，营官随时严查，明列《楚军营制》。此种地方，时称“买卖街”，兵丁一律不准前往。违者杖五十，除军籍。还有一些商贩，因对左宗棠和西征军的信任及崇敬，竟然随西征军一路跋涉做生意，叫做“赶大营”。“于是大军旌旗所在，也就是商贩踪迹所到。这些商贩中，天津杨柳青人最有能力。”（同上）

左公闻之，眉开眼笑：“杨柳青人倘能落根新疆，商贩之外还有杨柳青年画。此文化之一端也。”

左宗棠率西征军，修建了一条东起潼关，穿越河西走廊，至哈密，再延至南疆、北疆的路，全长四千公里。尊称“左公大道”，“左公路”是也！

第二十七章

左公柳

左宗棠对种树，有一种天性的爱好，这是湘阳东乡左家塅赐予的，这里柳树众多，且有植柳、折柳、戴柳的地方风俗。出门是柳，读书见柳，耕稼在柳，左宗棠与水牛、柳树有缘。识字后，左宗棠熟读边疆地理及兵书对西汉名将周亚夫印象极深的一件事是：

周亚夫驻军地——今陕西咸阳市西南，带领将士在军营周围广植柳树，福荫一方。少年左宗棠感而佩矣！

左宗棠婚后，以教书所得银两在柳家冲置田七十亩，建宅院，前后左右遍植柳树，名之为“柳庄”。院门上有自书联语：“参差杨柳，丰阜农庄”。

1866年，左宗棠以钦差大臣、陕甘总督之重，赴西北。到任后便在总督府后院试着栽种柳树数十株。左公告诉属下，西北干燥苦旱，种树或能稍添生机。柳树本属江南地，有春风春雨为伴，移植至西北，黄沙大漠为邻，能否成活？能否适应西北一年一场西北风，从春刮到冬的环境？“苍天佑我耳！”

试种之后，江南柳居然可以在西北成活，且缓慢地生长，左公大喜过望。在以后用兵西北的十几年间，左公下令：路修到哪里，军队走到哪里，柳树就栽种到哪里。西北降雨量极少，先要把树种活，浇上一大桶清洌洌的水。左公号令西征大军，不与百姓争水，让水于民也；不浪费一滴水，积水为树也。并饬各防营：路旁种树好处有四：一曰巩固路基，二曰挡风固沙，三曰限戎马行足，四曰为行人遮阳。

军令如山，再加上左宗棠每到一地，必先考察的是路、桥、树，书牍禀报有谆谆嘱咐，也有严词敦促，十年树木，西北已有杨柳轻拂，男女折柳的些些绿色风景矣！“照文襄公的记录，光是从陕西长武境界到会宁县止，六百多里间，历年种活的树就有二十六万四千多株。”（《左文襄公在西北》）这是左宗棠于1880年奏报朝廷所述，此外在甘肃其余各州栽四十万株，在河西走廊和新疆，种树一百万株，总数约为二百万之多。

它从一个侧面证明：左宗棠总督陕甘，统兵西出收复新疆，筹饷筹粮，用兵如神，收复国土是第一位的，但并不是全部。左宗棠久在西北，他的心目中，有改善西北人们贫苦生活的极其恶劣的环境，改善西北干旱缺水缺树，风沙肆虐的长治久安之想。这有着里程碑意义的思想和实践，时在清末，影响直到百年之后！

左宗棠修筑的三千里“左公路”两侧，除开绝壁险境山石块垒不能栽种处外，一律植柳、植槐、植榆，人们概称为“左公柳”。

左宗棠是实践了在西北种树且植柳成荫的第一人，这一伟大梦想的实现，如星星之火一般，点亮并蔓延在西北人们的心头，燃出光来，燃出绿色，在大漠戈壁旁边，在胡杨林深处。

西征军、左宗棠所栽的左公柳种活了，成荫了，又在饥荒年代被饥民剥皮充饥了，被砍伐当柴烧了……在千难万险中修路植树的过程，柳枝飘荡的剪影，却留在民族的记忆中了：大西北并非边荒绝塞，大西北是可以改善环境的，大西北是大美之地。

左宗棠去世一百多年后，1994年秋，酒泉，左湖，夕照，我在和三北防护林体系建设的农人一道收工时，甘肃省林业厅三北防护林建设局局长马骥告诉我：

“在西北最早科学植树的是左宗棠，后来这成为老一辈西北农民的传统，用以抵挡大风及流沙推进。”左公柳的意义不在它的名称，在于它的前瞻性、科学性、可操作性。左宗棠收复了新疆，左宗棠也是西北植树造林的实践者。我个人认为：三北防护林的构想中，有浓厚的左宗棠、“左公柳”的影子。

夕阳西下，晚霞璀璨，秋风浩荡中，我们穿过一片小叶杨林子，那小叶杨的叶片，迎着晚霞，争先恐后地飘落，在空中划出一道道潇洒的弧线。

左宗棠是种树者。

左宗棠是筑路者。

左宗棠是修桥者。

隆无誉著《西笑日觚》说：“左恪靖命自泾州以西至玉门，夹道种柳，连绵数千里，绿如帷幄。”这就是如今艳称的左公柳。光绪五年（1879年），杨昌浚应文襄公之约西行，见着道旁树，即景生情，吟诗一首，《恭诵左公西行甘棠》：

大将筹边尚未还，
湖湘子弟满天山。
新栽杨柳三千里，
引得春风度玉关。

这首诗“传诵肃州大营，文襄公掀髯大乐”。（《左文襄公在西北》）左宗棠一时兴起，声情并茂，吟唱王之涣《凉州词》以为呼应：

黄河远上白云间，
一片孤城万仞山。
羌笛何须怨杨柳，
春风不度玉门关。

次年，左宗棠遵朝旨从关外进京，不掩喜色地向清廷报告称：“道旁所种榆柳业已成林，自嘉峪关至省，除碱地沙碛外，拱把之树，接续不断。”（《左宗棠全集·奏稿》）“莲池朴实忠勤，所种之树，密如木城，行列整齐。栽活之树皆在山坡高埠，须浇过三伏，乃免枯槁，又不能杂用苦水，用力最勤。”“过长武，则别有天地。种树开渠各节，并未遑议及，殊为惜之。值州县与防营来迎，即加指示。”（《左宗棠全集·书牍》）

左宗棠到西安，再三叮咛其时陕西巡抚冯誉骥：“爱民惜树。”左宗棠忧国忧民，忧心忡忡，陕甘稍平，新疆之祸乱十有余年，万里遐征，迢迢路远，其时稍能纾解者，树也，绿色也，树荫下沉吟片刻也。

《左文襄公在西北》称：

“如今可考的：会宁境内种活的树为二万一千多株。”

“皋兰境内为四千五百多株。”

“环县一万八千多株。”

“安化县丞及镇原境内一万二千多株。”

“狄道境内一万三千多株。”

“平番境内七万八千多株。”

“大通境内四万五千多株。”

同治十年（1871年），左宗棠离开平凉西进。向朝廷保荐魏光焘任平庆泾固原道道台，辖平凉、泾州、固原，道路畅通，柳枝摇曳，景况空前，前文已记。左宗棠以远见和情怀，大规模，花大力气筑路植树的发端，见之于他和杨昌浚于光绪六年（1880年）四月十七日联名呈报清廷的《防营承修各工程请敕部备案折》。其时杨昌浚应诏复出，西行，拜见左宗棠。一路上风尘仆仆，杨昌浚却感到了风景和风貌的巨大而又细微的变化：

道路畅通，桥梁稳固，见到修复后的书院、城池、关隘和庙宇，多了柳树，飘荡绿意，纵贯甘肃南北的陕甘驿道——从陕西长武至嘉峪关三千里驿道，绿树成列成荫，此西北从未见过之景象也！时在左宗棠将离开肃州行辕，去哈密，策划用兵，收复新疆失地时。因此，从历史研究的角度不妨看作，这是一份总督陕甘，谋划新疆的阶段性总结，时间节点为同治十一年——沙俄侵占伊犁十年。

此一呈文，左宗棠真实叙述了战乱后甘肃的“千里萧条”，西征军面临“其间沟涧深窄，河道淤塞，时有阻滞、倾覆之患”。而平凉、庆阳、泾川、固原之间，“千里荒芜，弥望白骨黄茅，炊烟断绝，被祸之惨，实为天下所无”。为左宗棠西征新疆粮草先行的“缓进速战”战略计，为沿路生民生计，必须先筑路修桥，强化基础设施。重点是庆阳、平凉，六盘山地区为最。世上皆知六盘山，然六盘山有大小广义和狭义之分，大六盘山、广义的六盘山，是秦岭山系北端余脉，源出昆仑，由东六盘山——小关山，西六盘山——大关山两列并行的山岭组成。左宗棠奏报中的六盘山即小六盘山、狭义的六盘山，却是陕甘道上极为重要的唯一孔道。驻防军由东、西两军，东即陇东、平凉、庆阳地区，魏光焘所部武威军；西即陇右——古代以西为右，西宁、临洮凌春台、邓荣佳的宗岳军是也。

发源于华家岭的厉河是会宁黄河流域唯一的甜水河，距150年前陕甘驿道会宁县城仅20里，华家岭之险要可想而知。左宗棠除派重兵把守，修路种树外，处处以民生为念，而无论汉回。如今，华家岭集中居住着3300余户回族同胞，是会宁唯一的回民乡。回族同胞在清代同治以降十余年的变乱中，背井离乡，家园荒废，沦为流民。同治十一年，左宗棠“迁陕回拜崇花一起五百三十七名安家于会宁”。

《左文襄公在西北》写：陕西回民在事变前有七八十万，自事变发生，有的死于兵战，有的死于饥饿，有的死于疫病，剩下十分之一二。所剩回民有二三万留在省城，余者大多流亡于宁灵、河湟等地。怎么处置？左宗棠上奏说：

“陕甘频年兵燹，孑遗仅存，往往数百、数十里人烟断绝。新复之地，非俵给牛种、赈粮，则垂毙之民势将尽填沟壑。各省克复一郡县，收一处丁粮厘税，甘肃克服一郡县，即发一处牛种、赈粮，非是则有土无民，朝廷亦安用此疆土？”(《左宗棠全集·奏稿》)他奏请朝廷：“陕甘则衅由内作，汉回皆是土著，散遣无归，非先筹安插之地，给以牲畜籽粮不可。”(同上)

《清史稿·左宗棠传》谓：左宗棠“善于治民，每克一地，招徕抚绥，众至如归。论者谓宗棠有霸才，而治民则以王道行之”。

为了安置回族流民，左宗棠亲自制定了选定地方的标准：

“一要荒绝地亩，有水可资溉田。”

“二要自成回民聚居地，不与汉民相杂。”

“三要河谷平原，没有太大的山河之险，距离官道不过远，又不过近，以便管理。”

左宗棠的政策，大得回民拥戴，也有汉人官吏拖延反对，称左宗棠为“左阿浑”。左宗棠说：“尔知仁乎？尔知义乎？尔知救人一命胜造七级浮屠乎？”左宗棠不畏谗言，不惧艰困，以仁义为本，考虑到定居后的生产生活的困难，又规定：

“一是每户匀给荒绝地亩，并匀给房舍窑洞。”

“二是每户由防营拨给种子、耕牛、农具。”

“三是在迁徙时由地方官接送保护，严禁地方土豪劣绅吓诈，违者斩。”

对迁徙途中大小事宜，左宗棠均有安排：

“大口每日给行粮八两～一斤。”

“小口每日五两～半斤。”

“随带骡马按日发给草料。”

并饬防营、地方官吏：“所给麦面等粮食必须去壳”！

根据左宗棠的安置条件，同治八年（1869年）左宗棠在平凉大营，据着一张极为普通的白木桌，给儿子孝威的信中说：“能救一命即是一功德……”“自入关陇以来，首以赈抚为急，总不欲令吾目中见一饿莩之人，吾耳中闻一饿莩之事。”同治十一年（1872

年）六月二十五日，左宗棠在《收复河州安插回众办理善后事宜折》称："对迁陕回拜崇花一起五百三十七名安置于会宁姚王家、曲家口。"适逢回民安置完成后，左宗棠又报："而今岁春夏之交，雨泽早降，夏收最稔，秋稼亦卜丰登，士民佥称十数年来所未有，尤为意外之幸。"(《左宗棠全集·奏稿》)

左公又嘱兵备道李耀南，待回众生活生产有序，便令其在田边、地头、华家岭山上山下植树，"实心多栽尽力者给赏"。同治八年腊月十六，平凉大营，左宗棠给儿子孝威信："吾近来腹泻仍如常，每日一二次，三四次，五六七八次不等，脾阳虚极，肾气耗竭，心血用尽。"同治十一年，家信中说："吾腹泻如常，幸尚耐苦。活一日，办一日事，尽一日心而已。"又说："西事败坏至极，吾以一身承其敝，任其难，万无退避之理，尽其心力所能到者为之。"(《左宗棠家书》)

左宗棠最喜爱的大儿子孝威到安定省亲，左公让其同住行帐，草拟行军文稿，因西北凛冽的寒风而受寒致病，回老家后卧床不起。同治十二年（1873年）病卒，时年仅二十七岁。噩耗报至，左宗棠屏退左右，据白木桌而老泪横流。手下亲兵，营中勇卒，无不痛哭失声。左宗棠用兵有铁石手段，其心灵却有极为柔软处，从对回汉穷人到自己，均为然也。他把身体多病虚弱之苦，只向家人少许言之，而在同僚及兵勇而前，他风度岿然，不怒而威。在左宗棠的奏报中，可以得出的植树数据是：

陇东地，魏光焘武威军在十余州县，修建桥梁近百、道路300余里，栽树13.59万余株。

自陕西长武起，至甘肃会宁县城，是陕甘驿道的东段，长600余里，累计栽种并生根成活的树木26.4万余株；另柳湖书院、道署周遭、环县等地共栽活树木3.22万余株。

陇右由凌春台、邓荣佳的宗岳军负责，七县、州境内，修渠筑坝60余里，修路800里，桥梁若干，并书院、昭忠祠、庙宇数处，铺屋近百间。种树13.63万余株。

左公柳之始，乃为左公柳赖以生根的三千里驿道开端，始于损毁最烈之陇东平凉、庆阳也。甘肃平凉博物馆保存有“武威军各营频年种树碑记”，碑文由左宗棠手下楚军大将魏光焘亲撰。记载了沿路种树的起因和艰难：

“在昔，西陲媾祸，陇东为烈，甚至道周树木有者寥寥。满目荒凉，不堪回忆。自银、夏、河、湟平，人民渐集，土地渐开。制府左侯相邀各防军夹道植柳。”

以守备屯垦为任的武威军，略知种树之难难以想象：“唯时搜集枝干（指树苗，笔者注），越山度壑，负运艰苦。树艺伊始，每马游民窃拔牲畜践履。”而不得不沿路张贴告示，乃至设哨。“谕禁之，守护之，灌溉之，补栽之。”碑文记载：“从瓦亭路到隆德界石，……驿程六百余里，种树并成活的二十余万株。”“庆环一路则所部镇环捷两营植矣，水卤原高多不宜树，生机亦蔚然间发焉。”“万物本乾坤钟毓，而成之在人”“人事尽而天地灵萃，天道允从”。碑文记载，平凉植左公柳始于同治十二年（1873年），魏光焘刻碑记事在光绪四年（1878年），六年翻山跨岭，六年修路筑桥，六年植柳种槐，在生产力极为低下，在战乱后经济极为萧条，在水源、苗木、人力奇缺的陇东荒山野岭间，蓦然生出二十多万株树木，二十多万树木的青枝绿叶，向着青天生长，向着白云擦拔，向着远方延伸，向着生人呼告，点缀苍茫荒野，燃亮绿色希望。使西北大地生机重现，使西北回汉农人有了活下去的希望，敢问苍天：曾有惊奇一叹乎？在左宗棠的构想中，如此艰难的筑路、修桥、种树，应以六盘山行道凿石开辟为中心，意在改善此一交通大道的通行条件，西征军辎重先行、部队调动为第一要义；二是为当地民众、屯垦将士来往便利所想；三是商贾车马走卒，有好路可走，有树荫可歇。在更久远的意义上，它是左宗棠治理甘肃，进而治理新疆，治理大西北“天地民物，莫非己任”“挺身任事，不敢推诿”的一个伟大实践，一处伟大开端。

左公挥师西征，收复新疆，修水利，兴屯垦，筑路种树，汇聚民心，改善民生，史称有两员得力大将相助，一文一武，左右随之，可以相托，可以无负。文者，魏光焘也；武者，刘锦棠也。刘锦棠将门之后，而魏光焘则可称传奇。魏光焘（1837～1916年），邵阳县金潭人，读过几年私塾，草根出身，有天赋禀性。咸丰六年（1856年）投军曾国荃为湘勇之一，累功升知府加盐运使衔。转战多年，其军事才能之外，又有管理才能的表现。同治五年（1866年），随左宗棠远赴西北平凉，在军中办理营务，能干实事且虚心为人，为左宗棠所信赖。同治十年（1871年），左宗棠离开平凉，他舍不得魏光焘却把魏光焘留下了，由他向朝廷保荐，魏光焘升任平庆泾固道道员，管辖由中原西进的兵家必争之地平凉、庆阳、泾州、六盘山等地。自此魏光焘从一名左宗棠麾下的戎马武将，成为地方行政官员。左宗棠西行在即，魏光焘不舍，有同行之意。

左公谓："尔之任，乃重任也！虽不能随我入疆驰骋，然平庆泾固破碎败落，尔需一心整理，百倍认真，凿石穿谷，蹈虚凌云，倘有三千里平整驿道，杨槐榆柳助我，尔岂非西征大功者？"魏光焘诺诺。

在另外一则传说中，有一年魏光焘回家乡探亲，有读书人仍以当年吴下阿蒙视之，为难魏光焘，要与其对对联，并指着桌子上的一碟盐梅出上联：

"盐梅盐梅，孔子颜回；家无读书子，官从何处来？"

魏光焘淡然一笑，指着一盘咸姜应对：

"咸姜咸姜，韩信张良；将相本无种，男儿当自强！"在邵阳土话中，"咸"与"韩""张""将"，皆同音也。

魏光焘手下有一得力部将，叫郑连拔，字炳南，湖南邵阳人，是资深老湘军。作战勇敢而受左宗棠赏识，谓其"将略素娴，身长八尺，声如洪钟"。时任武威军合新右营参将衔营官。他是魏光焘筑路种树的参与者，他也刻有《修桥种树碑记》，成了左公柳的又一见证。据碑文可知，郑连拔于同治十三年（1874年）驻扎于静宁，其地为陇东要道，西与会宁接壤，溪涧纵横，无路无桥无树。光绪二年（1876年），魏光焘命其在环境更为恶劣，任务更加艰巨的静宁，“劈山通道，跨涧成梁”，历经万般磨难开山辟路修桥，化解了棘手的交通难题。攻坚克险后又调防会宁，在八里铺、界石铺、罐子峡、静东黑水河，先后架桥4座，以平政桥最著名。

平政桥之来历久矣！永州，即原湖南省零陵地区，潇湘二水会合处。“据水陆之冲，当楚越之要”。永州三面环山，以马蹄形盆地向东北，地貌复杂，山石危卵，河川纵横，溪涧交错，舜帝时有娥皇女英的传说，从舜帝南巡始，永州即为感伤之地。《史记·五帝本纪》载：舜“南巡狩，崩于苍梧之野，葬于江南九嶷，是为零陵”。平政桥，在永州古城正西门外，旧名济川，即古黄叶渡，今称大西门浮桥。

“元时造舟为梁，取君子平其政之义。后废，乃设舟以渡，万历辛卯五月，复驾舟为桥，名曰浮桥，桥有记，勒石于正西门左，后因火灾石毁而证据无考。”明人周希圣（字维学，号元汀，零陵人）万历十七年进士，官至南京户部尚书，应命出使，到永州，回故里，闻平政桥毁后复修，写《西河平政桥碑》。郑连拔为后来者。继之，郑连拔遵左宗棠命，“树以官柳，杂以槐榆”，计4.8万余株。“夏则成荫可荫歇，冬则扫箨可以供炊”“居者行者，具有利之”。郑连拔还特意说：“未尝劳百姓一人”，全由驻军出工出钱。

《楚军营制》还规定：“长夫人等不得在外砍柴，屋边、庙边、祠堂边、坟边、园内竹木以及果木树，概不准砍……倘有不遵，一经查出，重者即行正法，轻者，从重惩办。并仰营官、哨官随时访查，随时教戒”。

会宁，是左宗棠统率西征军，种树最多之地。

安定大营是左宗棠在帐篷中、白木桌上，谋划收复新疆160万平方公里河山大野之地，也是他发出各路兵勇一边修路一边植树命令的地方。左宗棠的目光，盯住了地图上的一处地方：华家岭。

陇中黄土高原有一东西走向的山梁，是六盘山延伸而西的余脉，前文已记之华家岭也。华家岭上西兰公路的前身，即是左宗棠挥师新疆、一边修桥筑路，一边道旁植柳的陕甘驿道。古驿道是风景连绵、矛盾重重的，它是汉代时开辟的横贯东西古道，贯穿陕西、甘肃、宁夏、青海、新疆，曾经是丝绸与美玉之路，宝马与茶叶之路。却也是烽烟战火、流民哀号、生灵涂炭之路。古驿道上走过帝王将相，戍边将士，驮马商旅，骚人墨客和流放者。近代名人则有茅盾、范长江、张恨水等。

那些古往今来，各种人物的重叠的脚印，已成为古驿道的一部分，历史风景的一部分，所谓高贵，所谓低贱，何由分之？只有那些为华家岭，为岭上岭下的子民百姓实心做事的人，才会被华家岭上风、华家岭下人世代传扬。道光二十二年（1842年），林则徐被流放伊犁，过会宁青江驿、翟家所，写《荷戈纪程》，记自七月二十二日进界石铺，经罐子峡、清水河，二十三日到太平店，夜宿会宁县城，用时整整两天。对陕甘驿道会宁境内“七十二道脚不干”的艰险记道：“沿途多有涧水，舆人皆涉过。”后左宗棠率西征大军收复新疆时，经陕甘古驿道，才使之成为杨柳依依的通道。

所有的战争都是杀戮与毁坏及苦难。如李华《吊古战场文》所云：

浩浩乎，平沙无垠，敻不见人，河水萦带，群山纠纷。黯兮惨悴，风悲日曛。蓬断草枯，凛若霜晨。鸟飞不下，兽铤亡群，亭长告余曰：“此古战场也。常覆三军，往往鬼哭，天阴则闻。”伤心哉！秦欤？汉欤？将近代欤？吾闻夫齐魏徭戍，荆韩召募，万里奔走，连年暴露；沙草晨牧，河冰夜渡；地阔天长，不知归路。寄身锋刃，腷臆谁愬？秦汉而还，多事四夷，中州耗斁，无世无之。古称戎夏，不抗王师，文教失宜，武臣用奇。奇兵有异于仁义，王道迂阔而莫为。呜呼！噫嘻！

李华感叹：在战乱中“王道迂阔而莫为”，左宗棠则是历史上著名的对敌霸道的同时，对民施于仁政的王道者。华家岭作证：左宗棠在用兵新疆途中，修桥补路，遍植树木，为这个乱世中苦难的人们，栽种着象征和平的绿色，象征希望的生机，从古战场荒山野岭、破损驿道中，生长出儒家文化中“仁义”“王道”的青枝绿叶。

我曾瞻仰华家岭上28棵左公柳，它们沿山梁井然排列，若兵阵也；树冠伞盖，若营帐也；甘棠遗泽，左公犹在！

同治八年（1869年）左宗棠由泾州驻节平凉，令魏光焘重修毁于战火、史书有名的“柳湖书院”。柳湖之胜，始于暖泉，柳湖之始，岁在北宋神宗熙宁元年（1068年），“时任渭州知府蔡挺，引暖泉为湖，环湖植柳，为柳湖之所由肇”。(《柳湖书院志》) 明嘉靖年间驻藩平凉的韩昭王，占为苑囿大规模扩建，当时园内有观海堂、涵虚堂、金盆堂、夏享亭、荷花堂、承辉阁、蓬湖阁、藏书楼等十余景。（同上）成为一时胜地，陇东名园。后明武宗朱厚照敕赐“崇文书院”，供王府子弟读书。书院名称先后变更为“百泉书院”“高山书院”，最后复为“柳湖书院”。成为平凉的一处文化高地，崇儒厚道之所，书声琅琅之地。明代“嘉靖八才子”之一、平凉人赵时春游柳湖，有《柳湖观荷》诗：

帝孙台榭枕城边，
招客重开锦绣宴。
花底鱼游青障里，
柳塘云拥碧荷天。
清波摇荡随风出，
绛殿平临对日鲜。
置醴同欣接宴尝，
浴沂何让嗣群贤。

清乾隆年间，柳湖再行修葺，新建文澜桥、读书堂、养正轩、响鹤山房、时雨亭、饮水亭、青藜阁、牌坊等。同治初年，柳湖毁于兵燹，左宗棠挽狂澜之既倒，由泾州驻平凉，接陕甘总督印信。兵事繁忙中，注重恢复平凉重教、尚文、耕读之风，命魏光焘重修柳湖书院，“为平凉儒生树一高尚之地也”。书院中植柳1200多株，左公书“柳湖”匾额，作“暖泉”碑记：

“平凉高寒，水泉甚冽，此独以暖称，验之隆冬不冰也。权郡守喻君光容甃为池，以惠斯民，为书此永之。太子太保陕甘总督一等恪靖侯左宗棠书。”

左宗棠并下令：开放柳湖，供民众游览歇息。入园者，能闻着久久未见的氤氲书香，能见着心旌摇动的青枝绿叶，能想着太平生活的家园梦幻。柳湖岂止景色佳美？它还是抚平战乱后世道人心的裂痕之地——由于清政府政策的不当，陕甘宁夏各地，在战乱中人口锐减，土地荒芜，水萧条，树萧条，人萧条，空气也萧条。尤其是化平川——今宁夏泾源。《平凉府志》载：“当时平凉府东大路，路宽十余丈，植树四五层，三路并行，参天合抱。”左公在平凉两年有余，远观大局，近察民生，安边恤民，无论回汉，兴文重教，绿润关陇。历史已远，而佳话不绝。

清代诗人赵汝翼有《柳湖晴雪》诗：

满目晴光映野塘，
何来白雪遍空扬。
纷纷玉屑随波舞，
处处银光绕岸狂。
月下沾衣疑欲湿，
风前扑面不知凉。
柳湖饶有西湖趣，
惹得骚人兴自长。

谭嗣同在《自平凉柳湖至泾州道中》：

春风送客出湖亭，
官道迢遥接杳冥。
百里平原经雨绿，
两行高柳束天青。

读罢掩卷，左公柳之柳絮飞花，左公柳之繁荣昌盛，飘流于、兀立于字里行间。而谭嗣同“两行高柳束天青”之佳，“高柳”一也，柳为合抱、高则出奇；“束天”二也，高至拂云，天为其束；“青”为三也，柳为绿色，青近于碧。

左公柳扎根大地，庇荫人世，青碧蓝天，君闻之乎？君知之乎？君见之乎？

第二十八章

书院、义学和刻经

左宗棠转战大西北，除了战事、修路、筑桥、植柳、劝农耕种以外，花去精力很大的，便是养士劝学，建书局，刻经书，办义学：“左宗棠任闽浙总督兼任浙江巡抚时，拨银数千两在宁波刊刻《六经》，并召宁波工匠至省城，于杭州建书局。在陕甘总督任上，又于西安设书局，刻印《六经》，同时还倡导修复和兴办了一些书院。”（陈其元《庸闲斋笔记》）

从同治八年（1869年）到光绪五年（1879年），甘肃一省先后办书院二十所，修复十五所。仅光绪元年（1875年），兰州即重修“义学”四所，五年后增至十六所。其他各府、州、县亦兴办“义学”近三百所。新疆收复后左宗棠又与主管南、北两路的官员筹商，命各善后局、防营多设“义学”，至光绪六年（1880年）已达三十七所。

左宗棠重视教育，首先是对人才的渴求，他在给王鑫的信中说：

“天下之乱，由于吏治不修，吏治不修，由于人才不出，人才不出，由于人心不正，此则学术之不讲也。”

左公把学术、人才、吏治和天下之乱与和，相联系。是左宗棠对学术——教育，格外重视之源头因素。在左公心中，学术者，顾名思义学而有术者也。左公曾说："学而时习之"之谓也，学了要"习"，要做，要有实际上的行动；术，术业有专攻，要有做事的本事，一心做事的恒心。简言之，左宗棠希望通过读书、教育，培育出一批有学识，有操守，有胆略的人才，一扫中国官场朽腐的吏治恶习。

"其若清风也，或如雷鸣骤雨，穿乌云而凌霄之！"

左宗棠嘱儿子认真读书、写字，不求功名，只求德才："所贵读书者为能明白事理，学作圣贤，不在科名一路。如果是品端学优之君子，即不得科第，亦自尊贵。若徒然写一笔时派（今之所谓时髦也，笔者注）字，作几句工致诗，摹几篇时下八股，骗一个秀才、举人、进士、翰林，究竟是甚么人物！"(《左宗棠家书》)

左公还当面提点爱徒、得意门生安维峻：

"读书当为经世之学，科名特进身之阶耳！"（安维峻《祭左文襄公文》)

这一切均与左宗棠自身所学所好有关，他"恪以程朱为宗"，则表明左公以宋学为圭臬，以中学为体，西学为用。在写给一个朋友的信中，他说："今试以艺事言之，聚儒者于一堂，而课以金工、木工之事，固问十不能答一，盖以非所习也。与华之百工校且然况泰西师匠乎？治天下自有匠，明匠事者自有其人。中不如西，学西可也，匠之事也。然奚必胥天下之人而匠之，又并治天下之匠而薄

之哉！”（《左宗棠全集·书牍》）

可见左宗棠是个放眼看世界的人，承认“艺事”——工业、科技等，“中不如西”，在他所处的年代，能看到中国之不足、中国与西方的差距者、“学西可也”者，即是那个年代代表先进生产力的人物。左宗棠同时强调一个“道”字，且学习西方不可离“道”，“究不能离道而言艺，本末轻重之分固有如此”。（《左宗棠全集·诗文集·艺学说帖》）

怎样理解这个“道”字？

《左宗棠评传》谓：在左宗棠看来，西方的长处只是在先进的技术，学习西方亦以此为限。他虽然承认“艺事”的实用性，却又强调西方的“艺”必须为中国传统之“道”服务。道也者，或者包含了道可道非常道之道，而在左宗棠笔下，更重要的却是中国传统文化的综合概括。学习西方的技术，坚守中国的传统文化，乃左宗棠的洋务思想主旨。

左宗棠重教育，并以总督之尊，驻军湖南株洲醴陵时，主讲渌江书院。书院始建于南宋淳熙二年（1175年）。书院前有千年古樟，樟树下有王阳明的诗：

老树千年惟鹤住，
深潭百尺有龙蟠。
僧居却在云深处，

别作人间境界看。

朱熹在乾道三年（1167年）、绍熙五年（1194年）两次来醴陵，在渌江书院前身之学宫讲学，自此，醴陵有理学之盛。道光十六年（1836年），左宗棠任渌江书院山长，撰联曰：

身无半文，心忧天下；
读书万卷，神交故人。

左宗棠在渌江书院时，以博学、严格闻名。奖勤罚懒，是他一以贯之的方法。何知勤懒？查阅功课可也。

"如旷废不事事，及虚词掩饰两次，将本课膏火（学习津贴，笔者注）除去，加与潜心苦攻之人。"

左宗棠对书院情有独钟，在总督陕甘，收复新疆的过程中，军事而外，大军过处，除筑路、修桥、植柳外的另一大事，便是兴办书院。

兰山书院是左公当时兴建的甘肃最高学府，同治九年（1870年）春，金积堡战事胶着，左宗棠在前线谋略指挥的同时，命甘肃布政使崇保从左公自己的薪俸中，代发兰山书院膏火。崇保照办了，还把院生的书信送给文襄公阅看，文襄公亲笔批道："览呈诸生之禀，文理尚可，殊为欣然。本爵大臣四十年前一贫士耳，然颇好读书，日有粗粝两盂，夜有灯油一盏，即思无负此光景。今年垂耳顺，一知半解，都从此时得来；筋骨体肤，都从此时练就。边方无奇书可借，唯就《四书》《五经》及传注，昼夕潜心咀嚼，便一生受用不尽。诸生勉旃！事平至兰州，当课诸生背诵也。可录此示监院，以晓诸生。”（《左宗棠全集·批札》）

这是左公对兰山书院敬教兴学，勉励读书的第一次批示。后来，文襄公规定：“院中正课四十名，每名每月给膏火三两；副课五十名，每名每月给膏火一两五钱。每年共二千多两，都由文襄公捐廉，或在公款项下酌拨。”“收复新疆时，文襄公驻肃州指挥军事，也常常抽暇到酒泉书院，和师生讨论学问，并捐助膏火。”（《左文襄公在西北》）

按常理，左宗棠戎马边关，排兵布阵，思虑万千，大营帐篷中白木桌上叠放着军机函件，下属禀札均待左宗棠亲复亲批。而生民百姓，或是战火犹酣，流离奔逃，或是虽已平复，却万里荒芜。这是一个求生求食而求之不得的年代。难以想象的是，封疆大吏左宗棠胸怀唯文化不灭而能兴邦的高瞻远瞩，如要求营防军一路进军，一路筑道，一路修桥，一路植柳一样，饬令：

“各地方秩序一经恢复，驻军及官吏便迅即兴学，让孩子们识字，让识字人读经。”“有书声处，便是有希望处。”到左宗棠奉旨离西北时，有了可观的、甘肃人可以为之自傲的、为甘肃后来才人辈出打下扎实基础的，下列新兴的书院：

尊经书院，位于庄浪。同治八年，隆德县丞王季寅创设，拨充公地一千余亩收租，供书院维护及诸生膏火。

泾干学舍，位于泾阳。同治八年，泾阳士人姚德（字玉如）等捐银五千两创设，又筹一万两供维持。左宗棠亲题匾额。

文明书院，位于岷州。同治十年，知州吴恕创设。

襄武书院，位于陇西。同治十一年，知县吴本烈创设。

味经书院，位于泾阳。同治十二年，陕甘学政许振祎创设。

钟灵书院，位于宁灵厅。同治十二年，同知赵兴隽创设。

金山书院，位于洪水堡。同治十二年，山丹士人张廷赞等创设。

归儒书院，位于化平川。同治十三年，提督喻胜荣创设。捐置铺房七间水磨三架，收租充膏火。前文已记化平川为左宗棠安置陕西流离回民处，归儒书院专为回民子弟而设，左宗棠所以题名“归儒”者也。并由幕府施补华为文记其事。

河阴书院，位于贵德。同治十三年，西宁知府龙锡庆重建。

南华书院，位于甘州。同治十三年，甘州士人要为左宗棠建生祠，左公不许，令改为书院。

陇南书院，位于秦州。光绪元年，巩秦阶道董文焕创设。

庆兴书院，位于董志原。光绪二年，安化县丞创设。

五峰书院，位于西宁。西宁办事大臣豫师等创设。

湟中书院，位于西宁。光绪二年，由废旧礼拜寺改建。西宁士民原议为左宗棠建生祠，为左公阻止。

文社书院，位于镇番。光绪初年，知县钱崇基创设。

鹤峰学舍，位于三岔镇。秦州州判薛佩兰创设。

凤池书院，位于惠安堡。盐捕通判喻长铭创设。

另外，镇原知县左寿棠于同治十一年，徽县知县杨国光于同治年间，通渭知县夏金声于同治年间，会宁知县萧汝霖于光绪五年，都曾在本县创建书院。延安府属各书院，则以陕甘学政吴大澂的建议，由左宗棠嘱陕西当局，筹白银二万两，普加膏火，聘请名师。

原有书院在兵事战乱中毁坏的，亦先后修复，如：

瀛洲书院，在泾阳，同治八年重建。仰止书院，在东乐。原天山书院已毁，士人张文美等于同治十年重建。左宗棠改名并题“仰止”。鹑觚书院，在灵台。原有的金台书院已毁，知县彭光炼于同治十二年重建。左宗棠以灵台地在秦时名为鹑觚，改名并题匾。银川书院，在宁夏。同治十年，知府李藻重建。以及河阳书院、崇山书院、洮阳书院、蓼泉书院、育英书院、灵文书院、又新书院、凤鸣书院、鸣沙书院、陇川书院等。“而各府县整顿书院功课和捐助膏火的，更不一而足。”其中平庆泾固化道道员魏光焘修平凉的柳湖书院，最为宏大。左宗棠回京时路过视察，称为：“规模宏敞，间架整齐，新植嘉树成林，尤称胜境。”而陕西延榆绥镇总兵刘厚基，规复榆阳书院，亦为左宗棠激赏，题写“北学其先”四字，以旌其门。(《左文襄公在西北》)

书院之外，左宗棠也极重视义学，义学即义塾也——靠官拨款、地方人士捐资捐地，设立的“蒙学”——蒙童学子之学。进入义学的都是贫寒子弟，一切免费。义学，由范仲淹创立，其教学内容多为识文断字，却是影响其人一生的大学堂。

左宗棠在同治八年（1869年）驻节瓦云驿，即已注意蒙学，颁发《四书》《五经》。移驻平凉，在崇信设义学一处，讲师月薪三两，由平凉厘金项下拨给。同治十三年（1874年），政局稍为安定，左宗棠“始命令地方一律兴办义学”。（同上）兰州得风气之先，“左宗棠拨北山荒绝田七百七十五亩，收租供各学校经费，于是有四个义学重新修建即：正德、序贤、养正和存诚，后面两所专收回民子弟。光绪三年（1877年），左宗棠又创设崇文义学、讲义学舍，同时在张家河口，创设河口、三门、古城三所义学，又在阿干镇创设阿干义学。光绪五年（1879年），重修红花义学……当左宗棠去任时，省城兰州内外，共有新兴的十六所义学。”（同上）对清政府腐朽官员失望，乃至积怨、仇恨的兰州贫民，几乎不敢相信眼前的事实，呼左宗棠为“左青天”。

兰州以外的各县义学，在左宗棠严令之下不敢怠慢，相继办学，据不完全统计：

狄道四所，

河州三所，

平凉六所，

平远五所，

海城六所，

化平川十二所，

崇信两所，

秦州五十四所，

秦安十六所，

徽县八所，

两当两所，

文县九所，

合水两所，

西宁府义学两所，乡义学二十二所。光绪二年府学教谕慕暲陆续设义塾一百二十所，

大通十三所，

贵德六所，

丹噶尔十所，

肃州四所，左宗棠驻节肃州时，“间往视察，以和学童问答为乐”。（资料来源同上）

上述书院、义学是一个不完整的数据。

可是它却不可多得地勾勒了左宗棠戎马西北，修筑道路、新栽杨柳、倾心教育，从根本上试图改变西北大地苦瘠、文化苦瘠的，一个伟大历史人物形象。

写作本书时，有客来访，言及兴学事。

有客告余曰：“比起收复新疆，此等岂非小事乎？”

余曰：“非小事也，其所深含者，有高远壮阔深意在！”

客问："何言高远壮阔？"

余曰："左宗棠收复新疆，非仅攻城夺地之一场战事，而是一系统工程。其筑路、修桥，为战事也；其植柳为西北环境也；其办学，尤其是义学，为使西北人民、西北贫穷的农家子弟，得文化雨露之滋润而使西北边野、风气一变也。"

客不解："朝命左宗棠者，先是平定陕甘，后是收复新疆，余事自有后人为之。"

余曰："此左宗棠之心性境界也！所谓'高远壮阔'，其在'虽千万人，吾往矣'，前任不为吾亦不为？后任可为期之后任？既知前任不为，安知后任可为哉？此其一；若平民子弟能识字得启蒙，儒学兴而礼义行，则社会有正气可持，国家有人才可期，时不我待也！此其二。"

客叹曰："此非全力谋治西北乎？"

"然！"余欣然道。"左宗棠总督陕甘多年，又有收复新疆之役，当时清廷满朝文武，知西北之苦瘠，知西北之干旱，知西北人民之贫困者，左宗棠一人而已！所有植柳、义学等事项，均非清廷朝命之行为，而是由左宗棠饬令西征军，自捐经费，自己出力的自觉行动。在历史的纬度上，为日后开展的西北治理做出探索，打下基础。如今之陕甘各学校是也，三北防护林是也。如是言之，左宗棠怀治理西北之心、之策、之情怀，未可限量。而朝命归京，亦可谓壮志未酬也！"

客曰："中国不可一日无湖南，湖南不可一日无左宗棠，此言非虚。”

余与客遂同声道：“呜呼！知其不可为而为之，左宗棠也；知其不可为而为之且能成之，左宗棠也；知其不可为而为之且能成之，却又无法足成之，左宗棠也！”

书院、义学蓬勃，图书的供应便成了重大问题。甘肃士子以往的书本，大部分是书贾从成都、武汉两大刻书处贩给。变乱以后，书贾、刻印的买卖，或者以逃命为上，或者为战火所毁，无人问津矣！偶或有人重做，那种书本病句错字百出，左宗棠亲为校读后大呼“要不得”！便自己刻书，左宗棠的刻书机构一在汉口，附设崇文书局；一在西安，附设关中书院。

“两处刻书费用，都在文襄公廉俸下拨付，没有开支公款。新疆收复时，又在迪化开设书局，刻印供给回民子弟诵读之书。”（《左文襄公在西北》）

受左宗棠影响，西宁知府龙锡庆得左公允准后，设尊经书局，刻印《四书》《五经》。陕西布政使翁同爵印发《七经》，其后又有士人刻印《十三经》《二十四史》《资治通鉴》。据秦翰才称，“文襄公刻书，似乎还有一个流动的组织，跟着文襄公走。”军中有刻印者，始于唐代。据传，高仙芝在怛逻斯城战败，造纸工匠做了俘虏，造纸术从此传入欧洲。左宗棠军中有刻印厂，非偶然也乃为必然也。左公所编《治学要言》，初版于同治十一年（1872年）正月，在安定行营开雕；又重刊《吾学录》，于光绪六年（1880

年）三月在肃州行营开雕。左宗棠在西北刻印的书中，最重要的首推《六经》，他亲赴刻印地崇文书局，亲嘱校对务工，亲自参与校对勘错，他说："《六经》传注，读者少而刻者亦少。此次刊印鲍氏善本（即安徽歙县鲍廷博版，笔者注），即前在浙所刊旧式而又重加复校者也。当为海内孤本，以视浙刻尤精。但愿边方髦俊熟读深思，庶延关学一线，老夫亦不枉此一行也。"（《左宗棠全集·批札》）

所谓《六经》士人之通常说法，实为《五经》也。其次便是《四书》了。其他尚有《小学》《孝经》《三字经》《四字韵言》《百家姓》《千字文》等。左宗棠以恢复西北农业为念兹在兹者，而禁鸦片，而推广养蚕，而推广植棉，所以刊刻《棉书》《种棉十要》。左宗棠以自己少小读书的心得，又着力刊刻并推广《小学》《吾学录》《圣谕广训》三种对左公成长极有助益的书，为陕甘学子提供润泽，以期西北文教之振兴，士人精神之提升。

《小学》为朱熹亲自编辑，左宗棠把《小学》列入《义学》条规：称：

"古人八岁入小学，十五入大学，次第节目，一定不可易。故小成大成，各有规模。经正民兴，人才从此出，风俗亦从此厚矣。……须知自洒扫、应对，至希圣、希天、下学、上达，皆是一贯。今日入塾童子，先宜讲求《幼仪》《弟子职》，而归重于《小学》一书，方为得之。薛文清公有云：'《小学》一书，我终身敬之如神明，以其为做人榜样，表里精粗，全体大用，无不具也。'"（同上）

朱熹曰："后生初学，且看《小学》书，那个是做人的样子。"

朱熹《小学序》谓：

"古者小学，教人以洒扫、应对，进退之节；爱亲、敬长、隆师，亲友之道。皆所以为修身、齐家、治国、平天下之本，而必使其讲而习之于幼稚之时。欲其习与智长，化与心成，而无扞格不胜之患也。今其全书虽不可见，而杂出于传记者亦多，读者往往直以古今异宜，而莫之行。殊不知，其无古今之异者，固未始不可行也。今颇搜辑，以为此书，授之童蒙资其讲习，庶几有补于风化之万一云尔。淳熙丁未三月朔旦，晦庵题。"

《小学》的重要，在于教蒙童从小子学会怎样做一个人。而一个人一生的好习惯，都在于"必使其讲而习之于幼稚之时"，从洒扫庭除起，从进退之节，到亲友之道，乃至担当国家重任，《小学》为成人之第一步也。

梁启超曾对成人——成为一个人，有过精妙论述："人类心理，有知、情、意三部分；这三部分圆满发达的状态，我们先哲名之为三达德——智、仁、勇。为什么叫做'达德'呢？因为这三件事是人类普通道德的标准，总要三件具备才能成一个人。三件的完成状态怎么样呢？孔子说：'智者不惑，仁者不忧，勇者不惧。'所以教育应分为知育、情育、意育三方面……智育要教到人不惑，情育要教到人不忧，意育要教到人不惧。"（1923年1月15日《晨报副刊》）

我们成人了吗？

第二十九章

金城贡院

在说及金城——甘肃贡院之前，历史为我们准备了一段漫长的、风霜雨雪交加的序文。我们必须先回溯当年甘肃的乡试，清康熙七年（1668年），甘肃从陕西划出，成为一省。然分省而不分闱，经二百多年，甘肃乡试依然和陕西合并举行。乡试贡院在西安城，学子从甘肃各县过去，实在艰难困苦，倍受辛劳乃至半途而废。这使左宗棠常为之叹息："如此科举，焉得人才？"

左宗棠便试图打破二百年陕甘合闱的老规矩，奏请陕甘分闱，甘肃的乡试在兰州举行。

《请分甘肃乡闱并设学政折》，是左宗棠于1873年上书朝廷，直到光绪元年（1875年）三月初十，清廷议准，即自当年恩科乡试为始。左宗棠的奏折2000余字，原件现存国家博物馆。

陕甘分闱是清代科举史、甘肃文化史的重大事件，左宗棠奏请分闱的理由是：

"乾隆五年，甘肃独立建省，改临洮为兰州府。后设总督管理，监管巡抚之事。属地是西陲冲要，南北界又连接蛮荒，汉、蒙、回、番杂均杂糅，习俗便都不同。甘肃独立建省以来，其建设、武力尚好，但是文治独独稍微逊色。”

而甘肃之不同于其他省份的是，各省除壤地毗连，还有相通的河道水路；此外，均在各省适中，督抚驻扎处设贡院。“只有甘肃省距陕西道路艰辛，且距离甚远。”当时甘肃辖地，除今之甘肃、宁夏全境外，还包括青海河湟、新疆乌鲁木齐、哈密、内蒙古阿拉善旗、额济纳旗，乡试地则在西安贡院。

左宗棠在奏折中写道：

“甘肃府厅州县，距陕近者平庆泾、巩秦阶两道，约八九百里、千里；兰州一道，近者一千三四百里，远者一千六七百里；兰州以西凉州、甘州、西宁，以北宁夏，远或二千余里，或三千里；至肃州安西一道则三千里或四千里，镇迪一道，更五六千里不等。边塞路程悠远，又兼惊沙乱石，足碍驰驱，较中原行路之难，奚啻倍蓰！士人赴陕应试，非月余两月之久不达。所需车驮雇价、饮食、刍秣诸费、旅费、卷费，少者数十金，多者百数十金。其赴乡试，盖与东南各省举人赴会试劳费相等。故诸生附府厅州县学籍后，竟有毕生不能赴乡试者，穷经皓首，一试无缘。”

朝廷中人，读到这里能不为之一叹？左宗棠又写道：“军兴以来，学臣不巡视甘肃已有十年。幸好有前学臣许振祎，不避艰险，多次巡视，生童踊跃欢呼，迎拜马首。”合计甘肃一省，补行各届岁、科等考试，取入的新生，不下万人，而从前取进的生员都不算在内。

如此多的学子，去参加乡试，有资金不足，不能远行的，有夏秋暑雨，水潦纵横，没有办法参加乡试的，有半路耽搁延误考期而返回家乡的，也有资金耗尽，抑郁成疾衔恨去世的。其中能够顺利到达西安并完成科考的，不到三千人，不过十之二三。

左宗棠还在奏折中写了自己亲身所历：

“同治十二年（1873年）自肃州凯旋时，历甘、凉各郡，途间见诸生迎谒道左，初疑其秋试被放者，比询以试事，则佥称无力赴陕。”比试当年自己的经历，左宗棠唏嘘不已，停马散银以助。

原来左宗棠平定动乱，凯旋途中，有诸生拦路拜谒。左宗棠本以为是秋试被放者，便询问其考试事，没想到竟是因道路艰险遥远，家贫无银两供给，而根本无力赴陕考试者——这些甘肃的多年苦读的学生，连西安都去不了，何况考场？何况笔下一试高低？此一场景，左宗棠挥之不去。甘肃士子的唯一出路，人才的显现之地，吏治的希望所在，就这样隔绝了，断绝了！从文化的意义上，甘肃，这边陲要地，何以风俗一变？何以文质彬彬？何以才俊突出？何以中庸日新？左宗棠认为“唯文治能长治久安”，于是上书朝廷，修建贡院，陕甘分闱。光绪元年（1875年），朝廷批准陕甘分闱，左宗棠选定兰州城郭西北之海家滩建甘肃贡院，左宗棠率先捐出廉俸，兰山书院山长吴可读呼吁全省士绅踊跃捐银，参与其事者尚有：谭钟麟、谭继洵、刘尔炘等，一时人文荟萃，气象丕变，并得各界捐银50万两。

甘肃贡院所在地是黄河的一处滩涂，不仅取水方便，且与兰州城只一墙之隔。旦夕有浊浪涛声激励，美善至哉！兰州史料载，甘肃民众对修建贡院一样投入了无私的奉献："邑人伐石于皋兰北山，采木于平番、碾伯、河洮各州厅县；同时，各郡人士征匠送徒，鸠资产，络绎载道。""砖瓦木石不足，则各罄私储或撤祠屋，散材入公，不计价值。"贡院内一如左宗棠所好，植有槐树、柳树、侧柏、雪松等植物，与房舍、楹联、假山、流水相伴，左公乐而道之："树木与树人并举矣！"

光绪元年（1875年），甘肃贡院落成，在清末同等级的17座省级贡院中，其特点如下：

它是中国最西部的贡院。

它是全国唯一与黄河为邻的贡院。

它是全国贡院中有第一大匾、第一长联的贡院。

它是中国科举史上最后建立的一座贡院。

它象征着科举制度的最后辉煌。

它创造了封建时代最后的文人故事。

贡院中间的建筑物门楣正上方有3.3米长巨匾，匾额上是左宗棠亲题："至公堂"，榜书大字，方正圆满，苍劲有力，吐露出为国为公之浩然正气，每个字60厘米见方，堂内金柱悬挂左宗棠手书楹联：

共赏万余卷奇文，远撷紫芝，近搴朱草；

重寻五十年旧事，一攀丹桂，三趁黄槐。

“一攀丹桂，三趁黄槐”指一次乡试即中举，“三趁黄槐”即三次会试落榜，求学之路坎坷，左宗棠忆往事励诸生也。

贡院大门有左宗棠亲写榜书：为国求贤。

观成堂悬后任陕甘总督谭钟麟楹联：

秦陇分闱以后，生聚教训，偻指十年，几番星使搜罗，得士期为天下用；

国家吁俊之方，经策诗文，扃门三试，休道风檐辛苦，吾曹亦自个中来。

谭继洵联：

边塞起风云，喜紫气东来，会有輶轩随雁度；

苍生盼霖雨，问黄河远上，此中多少化龙才。

长联为吴可读因甘肃贡院落成，抚今追昔，喜不自胜而成：

二百年草昧破天荒，继滇黔而踵湘鄂，迢迢绝域，问谁把秋色平分，看雄关四扇，雉堞千寻，燕厦两行，龙门数仞，外匆弃九边桢干，内匆遗八郡楩楠，画栋与雕梁，齐焜耀于铁马金戈以后，抚今追昔，饮水思源，莫辜负我名相怜才，如许经营，几番结撰；

一万里文明培地脉，历井鬼而指斗牛，翼翼神州，知自古夏声必大，想积石南横，崆峒东矗，流沙北走，瀚海西来，淘不尽耳畔黄河，削不成眼前兰岭，群山兼众壑，都奔赴于风檐寸晷之中，叠嶂层峦，惊涛骇浪，无非为尔诸生下笔，展开气象，推助波澜。

光绪元年（1875年）贡院落成并首开乡试，应试者2700余人（也有说3000人），是往年前往西安参加乡试的三倍之多。左宗棠奏请简派考官，清廷选派同治元年徐姓状元为主考官，并有中军副将驻贡院门外，来往巡逻，以示庄重严肃。左公则以陕甘总督身份，亲临贡院监考，乐不自胜，几度掀髯。左宗棠创设贡院三十年间，举行十三次乡试，取举人681名，高中进士116名，占有清一代260多年间甘肃籍进士总数的一半，是陇原大地从未得见的光荣与辉煌。其中有深为左宗棠赏识的有“陇上铁汉”之称的安维峻，参加“公车上书”的李于锴，“五泉山人”刘尔炘，政界名流杨思，回族翰林哈锐，人称“光明使者”的邓隆，书画名家范振绪等。一大批饱学之士从甘肃贡院、从陇上边荒走出，走到北京。京城名流云集，多吴侬软语，却也渐渐多了些西北黄土味。

回族翰林哈锐，贡院中举后，于光绪十八年（1892年）为二甲第四名进士，翰林院庶吉士。他为经济致用所吸引，是著名的回族实业家，诗人、学者、社会活动家。辛亥革命后回故里兴办实业，“为甘肃近代民族工业之先驱”（兰州文明网《甘肃举院，金城文脉的发祥地》）。当江南、上海等地，还在以“洋火”指称火柴时，由哈锐创造，烛照大西北的“雄鸡”牌火柴一经投入市场，便以质量上乘而优于陕西宁羌“松鹤”火柴，其轰动效应一时广及陇南、陇东、河西一带。1919年哈锐在天水引进发电设备，向公馆、商户、衙门等供电照明，并架设路灯。甘肃之有电光，天水之有路灯，自哈锐始也！

从甘肃贡院出发。
文明的星星之火渐次展开于西域绝塞。
文明的脚步正隆隆的走来。
那燎原之势谁能阻挡得了？

光绪六年七月初六日（1880年8月11日），六百里加急的马嘶声传来，诏命左宗棠回京。左宗棠于是年12月22日抵兰州。稍事休整，接见下属，巡察多地。桥也，路也，水也，树也，贡院也，西征路上景象，犹历历在目。都说西北穷荒之地，左宗棠一待十五年，与穷荒结缘矣！除开兵事，左宗棠所为，从屯垦到教育，到播种绿色，到整顿吏治等等，无不为改变穷荒、稳固边疆、筹谋大西北的未来而为。据甘肃地方志记载，左宗棠离开兰州返京的消息不胫而走，传遍城镇郊外。一百多年前通讯极不发达的甘肃，高山远隔，戈壁横绝，大漠阻拦，却拦不住左宗棠离去的信息，如西北风一样呼号着，穿街走巷：左宗棠要走了！开放总督府的老总督要走了！年届七十的左宗棠走了还能回来吗?

别矣兰州!

别矣将士!

别矣贡院!

别矣士子!

别矣杨柳!

别矣乡亲!

第三十章

左宗棠返京

如离开新疆一样，甘肃人民都把左宗棠的离去，作为一种议题，议论的话题，及而广之，久而久之，便成了统治者经常忽略却可以震慑人间的社会舆情。也就是说，当晚清时，土崩木烂，贪腐成风的社会气氛下，一个让外敌害怕，一个让人民敬仰，一个不仅自己清廉，下属和儿子也都必须清廉的封疆大吏的离去，天地能不为之歌？山水能不为之鸣？百姓能不为之赞？离开兰州时，金城所有商铺，不约而同，关门停业。城内接城外，沿途一百多里路上，百姓自动排列，跪地磕头，呜咽不绝于道。左宗棠涕泪交加，闭目不语。他想下得车来，把跪拜的人们扶起；他想告诉甘肃百姓，西北要靠西北人自己振奋；他想告诉学子们：在他们身上寄托着西北的希望……他又担心下得了车上不了车。此时此刻，千言万语，何能与百姓言？何能与西北言？只好默然相对于路，老泪纵横于心！

光绪七年（1881年）正月二十六日，左宗棠抵京都，北京天寒地冻，路边积雪成堆，天上阴云密布。恰好同一天，中俄和议达成，伊犁归还中国。清廷本应隆重礼待收复新疆之大功臣、戍边十五年、西征归来之帅，到崇文门，却为宦官拦阻强索银两。

当时崇文门是清朝官吏、百姓、货物进入京城唯一纳缴银税的门关。门卫要收钱，已形成一种惯例。凡是地方任职期满后回京的高级官员，都要在城门口缴纳一笔捐献。“优差肥缺的外官，有时需纳银十多万两。”左宗棠是封疆大吏，要他缴纳四万两银子……左公拒绝，“并称是皇帝叫他来北京的，所以来了。如果进入国家的京城，向皇帝报到需要付钱，那这笔钱应该由朝廷来付。至于他自己，一文钱也不给！僵持之下，在城外滞留数日，才得奉准进城，到底没付入门费”。(《左宗棠略传》)

左公进城次日，奉旨觐见。刚巧这天慈禧太后生病，由慈安太后接见。慈安富有同情心，她对左宗棠在大西北经历的千辛万苦，收复新疆的功劳，表示关怀。

左公不禁落泪，慈安问左：“落泪是什么原因？”

左宗棠答：“我的眼睛本来不好，在长途跋涉中又受到风沙吹打之故。”

慈安问：“有什么防治的办法？”

左宗棠说：“通常戴墨镜。”

慈安要他戴上墨镜，左公犹豫，因为觐见太后时戴墨镜，为不恭敬。慈安一定要他戴上，左宗棠便在口袋里摸索，取出，又跌落在地，打碎了。慈安太后命太监取来咸丰帝用过的一副墨镜，赐左宗棠。并诏令：左宗棠“入值军机，在总理各国事务衙门行走，管理兵部事务”。(同上)

左宗棠得此重赏，又入值军机，轰动紫禁城，祝贺的人接踵而至。这时候，太监也来了。按朝廷旧例，左宗棠这种入值中枢的任命，由太监传旨，接旨人要给大笔赏银。左宗棠赏给传旨太监一百两银子，太监表情怪异，左再赏五十两，把太监打发走了。几天后，曾纪鸿悄悄告诉左公，慈安赐咸丰帝眼镜的事，已成了宫中的话题，还是要好好打发太监。

左问："要多少银子？"

曾："赐皇帝眼镜这件大事，太监要十万两。"

左："大清天下岂不是已成太监天下？"

曾："说不得。"

左："是咸丰帝的眼镜，太后送我，与太监何干？"

曾："是太监给你送去的。"

左："太监的手如此有力且值钱，何不派去新疆戍边御敌？"

曾："这是宫里的规矩。"

左："太监不得干政，先皇有言！"

曾："今非昔比矣！"

左："太监误国！"

曾："军机处等你议事。"

从崇文门到紫禁城，清宫的气氛、习惯，人人面带笑容，个个暗藏玄机的压抑，使左宗棠愤慨："不如归去！""归去何处？""肃州大营！"太监的猖狂敛财，使为政清廉的左公，惊骇不已："大内如此，贪腐成风，天下尚有净土乎？"几天后，左宗棠又见到曾纪鸿，并告之："太监猖狂，此风不可长！"曾纪鸿告诉左宗棠："恭亲王为平息太监起哄，给了八千两银子求太平。"左宗棠拍桌而起，他要问恭亲王："天下能太平得了吗？"曾纪鸿一把拖住："喝茶！喝茶！"

入值中枢的兴奋，很快成为左宗棠的一种忧虑：他既不在乎圈子，又不认任何派别，想说就说，想骂就骂，实非大内中人也！"这里不可久留！"当时清廷的格局与陋习，同样也不容左宗棠。京都大内，鱼龙混杂，宦海黑暗如此，倒是让左宗棠开了眼界。当恭亲王给左宗棠介绍清廷达官贵人时，有在骆秉章幕府案中，欲置左公于死地的、当时的湖广总督官文。官文颇尴尬，两只手揉搓朝服，而不知放在何处。左公却只是掀髯笑道："官文兄，老相识了！"待恭亲王一一介绍完毕，左公欲再找官文礼叙时，这位显赫的旗人已悄然退避了。不久，又有礼部尚书、满人延煦为万寿节——皇帝寿辰，左宗棠迟到，行礼失节，疏劾左宗棠，略谓："宗棠以乙科入阁，已赏优于功，乃既膺爰立，竟日骄肆，乞惩儆！"

延煦是在庙堂之上，公然侮辱左宗棠——乙科入阁即举人入阁，满汉大员中哪有举人入阁者？并且要求治左公之罪。慈禧太后批札道："此关礼节事，何以非部公疏，而只煦单衔耶？"恭亲王则将延煦疏，"留中"不发——不做处理。

醇亲王闻之大怒，并专折参劾延煦：

"谓左宗棠之赞纶扉（有清一代，入内阁为大学士者，称赞纶扉。笔者注）特恩沛自先朝，煦何斯人斯，敢讥其滥！且宗棠年迈，劳苦功高，入觐日，两宫尚许优容（命入军机，许不必随班入值，有事召问），行礼时偶有失误，礼臣照事纠之可也，不应煦一人危词耸动上听。”严词情激。又曰：“后尝以历朝诸后垂帘，无戡乱万者，居恒自负武功之威，然实宗棠力也！”（《左宗棠略传》）

这一风波，于左宗棠毫发无损。延煦着实吓得不轻，在朝廷中满族官员被斥责，亦属少见。从此，延煦不敢见左宗棠，一旦碰见便绕道而行，背后称，“左骡子老而益壮”，并耳语左右曰：“左宗棠碰不得！”

慈禧与醇亲王为什么替左宗棠说话？有分教：同治七年（1868年）八月初十，两宫接见左宗棠，“赐紫禁城骑马”后，慈禧问左宗棠：“西北军队多久可以竞功？”“西事何了？”左答曰：“剿抚兼施，一了百了，得五年功夫。”（同上）尽管慈禧认为五年太长，却极赏识左宗棠“一了百了”语，后来果然是五年收功，1873年攻克肃州，班师回京，为慈安、慈禧两宫太后所格外赏识，慈禧对此印象尤为深刻：当朝显贵，言辞伶俐，冠冕堂皇者众矣！而实话实说，说话算数，说到做到的有几个？醇亲王对左宗棠，除去国事功臣，戍边辉煌的敬重外，两人都有一共同爱好：下象棋。楚河汉界，小卒过河，车来马去，尔“将”我“将”，便成了棋友。

光绪七年正月——1881年2月，当时顺天、直隶水患严重，左公认为：“水利废兴，关系民生国计”（《左宗棠全集·奏稿》）“今皇居附近乃粒食维艰，民间流离靡常生计萧索，至今已十余年，

尚无妥策以善其后，坐视神州陆沉，心何于忍？”（《左宗棠全集·书牍》）

某日，恰逢军机处议论永定河水患筑堤事，想听听左宗棠的意见。左宗棠当即说道：

“我去现场看看，并具奏皇上。”军机处众人目瞪口呆：永定河事本属直隶总督李鸿章管辖，左李不睦，世人皆知。左宗棠领军修永定河，岂不大失李鸿章颜面？左公回答得干脆直接：“京畿安全要紧？李鸿章颜面要紧？老百姓生命要紧？十多年治不好永定河，太后、皇上忧心不已，李鸿章辜负守土之责经年，军机处为何不追究？衮衮诸公，亦难辞其咎也！”左宗棠一番直言，皇亲国戚统统闭嘴！

《翁同龢日记》载：

光绪七年四月二十八日，命恭亲王、醇亲王、左宗棠会同李鸿章、童华等兴修畿辅水利。左言：“以死生荣辱为不足较，泛论河道必修。”李疏：“水利宜修，而难于巨款。”

李鸿章以“巨款”为由而不修水利，左宗棠用亲兵浚河筑坝，就近取材，不向清廷要银子，并谓：“养兵何用？当战时，守土征伐，能战必胜；当平日，治水修路，为国分忧，为官一方者，焉有不明之理！”李鸿章闻言失色！左李之争，从塞防争到治水，李鸿章落荒完败！

光绪及慈禧太后阅罢左宗棠奏稿后，朱批照准。左宗棠急调驻扎张家口的两千驻军，西征路上以修河得名的王德榜为首，赴涿州列帐开工，于永济桥一段疏浚河道，在永定河上游筑坝拦水。左宗棠于是年农历六月八日请旨出京，视察河工至七月三日，取道石景山回京，在永定河工地整整25天。王德榜督军修治的工程，由卢沟桥上溯，经石景山、三家店，峡中建石坝五座。“各坝陡山逶迤，长可一千数百丈。”（《左宗棠略传》）使“直隶十余年为之无成，且群疑为不治者”（同上）的永定河筑堤工程，于是年闰七月完工。“河流顺轨，舟楫往来，农商称便。”（左宗棠《永定河下游工程告竣，现正修治上源速期蒇役折》）

左宗棠以平定西北、收复新疆之功返京，入值军机，在紫禁城待了九个月，听了无数官话废话，开了无数无聊的会，做了一件整治永定河为患十多年，而顺轨通畅的实事。他要走了，他想休息，回到湖南老家。军机大内，到处是太监，走路需得小步，说话务必轻声，随时点头哈腰，那不是他待的地方。

光绪七年三月（1881年4月），慈安太后突然辞世，人们曾经听说慈禧患了重病，并怀疑西太后能否痊愈。当传出慈安太后的噩耗时，城里的人开始以为必定是慈禧。及至得知死者却是慈安时，无不大吃一惊！朝中有人开始怀疑慈安是被慈禧害死的。左宗棠于慈安逝世的当天傍晚来到宫里，当他听到这个消息时，不觉脱口而出：“今天上朝，我还看到太后，她和往常一样，言语有力，我不相信是寿终天年的！”他在院子里跺着脚走来走去，越想越生气，他肆意说出自己的想法时，恭亲王尽力叫他不要作声。（《左宗棠略传》）最后恭亲王把左宗棠连拖带拉，弄进了屋里；而左宗棠在内心波涛汹涌之后，却已决定：辞官回乡。

光绪七年（1881年）九月初六，左宗棠七十岁，圣旨下：

“命左宗棠为两江总督（辖地包括江苏、江西、安徽，笔者注），兼充办南洋通商时务大臣。”两江总督是个肥差，是各地总督中人人心向往之的官位。江苏富庶，其时还包括上海，江西物产众多，而安徽有盐商之盛。但左宗棠却不为所动，一心求去。是年十月，光绪帝召见，说：“以尔向来办事认真，外国怕尔之声威，或可省事故，以此累尔，尔当多用人才，分任其劳。”（《左宗棠年谱》）

左宗棠叩头谢恩，退出，到了醇王府，见过醇亲王，并自言自语，“小卒过河，唯鞠躬尽瘁耳！”两人又对弈罢，醇亲王邀左公同坐照相，是为“王侯并坐像”，醇亲王题诗云：

冠裳小帧聚王侯，
鸿雪无心故事留。
堂上偶然连一榻，
胸中各自具千秋。（《老照片》）

第三十一章

两江总督

左宗棠赴任两江总督时，获准绕道回湖南省亲。清光绪七年（1881年）十一月二十五日抵长沙，又至湘阴故里谒先祖墓。左公绕墓彷徨，许久而归。左公从小自视甚高，如今衣锦还乡，自然风光八面。依左宗棠的脾气，高调行事，不加掩饰，我行我素。

据陈锐《褒碧斋杂文》云：

文襄治军二十年，自陕还朝，授军机大臣，出督两江，乞假一个月回湘省墓。出将入相，衣锦荣归，观者塞途。一日，就婿家宴饮，他对女婿说："两江名总督，湖南得三人，一为汝家文毅公（陶澍）；一为曾文正公；其一则我也。然渠二人皆不及我，文毅时未大拜（指未任宰相），文正虽大拜，而未尝生还（曾国藩卒于治所，生前未及荣归故里。笔者注）但我亦有一事不及二人，无长须耳。"（《左宗棠略传》）

假期将满，十二月初八启行，二十二日至南京——时称江宁，接印信，受任视事。

左宗棠到任两江的前一年，长江下游水患，洪水泛滥，灾情惨重。“左公立即筹划大规模治淮水利工程。光绪八年（1882年）正月二十六出省阅兵后二月初三道出高邮，视察运河堤工。初五至清江浦，调阅江北各营，导淮由旧黄河入海，范堤积久浸毁，亦在集资修筑之列。”（同上）左公“并调集湘军、淮军约30个营，疏河入江，筑墩固堤，受益农田。”左宗棠认为：“两江时务之要，无过海防、盐务两端，而水利尤民命攸关。三吴之富强贫寡，悉视乎此，则亦言海防者所必及也。”（《左宗棠全集·奏稿》）

同年，左公在《病势增剧恳恩开缺回籍折》中称：“此次莅任江南，惭无报称，唯农田水利一事躬亲相度。”（《左宗棠全集·奏稿》）

清廷给假休养而不准开缺。“二月十五日，他一返回南京，立即调动军队，兴修朱家山河、赤山湖、通济门与金川门、带子洲与江宁镇等四起水利工程。于江宁设清丈局（即今之测量局也，笔者注），并且在荒芜隙地遍植桑、柏、松、杉等树数百万株，以供养蚕和樵采。”

朱家山河，是在南京浦口为滁河开凿的一条分洪工程，全长18公里。滁河源出安徽肥东。其特点是比降陡然，每遇大雨洪水，水位一天陡涨三米，干流弯曲狭窄，河底石头顽梗坚固，下游为江潮托顶，泄洪不畅，泛滥成灾。

明成化十年（1474年），即有议论开凿朱家山兴修分洪工程，至清朝，均为望水空谈。左宗棠还是命王德榜领军，并奏请朝廷准用“盐票项下”十七万多两白银，以火药裂石，共投入11个营的防军，于光绪十年（1884年）完工，朱家山河渠畅而流顺。又有赤山湖，是秦淮河东源句容河的上游。其历史可上溯至三国东吴，用以拦截“九河来水”，为秦淮河缓冲来自茅山的洪峰，“灌田号称万顷”。然岁月悠长，水土流失，湖底淤积，洪水来时，灾难频发。光绪八年（1882年）十月，左公调防军8000人施工，疏浚河道，计二十多里。另有通济门与金川门、带子洲与江宁镇一并兴修，桥梁、沟道、圩堤、闸坝齐全，江苏水患得到控制，河道、土地和人民得以休养生息。

“四月初十，左公检阅江南行伍，周历镇江、常州、苏州等地。二十四日出吴淞口，二十五日至上海，二十七日还江宁。一路考察水利，巡视防务。”（《左宗棠略传》）左公强调：“两江治内之策，莫过于理财，而理财之力，莫先于治水、行盐两事。”是以故，上任一个月就出巡江北，再巡江苏。（《左宗棠生平大事简表》原载《左宗棠略传》）

《左宗棠年谱》称：

光绪九年，癸未（1883年）七十二岁。

正月，自江宁沿江而下，巡视水利工程。三月，疏请筹办海防，创立渔团（渔民中的准军事组织，为协防水军之用。笔者注）。

四月十三日（5月16日），黑旗军在河内纸桥击败法军。

五月，范堤功成。六月，广筹军火，派王德榜自永州解济边军。自请赴滇、粤督师。

七月，法海军攻陷越南首都顺化海口，法越签订第一次顺化条约，越南沦为法国的“保护国”。

九月，出阅渔团，至崇明，集各军，申明纪律。

十月，还江宁，目疾加剧。檄王德榜在永州（湖南零陵）募十营，组成“恪靖定边军”。

十一月，法军攻陷越南山西。

崇明岛上曾留下过左宗棠的足迹，左宗棠风尘仆仆的身影，是崇明的骄傲。拙著《崇明岛传》中，也有所记：查清宫档案资料，光绪九年即1883年，有时为两江总督的左宗棠的奏折摘录如下：

“奏为筹办海口（所指乃长江出海口也，笔者注）防务，创设渔团，精挑内外洋熟悉水手勇丁，以资征防期收实效，恭折驰陈，仰祈圣鉴事。

窃维江海防务，以布置海口为要，盖御敌于庭除堂奥，不若御之藩篱之外，其理易明也。江东百水朝宗，经流以江河为大。近年黄流北徙，唯长江独挟众流东趋，自江、皖迤东，贯江苏全境，至宝山、崇明入海。由崇、宝溯流而上为白茅沙，再上为江阴，则向来江防之总要也。是故白茅沙为第二重门户，江阴为第三重门户，而崇明滨海，则第一重门户，番舶经商往来，必问途于此。地居内洋之外，外洋之内，岛屿丛错，明险有石礁，暗险有沙积，殆天所以限中外也。”

左宗棠又是什么时候到崇明的呢？到了崇明什么地方？所为何事？光绪九年十月十七日，左宗棠为校阅渔团事又有一折上奏朝廷：九月二十日，校阅靖江、江阴、通州、海门渔团。九月二十一日抵崇明，校阅渔团、渔艇共五十四只。同日，左宗棠又上一折，称："臣此次巡阅渔团，在崇明十滧陡遇暴风，旧疾风痰诸症因之增剧，而左目忽为云翳障蔽，渐致失明。"并"伏祈""恩准开缺回籍调治"。

"崇明十滧海边，好大的风啊！"

朝廷给假三个月，可以不去衙门，但仍需留在江宁。左宗棠在两江总督任上，注重农耕，兴修水利，创建渔团，严守江防，有口皆碑。震惊中外的还有三次巡察上海租界交错地区的盛况。

光绪八年（1882年）四月，左宗棠第一次率兵勇巡视上海，驻留八天。左公在吴淞口检阅了江南水师，观察其操练成效，有"驭远""测海""威靖""澄庆""靖远"5艘兵轮，及"龙骧""虎威""飞霆""策电"陈图打靶，并有外海六营、内海五营水兵操演。左宗棠的"王道"、亲民，贯穿毕生，但在必需显示国威、军威的场合，又极重仪式感，趾高气扬，派头十足，气势恢宏。是次到上海，光是全副武装的亲兵就带了四十名，以及总督出巡的全副仪仗。当时上海《申报》记者的追踪报道称："随行之亲兵四十名，均系湘中忠勇果敢之士，侯相与之同甘共苦，不离左右。此四十人中，皆系提镇衔（提镇指提督和总兵，为从一品、二品衔，笔者注）及巴图鲁勇号历受国恩者，而仍身披号褂，裹头跣足，乐为前躯，亦以见三湘风气之朴实矣！”

秦翰才著《左宗棠轶事汇编》，记左公第一次到上海的情形，更为生动有趣，流布更广：

某年，公过申江，带有护兵数十百人。或告公曰：“照租界章程，凡结刀持械而往者，须先向工部局请得照会，方能通过。”公大怒曰：“上海本中国地，外人只租界耳。以我中国军人行中国地，何照会之有？”乃故令所携亲兵枪实弹、刀出鞘而行。外人仰公威望，非唯不加干涉，预令巡捕沿途照料，且戒之曰：“左宗棠中华名将，今以驰驱王事过此，慎勿犯其怒也。”

自第一次鸦片战争以来，洋人在中国的地盘上横行霸道习以为常，唯左宗棠刀枪在肩、昂首而过。这既符合左宗棠的性格——中国国士寸土必争，绝不向洋人低头；也符合左宗棠当时的环境——堂堂两江总督，督管江苏，而上海其一。野史非史乎？野史有史也！

左宗棠于光绪九年（1883年）九月二十一日至二十四日，第二次到上海，停留四天。这次左公坐兵轮，由瓜州、江阴至崇明、宝山，检阅各县渔团后，泊上海。西方各国领事、租界方面得知消息后，吸取上一次教训，化被动为主动，在租界搭台伺候，并前往码头迎接左宗棠。在欢迎仪式上，洋人鸣礼炮，升大清国龙旗。上海各界、市民拥向码头，以一睹左宗棠的风采为荣。

左公为在上海伸张国威而得意自豪：

“到上海时，中外官绅商民陈设香案。亲兵及在防各营队列队徐引，老稚男妇观者如堵，而夷情恭顺，升用中国龙旗，声炮致敬，较上次尤为有礼。”(《左宗棠家书》)

光绪十年（1884年）正月二十八到三十日，左宗棠第三次到沪。此行的目的一是参观江南制造总局，二是拜访各国驻沪领事。据随队《申报》记者报道：“昨早九点钟时，美、德、俄、奥等国领事均往侯相坐船晋谒。晤谈片刻，各领事辞出，侯相随即登岸，时浦中（黄浦江中也）兵轮船上水手兵丁均持枪站桅，岸上则有文武员弁暨各兵勇站班伺候。侯相穿黄马褂，坐绿呢大轿，气象威严，精神矍铄。行进队伍中，鼓乐开路，衔牌列队，”计有：

统属文武、

兵部尚书、

加一等轻车都尉、

紫禁城骑马、

二等恪靖侯、

东阁大学士、

太子太保、

钦差大臣、

两江总督部堂及銮驾执事，

并翎顶随员、督标、抚标、提标、恪靖等营勇计数百名。

左宗棠的座船离开上海时，黄浦江上，各国兵船鸣炮送行，炮声隆隆，烟云笼罩。《申报》有记：“一时烟雾弥漫，枪炮络绎，晓行风景，大将旌旗，足称壮观！”

行前，曾有幕僚问左公仪仗事，左公告之："全套全新，持刀携枪，衔牌尽出，精神抖擞！"左公心里，在上海的十里洋场及租界地，扬我国威，壮我志气，是必需的，庄重的一件大事。讨厌排场的左宗棠，在上海结结实实摆了三回排场，吐了一口恶气！左公的朋友，在上海滩闯荡多年的胡雪岩说："海上洋人素以十里洋场为他们自家属地，而横行霸道，而两眼朝天，而瞧不起中国人，尤其中国的官吏。如此礼仪对我左公，史无前例者也！"

第三十二章

“纵教黄土埋予，应呼雄鬼”

新疆初定，没有太平几年，法国又在我国西南边陲挑衅生事，中法战争起。中法交战有一个大的历史背景：自鸦片战争以来，西方列强瓜分中国，获取中国富有资源的企图日益明显。清咸丰二年（1852年），法国拿破仑第三即帝位后，獠牙即露，杀气腾腾，用兵国外以安定国内人心。决定从越南入手，目的是使越南成为其殖民地，继而以其为突破口侵华，占领并掠夺我国西南各省的五金矿藏。法国入侵越南取步步紧迫策：先是法国驻越公使，要求割让广南岛，再许通商传教等。越南政府先是不同意，双方争执不下。法人纯属寻衅挑起事端者，于是动武，法军船开炮，发起攻击。又与西班牙联手，先占领广南岛，再攻占西贡达两年。

当时越南境内，能战能攻的部队，唯刘永福率领的“黑旗军”，早在光绪九年（1883年）四月十三日，刘永福与法军在河内城西交手，一场恶战，人仰马翻，“黑旗军”再次得胜，并击毙法军司令李维业。这一仗，震动了整个法国，吃败仗不说，就连司令也难逃一死。

汹涌的法兰西舆论，让“高卢雄鸡”立誓报复，派新帅，增兵力，疯狂进攻。越南遍地烽火，全境濒临沦亡。法军所向十分明确，战火已烧到中越边界！是时也，清廷再一次面临着是战是和的考验和决断，中国切切实实的面临着被瓜分的迫在眉睫的危险！

1883年8月，法国逼迫越南签《顺化条约》，取得了对越南的“保护权”。同时，法军向北进犯，战火烧到中越边界。1883年12月，法军进攻驻守在越南山西的中国守军，中法战争打响。

“如何是好？”慈禧再三催问军机处；“正在议决”，这是军机处的回应。议决就是开会，不断的开会，就是议而不决，就是“和”“战”两难。何以故？

斯时也，清廷内部必有“战”“和”之争，而凡有“战”“和”之争，则必是左宗棠与李鸿章之争。左宗棠一点也不乐观，他知道投降和赔款，不仅是李鸿章所好，亦是清廷——尤其是慈禧所好。左宗棠想明白了，左宗棠想明白了吗？未必，他其实是郁闷的、孤独的，甚至是悲观的，虽然悲观得轰轰烈烈！大清之末，朝廷本质上是惧怕洋人，习惯投降的。

朝廷不同意左宗棠去滇粤督军的请求，怕他“将在外君命有所不受”，但还需要借重左宗棠的威望，“并下诏敦促王德榜成军出关”。王德榜，左公手下能挞伐能治水之名将也。左宗棠随即通知王德榜去永州招募十营兵勇打左恪靖侯的旗号，称“恪靖定边军”，即往桂越边境增援。(《左宗棠略传》)1884年正月，王德榜昼夜兼程到南宁，正值越南军队分崩溃散之时，奉命指挥战斗的云贵总督岑毓英也望风而逃。黑旗军退至云南边境保胜（即今之老街，笔者注）固守，唯“恪靖定边军”扼守在谅山和镇南关一带。

左公忧心忡忡，在给老友、时任漕运总督的杨昌浚的信中倒是一吐衷肠了：

“法越交兵一案，枢部束手，不得已，为赴滇粤边界之请，先令王朗青方伯（王德榜）于回籍之便挑募广勇乡兵数营，一面径赴刘永福处察看军情地势，弟再率新募各营接踵前进，一往图之，为西南数十百年之计，以尽南洋大臣之职。”在写给两广总督张树声的信中说：“衰朽余生得以孤注了结，亦所愿也。”

当此成亡之际，清军和“黑旗军”取得了“纸桥大捷”（纸桥本是一座木桥，越南地名。笔者注），战场形势大好，清廷上下备受鼓舞。慈禧太后为更好地调动淮军，于光绪九年（1883年）四月颁发上谕，命李鸿章到广东指挥中法战争：“着派李鸿章迅速前往广东，督办越南事宜。所有广东、广西、云南防军，均归节制。应调何路兵勇前往，着该大臣妥筹具奏。”慈禧太后还赞许道：“李鸿章公忠体国，定能仰副朝廷倚任之重，星驰前往，相度机宜，妥为筹办。”(《清实录》)

其时，李鸿章刚办完母亲的丧事，从合肥返回天津途中，于上海接朝廷上谕，读后思虑重重、甚为不满。即具文上奏《法越交涉事端重大遵旨妥筹全局》的密折，云：

“今越与内地相去数千里，若陈师远出而反戈内向，顾彼失此，兵连祸结，防不胜防”。李鸿章并认为法国海军之强大，几称无敌“其船械之精，操演之熟，海上实未可与争锋”。那么陆上呢？纸桥大捷之后清守军与“黑旗军”不是大可一战吗？李鸿章却巧舌道：“但一时战胜，未必历久不败；一处战胜，未必各口皆守。”“越为法并，则边患伏于将来；我与法争，则兵端开于俄顷；其利害轻重，较然可睹。”李鸿章函告总理衙门，务必含忍与议：“与其兵连祸结，日久不解，待至中国饷源匮绝，兵心民心摇动，或更生他变。似不若随机因应，早图收束，有裨全局矣。”为此，李鸿章强调只能与法国“和”而不可与法国“决裂”，事关大清稳定，以免“全局动摇”。(《清光绪朝中法交涉史料》)

左宗棠的朋友，曾任驻英、法钦差大臣，时正离职居家的郭嵩焘，与李鸿章论调完全一致。认为“中国无可战之机，无可战之势，亦无可战之理”。并称“中外诸臣一袭南宋以后之议论，以和为辱，以战为高，积成数百年气习。”(郭嵩焘《养知书屋文集·奏疏》)慈禧太后完全接受了李的投降观点，立即收回成命，将李鸿章召回天津。(《左宗棠略传》)李鸿章不肯上前线不说且扬言：“若以鄙人素尚知兵，则白头戍边，未免以珠弹雀。枢府调度如此轻率，殊为寒心。”(《李鸿章全集》)所谓“以珠弹雀”即不自量力也，与法国开战，必无胜算，并为之“寒心”，因为必败无疑。在李鸿章心目中，只有一条路可走：和议、投降、割地、赔款。

慈禧要李鸿章“星驰前往”；李鸿章止步不前。李鸿章以曾国藩学生而为慈禧亲信，却敢于抗命："奈我乎？"其时，左宗棠的西征军已星散全国，李鸿章所保有的淮军和北洋水师，是中国仅剩的可以一战的水陆部队。李鸿章拒不赴任，便无人可调动淮军和北洋水师。只得另派兵部尚书彭玉麟前往广东筹办军务。

左宗棠直接写信给李鸿章，与之驳论：

"法人于越南早玩之股掌之上，亦越南有以取之。唯其疆土日蹙，则粤、滇边务亦宜借筹，南洋未可坐视。"对于有过交情的郭嵩焘，左公直言相向，致信云："尊论谓南宋识议无足取，弟以今日人才衡之，似南宋尚胜一筹。以彼国势日蹙，遑言长驾远驭之规。兹则金瓯无缺，策士、兵勇又足供一时之需，乃甘心蠖屈，一任凌夷如此之极，洵有令人难解者矣！"(《左宗棠全集·书牍》)

光绪九年（1883年）四月，李鸿章抗命，拒绝前往广东"督办越南事宜"，也不愿把淮军调往前线以为支援。法军大举压境的时光，在两江总督任上，越南危乱之际，左宗棠奏报朝廷，要求：

"亲率大军一往图之。为西南数十百年之计，以尽南洋大臣之职。""衰朽余生得以孤注了结，亦所愿也。"

清廷不准。左公命部将王德榜回湖南继续"招募广勇乡兵数营"，"径赴刘永福处察看军情地势"，且准备亲自"率新募各营，接踵前进。”农历七月初一，王德榜坐船从江宁启程。行前左公重重拍了一下王德榜的肩膀：“德榜之膀千钧之膀也！”遂拱手道别。左宗棠亲为王德榜特别调拨的军用物资有：

水雷二十四具，

棉花火药一千磅，

洋火箭一百支，

两磅熟铁后膛过山炮十尊，

开花弹六百个，

钢管拉火一万七千枝，

“马梯尼”步枪二百杆，

弹子二十万颗，

“温者斯得”十七响洋枪二百杆，

弹子二十万颗，

大铜火二百万颗，

细洋枪药三万五千磅，

“燕非”来福洋枪五千杆，

铅子一万斤，

六门手洋枪二百五十杆，

弹子一万九千一百七十六颗，

四门神机炮六尊，

自来火子二万颗，

七条铁线包麻电线二英里，

铜丝包胶电线二英里，

以上各件均配齐架具及修理枪炮等各项器具。(《左宗棠全集·奏稿》)

慈禧为首的清政府，骨子里就是一个怕洋人的软骨头政府，慈禧惧战争进一步扩大，以致无法收拾，而急于妥协：

“遂派李鸿章于五月初，与法国代表脱利古在上海谈判。九月，谈判地点移到天津。”(《左宗棠略传》)

李鸿章奉慈禧之命正在议和谈判，左宗棠一心求战亲上前线，自然不会被允准。左公唯有努力支持前线的王德榜等抗战部队，调派有作战经验的将领提督，赴抗法前线，为王德榜助一臂之力。并“解去饷银十万三千两”。(《左宗棠略传》)黑旗军“纸桥大捷”后，左公兴奋异常。他是清朝大员中唯一一个对“黑旗军”予以高度评价的人，在给云贵总督岑毓英的信中说：“越之所以苟延者，赖有黑旗勇。此战之力，足寒贼胆而快人心。果能再接再厉，则法人凶锋频挫，何能越红江（即红河也，笔者注）而上窥滇、粤边境乎！”(《左宗棠全集·书牍》)当国内有人污蔑黑旗军为匪或土寇时左公却给出了完全不同的很高评价：

“刘永福以一健卒为越捍边，力挫虐焰，似亦人所难能。”“是刘永福在中国本非乱民，而在越南则义士也。”(同上)

左公还从江宁军火库中拨出水雷三十具，火箭百枝，又嘱岑毓英：“或以之暗助刘永福，俾有所凭借，不致为所摇撼，则越南安而滇、粤亦安矣！”

赴前线督师请战，朝廷不准。其时，左公七十二岁古稀人矣！李鸿章小左宗棠十一岁。1884年1月，左公因眼疾又发，请假回籍调养，获清廷允准。行前，披览中法战争札件，前线战事吃紧，左公决定留在南京一边疗眼病，一边布置江海防务，关注前线战局。当左公得知法军船舰已至福建沿海，当即奏报清廷，提前销假，领军前线，以击败法军。保越南，保福建，保中国。清廷仍不许，而是调回北京，再入军机。

左宗棠在军机处，与恭亲王、醇亲王一起，全力主战，抵消主和派的影响。并命张之洞取代淮军张树声，任两广总督。彭玉麟与张之洞相互切磋，同心协力，前线形势有所好转。是年闰五月初一，法军200多人借口巡边，逼近谅山观音桥中国驻军地，突然发动进攻，被清军击退，激战二日，法军伤亡近百人，被迫后撤。清军在观音桥一战中获胜，士气大振，是为“观音桥大捷”。

李鸿章建议见好就收，慈禧信任李鸿章，而军国大事不能一人言定，便召开御前会议商讨。会议开始，竟然一片沉默。“和”也不说，“战”也不说，慈禧问：“到底是和是战？”这时候，左宗棠站出来大声道：

“大清不能永远屈服于洋人，与其赔款，不如拿赔款作战费！”左公又云：“越南与中国接壤，如越亡，则中国藩篱尽撤！广东亦危，滇、黔之边腹均形棘手，后患何以堪言？”(《左宗棠略传》)

左宗棠抵京半个月后，主战的声音渐渐抬头，朝廷内外，工商士农纷纷反对天津和约，即《中法简明条款》，因为李鸿章与福禄诺签订故，又名《李福协定》。是光绪十年四月十七日（1884年5月11日），左宗棠尚在返京途中，李鸿章代表清政府与法国驻华大使福禄诺所签订。这一条约的主要内容是：

中国同意法国与越南之间“所有已定与未定各条约”，亦即承认法国对越南的保护权。

并要清政府“将所驻北圻各防营即行调回边界”。

“中国同意中越边界开放通商”等。

法国并单方面规定，“越南北部全境公开向中国军队原驻地分期接防的日期”。对最后一条，李鸿章未加明确答复，但对清廷亦隐而不报。左宗棠得知后，当即向朝廷上《时务说帖》，指出中国被“瓜分豆剖”（康有为语）的危险：

“法人之得陇望蜀，势有固然。迨全越为法所据，将来生聚训练，纳税征粮，吾华何能高枕而卧？若各国从而生心，如俄人垂涎朝鲜，英人觊觎西藏，日本并琉球，葡萄牙据澳门，鹰眼四集，圜向吾华，势必狧糠及米，何以待之？此固非决计议战不可也。”（《左文襄公全集·诗文·说帖》）

左宗棠指出，只有决战才能破列强瓜分之危局，并分析敌我形势，中国战胜法人的可能性：“法人欺弱畏强，夸大喜功，实躁进而畏难。近时国内党羽纷争，政无专主。仇衅四结，实有不振之势。吾华果示以力战，必不相让，持之期年，彼必自馁。况虚悬客寄之师，劳兵数万里之外，炎地烟瘴异常，疫疠流行，死亡踵接。有此数忌，势难持久。此议和之应从缓也。”（同上）左宗棠虽年过七旬，仍英气豪迈，慨然请命，大有舍我其谁之势：“任重南洋，兼管七省海口，尤属义无可辞。”“不效，则请重治其罪，以谢天下。”（《左文襄公全集·奏稿·说帖》）

左宗棠入值军机后，联络庆亲王、醇亲王等有意抗战的势力，紫禁城情况似乎有所改变。而意想不到的是在全民反对和议的舆论压力下，有人揭发法使福禄诺曾对李鸿章说：“法方将派军队巡查越南边境，并驱逐黑旗军。”李鸿章隐情未报，受到“申饬”。（《左宗棠略传》）在讨论给予李鸿章处分的军机处会议上，左宗棠坦言：

“倘在庙堂议论之间，言‘和’与言‘战’，外交与兵斗，皆可畅言，相与辩驳，此为口舌之争也！如付之协议则需慎而又慎。至于私下接谈，隐匿不报，此大清律所不容也！”

坐在旁边的醇亲王当即与左宗棠轻声耳语：“太后”一句后，左公满脸不屑，却不再发难，李鸿章便被“申饬”了事。李鸿章被“申饬”时，又有一事传到大内：“两江总督曾国荃奉旨与法使巴德诺，在上海商讨条约细则时，擅自答应给法方抚恤银五十万两，也予以严旨申饬。”（同上）左公愤怒且痛苦：“这是曾国藩的弟弟吗？”而在法方，认为天津和约对中国让步太多，被法国议会否决，一个历史的教训是：侵略者从来都认为侵略是正义的，侵略者是以侵略为荣的，侵略者如果不被反抗，教训，打趴下，必定会得寸进尺。

清廷拒绝赔款后，法军加强兵力，进攻宣光、保胜、谅山，又派海军中将孤拔，率舰队巡弋东南沿海，进行战争威胁。战场形势由陆而海，顿时严峻。但法人又伸出了议和的橄榄枝，左宗棠上奏分析敌情形势，及应对之法：

“是法人请和之不足信，而缓兵之伎俩毕露矣！且自天津和议条款一出，天下臣民莫不共愤，而痛憾狡虏之欺负朝廷也。兹又衅自彼开，法人虽狡，无可置辩。唯有请旨敕下滇、粤督臣严饬防军，稳扎稳打，痛予剿办。”（《左文襄公全集·奏稿》）

清廷还没有来得及批复左宗棠的奏折，忽有消息从福建传来：法国舰队如入无人之境，已于五月底（1884年7月中旬）驶入马尾军港。船政大臣、统领马尾的何如璋，李鸿章的亲信，未发一枪一弹阻止。法国舰队堂而皇之地强占我马尾军港。清廷上下惊呼：“焉有此理！”紧接着是内廷的一片习惯性慌乱：“如何是好？”

光绪十年六月十五日（1884年8月5日），又有法国兵舰列进攻编队，突然快速驶向台湾基隆，并发起攻击，旋即登陆占领基隆炮台。法人的突然袭击使督办台湾防务的刘铭传怒不可遏，当即率部英勇抵抗，夺回基隆炮台，法军败下阵来。法人在基隆被刘铭传痛击后恼羞成怒，连出两招：“一方面通知停泊在马尾港的法国舰队准备策应，另一方面命驻华公使，向清政府提出最后通牒，并于

七月一日使馆下旗离开北京。”（《左宗棠略传》）

与此同时，法国紧锣密鼓地宣扬并实施对华战争。“七月三日（1884年8月23日），法国驻福州领事馆通告何如璋：本日对华开战！”“何如璋在敌人不宣而战的情况下，不做任何应战的准备，使福建水师失去许多打击敌舰的有利战机。”（同上）更不可思议的是何如璋在接到法方“公开宣战”的通知，却又守密不报，还阻挠“振威”号管带许寿山等人迎战的主张，说：“昨日还得李相（李鸿章也，笔者注）电告，和议大有进步。你们听到的开战消息必系谣传。”（同上）

是何如璋接到的开战通告，而守密不报，竟说开战的消息是谣传，正值军情危急的军中，为何出现此种情况？无它：何如璋只听李鸿章的指挥！李鸿章又一次完美塑造了置家国人民利益于不顾的，投降主义者的形象。

就在何如璋否认法国开战的消息时，马尾港内法国军舰，突然大炮齐发。炮声隆隆，浪涛汹涌，和平在一瞬间被撕破，读者诸君请注意：从来没有天上掉落的和平，从来没有别人恩赐的和平，从来没有不经过浴血奋战才有的和平，从来没有固若金汤的和平，取得和平之路是坎坷而遥远的，失去和平却很可能是在一念之间。马尾上空布满了惨淡阴云。

法军一个多小时击沉了港内全部中国船只，包括由11艘兵轮组成的福建水师和19艘商船。尽管福建水师官兵进行了英勇的抵抗，但终究仓促应战，战机全失，船只相继被击沉，阵亡将士760余名。法舰随即又开炮击毁马尾造船厂。这就是历史上“马江之役”的惨败经过。

回首历史，“马江之役”的惨败，非福建水师之责也，先有何如璋接获法国驻福州领事馆的“开战通告”，却秘而不发、隐而不报；后有李鸿章发电报给何如璋“和议大有进步”语。马江之败，非败于法也，福建水师本来大可一战，而不让战，而不得战，故曰：其败也，完败于中国官员手中，何如璋、李鸿章之流也！

马江大败的消息，迅速传布到中国各地，大众愤愤不平：“平民百姓是不可能卖国的，卖国者必为当权者！”

福建水师马江覆灭，全国人民痛心疾首之时，

“而李鸿章反而带头夸耀法军的胜利，说什么法舰在数刻钟之内，就将中国船只全部击毁，足以证明中国人万难与敌。”（《左宗棠略传》）李鸿章在“马江之役”中的角色，可见端倪矣！

清廷震动！光绪帝震怒！慈禧太后坐不住了！连连问责军机处：“麻木不仁似何如璋，为什么能领军福建水师？”

“是福建水师不能战？还是何如璋不让战？”醇亲王长叹一声，看了一眼左宗棠。

左宗棠当即回答道：“何如璋无德无能，但是李鸿章亲信，李鸿章电告何如璋，和议将成，不让开战。福建水师能战求战，何如

璋不应，于是成此败局。”

“时局如此，计将安出？”慈禧把话题甩给了军机处。

醇亲王和左宗棠指出：拒绝和议与投降。

立即对法宣战。

派出朝廷要员统兵前线。

清廷与慈禧不得不面对全国波涛似的舆情，于马江之败后第三天，即是年七月初六日宣布：对法宣战！

“第九天（七月十五日）傍晚，左宗棠来到醇亲王府邸，要求亲王同意他亲赴福建前线督师，与法军一决雌雄。”（《左宗棠略传》）

醇亲王：“除却左侯，尚有何人在？”

“有当朝唯一手握水陆两师者。”

“他肯去吗？朝廷盼其求战，望眼欲穿矣！”

“赴汤蹈火，老夫在所不辞！”醇亲王记述左公当时情形称：

左宗棠“仍是伏波（指伏波将军马援也，笔者注）据鞍之慨，其志甚坚，其行甚急”。（同上）“甚坚”者，抗法以保福建也；“甚急”者，军情不可怠也！是年，左宗棠七十三岁。

第三十三章

“衰朽余生得以孤注了结”

三天后（光绪十年七月十八日，即1884年9月8日），朝廷发出诏令：

“着左宗棠以钦差大臣，督办福建军务，急速赴闽督师。”杨昌浚同赴福建为左公之助。

七月二十六日晨，左宗棠到内廷告辞，慈禧召见，温谕慰劳。醇亲王在中右门外设筵为左宗棠送行。《翁同龢日记》中，对左公赴闽辞行有记：

“其言衷于理，而气特壮。”

辞毕，与醇亲王，军机处，各部大员一一拱手，左公携亲随，行经正阳门、崇文门、出东便门，到通州下船，径往江南而入闽。沿途行人，闻之鼓舞；全国民众，无不欣然！八月抵江宁，调旧部五千人从征，清政府起复原陕甘总督杨岳斌帮办军务。九月，左宗棠自江宁经江西入闽。

上海《申报》有两则报道说：“闻闽省水师失利，侯相（左宗棠当时已以武拜侯、以文拜相，故有侯相之称，笔者注）慷慨请行，圣心嘉许，遂拜督师之命。文璐国（北宋文彦博也，爱国军事家，曾被封为潞国公。笔者注）之精神，郭汾阳（郭子仪也，政治家，唐中兴名将。笔者注）之勋业，侯相可谓兼之矣！”

又：“左相以闽事吃紧，慷慨请行。所谓一息尚存此志不容稍懈，方之古人，曾多不让！”（《左宗棠略传》）

从光绪七年至十年，三年内左公以七旬老翁之姿，南北奔波，一路呐喊，三次请命，四次调动，满腔热血，为国驰驱。他的亲信好友如杨昌浚却暗自心疼，他仿佛看到：左公烈士暮年的伏波之态下，是战死疆场，马革裹尸的向往！

左公正在赶赴前线路上时，有喜报传至：光绪十年九月三十日——公历1884年11月17日，清廷批准新疆正式设省，刘锦棠为首任巡抚。为新疆建省，图边陲安定，左公曾多次请命有“立国有疆，古今通义”之论。新疆建省，左公掀髯：“绝域边地，可得长治久安矣！”

左宗棠于1884年12月14日抵达福州，其入榕情景，轰动全城，也安定了人心，时人有记：“前面但见旗帜飘扬，上书‘恪靖左侯’。中间则队伍排列两行，个个肩荷洋枪，步伐整齐。后面一人，乘肥马，执长鞭，头戴双眼花翎，身穿黄绫马褂，堂堂相貌，若羊叔子（羊祜也，《晋礼》之修撰参与者，为后世留有羊陆之交、不舞之鹤、折臂三公等典故。笔者注）斯文，主将左宫保也。再后青蓝顶，亮红顶武弁追随，不计其数。所过街坊各铺户均排设香案迎迓。盖榕垣当风声鹤唳之秋，经此一番恐怖一见宫保，无异天神降临，所以敬礼如此也！”

进福州当晚，左公即会同杨昌浚、福州将军穆图善等反复商筹军务。左公下令：严守各关卡，檄调各营分驻长门、金牌、连江、东岱、梅花各要口，严咨巡防。长门、金牌为闽港第一门户，左公令：星夜督工，装火炮，设水障，由穆图善亲自驻防调度，必得昼夜巡守。距省城福州三十公里之林浦、魁岐及闽安右路出海之梅花江、垒石填塞之江岸建炮台，火炮到位，重兵扼守。如有法艘蠢蠢欲动，一边飞报，一边开炮，务求击沉，击退为次。左宗棠、杨昌浚联袂冒雨出福州巡察，由南台、林浦、马江、闽安南北岸至长门、金牌，各营将士列队受阅，试枪试炮，百发百中。左公阵前略抒心怀，慨而言之：“军民合力，精心设防，法舰入侵我马尾，水师不战而败，谁之过？谁之罪？过在为洋人所牵制，罪在畏战祸国之辈！更岂有议和赔款之理？凡我兵勇，耻为和谈，一心杀敌报国，法人法舰，何惧之有？娃儿们，上阵！”

营哨官兵，无不随之呐喊：“杀敌报国！”一时江涛轰鸣响应。

左宗棠入闽后，昼夜不息，排兵布阵，调动兵勇，一系列备战措施，大有战之必胜之意，福州人心渐渐安定。时届春节，福州人较之内地更重视农历各节日，春节尤甚。杀猪宰羊自不待言，更有岁月交替，接绿迎春之人心的跃动。左宗棠先派杨昌浚巡查，又接获前方情报：法舰已云集马祖澳，将乘除夕攻我方不备。“时杨昌浚方巡视沿海营垒，左公随即顶风披雨，乘舟飞渡，直驱长门、金牌，申严军律，封塞海口严切御敌。”（《左宗棠略传》）法舰破浪而至，海口要塞随即下令开炮！炮弹若雨，炮声如雷，法舰慌忙退走。福州恢复平静，福州的春节弥漫着庆幸与欢乐，西湖游人日众，欢声笑语益增。桃花已见蓓蕾之初，榕树岿然矗立依旧，福州市内各水道，游船张灯结彩。观者奔涌如潮——福州多年未见之民生欢乐气象也。

左宗棠督闽的双重使命，一是加固福建防务，准备与法舰决一死战；二是援助台湾，粉碎法军企图占我台海以逼迫清政府投降的企图。相比起来，援台任务更重！更难！法军尽遣精锐，猛攻事关台湾存亡之两大战略要地：基隆、沪尾（今之淡水），巡抚刘铭传一面奋起坚守，抗击法军，一面向清廷求援：“全台震动，望援师尤急！”（《中法战争》）援台的艰难在于：“法舰实行海上封锁，切断大陆与台湾联系；而南洋、北洋水师坐视不救，不派舰队护航。”（同上《中国近现代史纲要》词条）“若不赶紧援救，诚恐贻误事机，牵动大局。”（同上）当此危难之际，左宗棠又一次上奏请命，督师赴台，传令迅集帆船冒险东渡，以解台危。“福州士兵惊骇，万众呼留”，地方“绅耆士绅再四挽留驻省”，清政府又诏命不予批准。才留下坐镇福州，“调度指挥一切前敌事宜”。（《左宗棠略传》）

左宗棠上奏朝廷，强调：

“（台湾）孤注大洋，为七省门户，关系全局……将福建巡抚改

为台湾巡抚，……大有裨益。”(《左宗棠全集·奏稿》) 左公的这一奏折，“成了台湾建省的先声”。(《左宗棠评传》)

光绪十一年——1885年6月9日，慈禧太后命李鸿章在天津，与法人巴德诺签订《中法会订越南条约》(《中法新约》)，并签约画押。

左宗棠闻讯回到书房，研墨，提笔，榜书大字：“纵教黄土埋予，应呼雄鬼”。并大呼：“娃儿们，来看！”

左宗棠若获清廷允准，历史将会留下如是画面：为增援刘铭传，他坐在福建木帆船上，率领千百艘帆船渡海，乘风破浪，呐喊连声，枪炮飞鸣，面对法国侵略者的舰队。中国不是有号称亚洲第一的李鸿章的北洋水师吗？北洋水师不是有几十艘吨位不错的铁甲舰吗？为什么在攸关台湾生死命运的中法战争中不见踪影？左宗棠为什么不是坐着军舰应战？而是由帆船冒着枪林弹雨驶向台湾？这一切，只是历史的问号。毫无疑问的是：在台湾、福建为国家命运，急需水师舰船时，李鸿章神隐了！李鸿章缺席了！李鸿章置台湾宝岛之命运于九霄云外了！

左宗棠不能亲赴台湾参战，但在福建稍事安定后，“在援台斗争中，左公煞费苦心，每施一策，头发为白。尤其是他急调王诗正来闽”。(同上) 王诗正，号莼农，湘乡人，王鑫之子，随左公西征立有战功的亲信大将。左从数千里外急调来闽。王闻命求道，昼夜奔驰，未及十日到福州，组一支“恪靖援台军”。扮作渔民，乘风破浪，冒法舰阻击之千难万险，凛然东渡台湾，史书有记：奉左宗棠命令，王诗正驾木帆船，“慨然率千人乘夜发，亲友知其事者，无不为之泣下。始于道出澎湖，乃易商船甫渡半，天黑风厉，海波涌起，舴为礁石所破，水骤入没膝……而夷舰巡弋者方衔尾而过。观察躬撤卧褥塞舟所穿处，越日乃得济，其危险如此！”(《中法战争》)

恪靖定边军历千辛万苦，王诗正领前军，于1885年3月初，登陆台湾，驰达台南，进驻五堵。随即奉命奔赴前线，进驻扎要口。尽管英勇善战，临危不惧，毙法军数百，然王诗正终因法军先占地势之优，又有炮火之精，能居高临下；而清兵只能从下而上仰攻，以一石为一垒，敌众我寡，战至弹尽粮绝！处境之难，大有被法军合围而歼的可能！与此同时，左宗棠又派水师名将杨岳斌，从泉州发船渡海至台湾，增援刘铭传、王诗正，力保台湾不落入法人魔爪。台湾战事正酣，法军连做梦也想不到左宗棠在北洋水师不给一艘军舰助阵的窘况下，能连发援军到台湾，致使台湾战事胶着。而世事多有未料者：是年4月18日，清政府令停战撤兵，清廷与法国的屈辱和议垂成。(《左宗棠略传》)

左宗棠：“又要割地赔款了吗？又要投降了吗？是何人哉！是何世哉！如此景象，国将不国！”左右无言，幕僚垂首，左公喘气急骤，面色陡变。

杨岳斌急急赶来报左宗棠：王德榜告急！左公加强福建和台湾的防务的同时，还要密切关注着中越边境的战局，法军侵略者的动向。在左宗棠等主战派，严斥李鸿章签订《李福协定》即为卖国条约的背景下，主战派暂占上风。光绪十年（1884年）七月清廷下令："各省督抚督率军战守，以后如再提出议和、赔偿等，即交刑部治罪。"（同上）

此令一出，军情大变："黑旗军"联手滇军，在三圻附近与法军对战获胜，"歼灭法军两三千人"（同上）。广西巡抚潘鼎新，李鸿章亲信也，秉承李鸿章意旨，却命"黑旗军"退回国境。法军乘"黑旗军"撤退，大举进犯谅山，潘鼎新被迫反击，将敌军击退几十里，好不容易打了一次胜仗。可是又感到违背了李鸿章的意旨，惶恐不安地向李鸿章致信解释，李回复说：

"败固不佳，胜亦从此多事。"（同上）

潘鼎新深知李鸿章心思，遂放弃乘胜攻击的有利时刻，而让法军争取到了时间，增强兵力，主攻王德榜驻防的丰谷，王德榜率"恪靖军"奋力反击，激战一天，伤亡惨重，军火不济……王率部突围，转移到板桐。法军知道"恪靖军"顽强，王德榜又是左宗棠手下虎将。便转而攻击潘鼎新驻守的谅山，潘急命王德榜来援。王德榜的部队还没赶到，潘部守军在法军猛烈攻击下，已无斗志，不战而溃，一直逃到镇南关。主将潘鼎新逃得无影无踪，史书记载说："解任回籍"。潘鼎新在越南的丛林里抱头乱窜时，"王德榜和奉命出山的老将冯子材约定，二人各自率军一面坚守阵地，一面伺机阻击法军，变被动为主动。冯子材守凭祥，王德榜守由隘。”法人灭我之心不死，光绪十一年（1885年）二月初七日，法军再度来犯，几次猛袭关前隘，冯子材一连失去数垒，形势危急。

王德榜告急后左公急命：王德榜、黑旗军、滇军，不受已不知踪影的潘鼎新制约，王德榜为首，三军合力，攻守互动，成掎角之势，防卫并伺机出击固守中越边界一线。不许法军越境尺寸。不计一时成败，坚守待援。“法人孤傲自大，持之以日，不足为虑。”

王德榜立即从由隘派兵增援凭祥，采用了刘锦棠在新疆的打法：派一支正面部队佯攻，另出奇兵，翻山越岭抄法军后路，攻其不备！法军后方部队毫无防备，而被全歼。老将冯子材得知后，一鼓作气，领兵奋起冲锋，所向无敌。

法军在王德榜、冯子材两部夹击之下，全线崩溃。光绪十一年二月初七、初八（1885年3月23日、24日），冯子材、王德榜在镇南关大破法兵，歼敌一千余。二月十三日（3月29日）攻克谅山，两军将镇南关所失营垒全部收复，又乘胜克复文渊。十三日，苏元春部也加入战斗，三军联合攻占敌老巢驱驴。（一称驱驴圩，与谅山隔岸相对，形势险要，军事要塞也。笔者注）当晚即1885年3月29日晚，收复谅山。这就是史书所载，举世闻名的“镇南关、谅山大捷”。清军一直追赶法军到坚老（今越南坚江省一地，笔者

注），法军统帅尼格里在战斗中重伤。同时，刘永福的军队在西线也获得“临洮大捷”。(《左宗棠略传》《中法战争》)

法军在越南战败，主帅尼格里身负重伤险些丧命的消息传到巴黎时，法国为之震动，巴黎人纷纷涌进广场，反对派趁机攻击，口号声震耳，抗议政府不堪，法军无能，使“高贵的”法国人脸面尽失。茹费里内阁应声倒台，法国人不知所从。对于某些自命不凡的法人来说，他们都想找到一个答案：“为什么我们会败在中国人手里？为什么连中国都打不过？”

某日，有法人和巴黎华人在街头闲谈、争论，法人傲慢地说：“中国人不就是开饭店、炸油条的吗？”

华人答：“油条和法棍有多大区别？”

“有！法棍会使人想到冷兵器。”

“棍子吗？”

“是的，可以教训落后民族。”

“法棍能守住谅山不吃败仗吗？”

法人无语。这一位华人显然知晓中国历史，他继续说道：“中国冷兵器时代，早在三千年前，而当时的欧洲人正披着兽皮，在草原上游荡、觅食。”

世事再有未料者：中国在越南战场上艰难而辉煌的胜利，倘若按一般逻辑应是：废除法国对中国和越南的一切不平等条约，法军撤出越南和中国台湾，法军因战败而赔偿。但一切却以相反的、令人瞠目结舌的方式出现了，中国近代史上少见的至暗时刻来临了：

清政府却于大胜之后下令前线停战！（《左宗棠评传》）

“王德榜被革职，冯子材和刘永福相继调离，他们三人都在寂寞潦倒中郁郁以终。”（《左宗棠略传》）

有诗赞曰：

天山冰雪谅山雨，
沙场挞伐马蹄急。
纵有捷报带血传，
未见红河逐浪起。
紫禁城深或似梦，
是谁夜半却吟诗。
将军未曾百战死，
却是余生潦倒时。

在福州，两个消息接踵而至。先是谅山大捷，福州军民涌上街头，放鞭炮以祝，左宗棠难得的掀髯一笑；随后却是中法议和，慈禧让撤军的消息！是次议和与谅山大捷相距不过数日，太快太突然，胜利之后为什么要投降？投降还需争分夺秒吗？投降还怕来不及吗？左宗棠大呼：“十个法国将军不如一个李鸿章！”

光绪十一年（1885年）六月，福州营官报知：署理福建福宁镇总兵侯名贵求见！西征边荒，昼伏夜行，共苦共难，疏勒望云，时在念中！左公相迎。侯名贵握一卷宣纸，拜见道：“《疏勒望云图》还望总督大人赐句。”

“在新疆不是题有五古一首吗？”

“尚有特为总督留白处。”

“人皆一，余占二乎？”

“名贵不才，唯以追随大帅为幸，是为再求墨宝。”

左宗棠吩咐笔墨，于书案上展开《疏勒望云图》：叹曰：“叠石为屋，泼墨烟云，武能克垒，文可挥毫，我名贵将军也！”然后题跋：

桂舲大兄提戎从余定回疆，驻军疏勒，将母不遑，因结屋数椽，榜曰“疏勒望云”。复图之索题，爰赋七古志之。

男儿有志在四方，欲求亲显须名扬。
自来尽忠难尽孝，征人有母不遑将。
提戎自少贫且贱，学书不成去学剑。
膂力刚强原过人，手挽乌号长独擅。
适值潢池盗弄兵，东南半壁烽烟横。
我时陈师扫群丑，三千貔虎屯长营。
提戎牵裾别慈母，誓志从戎来江右。
隶我军籍随我征，勇气百倍无与偶。
浙闽东粤及秦中，转战所向皆有功。
戎马驰驱度西陇，勋名懋著何英雄。
嗣后回酋肆猖獗，我复出关持节钺。

提戎敌忾效前驱，马蹄蹴破天山雪。
万里遄征久未归，远羁疏勒隔庭闱。
登亭南望一翘首，多情时逐白云飞。
云弥高兮不可步，亲舍迢遥渺何处？
边塞秋风匝地寒，吹起心旌无定住。
迩年捧檄来闽疆，絜养犹然憾未遑。
同是异乡空陟屺，此怀绵邈长更长。
嗟乎举世趋薄俗，每以途人视骨肉。
提戎雅有至性存，尚有一言为尔勖。
我今解组老归田，不忘魏阙心犹悬。
海防善后事孔急，将士还须猛着鞭。
提戎素来禀慈训，身受君恩逾感奋。
终当移孝作忠臣，为我国家扶厄运。

在这首题跋中，显见左宗棠为国忧心忡忡，“我今解组老归田”，是左宗棠上奏辞官回籍调养，却未及求道。“不忘魏阙心犹悬”，乃嘱名贵，心悬而不甘，世事多艰也；“海防善后事孔急，将士还须猛着鞭”句，马江惨败，澎湖告急，左宗棠心事未了而寄望后来者也！疏勒，古西域国名，位于新疆西南部，东临沙漠，西倚高原，乃古丝绸之路的南北两道，交会要冲，与南疆重镇喀什噶尔相邻，是历代兵家必争之地。

有记载称，谅山大捷后，李鸿章对慈禧太后说了句“时机难得”——即乘着胜仗所得而议和，议和成功的几率要高。法人侵略在先，打胜仗了，为什么要议和？但李鸿章这句话中，所带的恐吓意味，却击中了慈禧要害：一旦时机不再，“八国联军”时的仓皇辞庙，西行逃亡，倘若再现，那才是天大的灾难！家国情怀等等，慈禧已经顾不上了，她与亲信李鸿章一唱一和，一众朝廷大员，谁敢说个不字？唯一可与李鸿章直面对决、能与李鸿章抗衡的左宗棠，又远在福建。当一切成为事实，夫复何言？左宗棠知道已回天乏术，但职责所在，心有不甘，做最后一次努力，写最后一封奏章，密奏朝廷云：

“要盟宜慎，防兵难撤……用兵之道，宜防尔诈我虞，驭夷之方，贵在有备无患。”（《左宗棠全集·奏稿》）

左公向朝廷指出：“法国自逞兵以来，忽战忽和，反复无常，不可信任。去年签订《中法会议简明条款》，旋又毁约，挑衅，观音桥之战反诬我赖为我先开威胁恐吓，无所不至。现在又请议和，怎可轻言？目前沿海各省经过惨淡经营，稍为周密，今在战胜之余，又轻率议和，日后办理洋务，势必更加困难。”左宗棠深知，慈禧当道，李鸿章率投降派已占据朝廷绝对优势，改约无望矣！只得求其次：“前约（指天津《中法会议简明条款》）已置越南度外，而新失之基隆、澎湖必当归还，然后可许。”（《清史稿》《左宗棠年谱》）

左宗棠的奏折无法阻挡清廷耻辱的撤兵、议和，却揭露了法国侵略者及中国投降派如李鸿章的真面目，批评了清政府的错误决策，并以保全台湾基隆、澎湖为条件。清廷在详列条约细则中，考虑到左宗棠的威望及舆情沸反，是否索回基隆、澎湖？清廷举行会议反复掂量。

李鸿章称：“只恐节外生枝。”

醇亲王：“无节矣，焉生枝？”

翁同龢：“左相万里之外，其忠告一言不值乎？”

张之洞：“台湾战略位置特殊，基隆、澎湖尤甚。是左相之洞察远见。”

军机处一时气氛凝重，李鸿章略显尴尬，只得称是。

清廷在和约细则中，遵左宗棠建议，索回了基隆、澎湖。

光绪十一年四月二十七日（1885年6月9日），慈禧太后命李鸿章与法国公使巴德诺，在天津“画押”，正式签订屈辱卖国的《中法会订越南条约》。主要条款为：

清廷承认法国对越南的“保护”。

中国于中越边境开放四处通商口岸。

降低法国货进出滇、桂边境两省税率等。

清朝政府以军事上对法国的全面胜利，却心甘情愿换来一张满纸荒唐言的和议，成为世界笑柄：

“是世界外交史上古今未有之奇闻。”（《申报》语）

“中国好不容易打了一次胜仗，却弃之如敝屣！”美国人说。

“如果西征的是李鸿章，而非左宗棠，则新疆尽为沙俄地也！”沙俄的外交官说。

“中国多一个李鸿章，西方多十分运气。”英人如是说……

倘从历史的进程言之，则此一纸和约，恰是加剧大清帝国土崩瓦解的开始，一个怯懦成性以投降为能事，且不顾国家安危、人民生计的政权，必定是失去民心的政权，失去民心的政权必定是贪污腐败的政权，贪污腐败的政权必然催生出“道不同不相为谋”者。久而久之，一块又一块墙砖落地，一幅又一幅彩屏蒙尘，一个庞然帝国的轰然倒塌，犹民心之破碎也而在所必然！

这一和约的签订，给年已老迈且多病的左宗棠，打击最为深重！他为中国忧，他为江山忧，他为社稷忧，他为子孙后代忧！哀忧之重，击倒了本已上奏回籍料理的左宗棠，可谓哀莫大于心死也！即便在病危时刻，光绪十一年六月十八日即1885年7月29日，为吸取马江之役惨败的教训，补亡羊之牢，亲笔书写《复陈海防应办事宜请专设海防全政大臣折》，详拟七则：

1. 师船宜备造；

2. 营制宜参酌；

3. 巡守操练宜定例；

4. 各局宜合并；

5. 经费宜通筹；

6. 铁路宜仿造；

7. 士气宜培养。(《左宗棠略传》)

就在这一奏折中，左公总结了各省督抚、南北洋水师，各自为政自保，互相不为掎角的教训。建议设立“海防全政大臣”，驻扎长江，“南控闽越，北卫畿辅”。“南北洋兵轮各自成军，共设十大军，归海防大臣统辖……各疆臣只节制守口陆军，非军务万急，不得调遣海军兵船。”海防全政大臣还节制船、炮、矿厂、军火，以统一事权，这是左宗棠临终前设计的一幅海防蓝图。（《左宗棠评传》）

在这之前，左宗棠曾因病情加剧上奏告假。获准后未及启程而病又再剧，不得已留在福州。正当中越边界大胜时，和议既定，鲜血白流，壮士受罚，冯子材年事已高，爱将们今在何方流落？左宗棠心思郁结，神志愤慨，病情恶化，时而清醒，时而昏迷，神智昏迷中经常大呼：

“娃儿们，出队！”“我要打仗！”

不甘屈辱议和，而又无可奈何的左宗棠，“总以为此行未能破敌，大加惩创，引以为恨事。”（《光绪朝东华续录》）临终前，自知不起，壮志未酬，而和战之间，国运剧变。于是口授遗折由儿子在病榻前记录下来：

奏为主恩未报，臣病垂危，口授遗折，仰祈圣鉴事。

窃臣衰病日剧，吁恳天恩，宽予假期调理，于七月二十五日接到，具折叩谢。将钦差大臣关防及臣所部恪靖各营，移交督臣杨昌浚接受。

本拟即日就道，忽于近两日中得患腰痛，起坐维艰，手足瘛疭，热痰上涌，气弱病深，势难复起。

伏念臣以一介书生，蒙文宗显皇帝（即最早起用左公之咸丰帝也，笔者注）特达之知，屡奉三朝，累承重寄，内参枢密，外总师干，虽马革裹尸，亦复何恨！而越事和战，中国强弱一大关键也。臣督师南下，迄未大伸挞伐，张我国威，怀恨生平，不能瞑目。渥蒙皇太后、皇上恩礼之隆，叩辞阙廷，甫及一稔，竟无由再觐天颜。犬马之报，犹待来生。禽鸟之鸣，哀则将死。

方今西域初安，东洋思逞，欧洲各国，环视眈眈。若不并力补牢，先期求艾，再有衅隙，愈弱愈甚，振奋愈难，虽欲求之今日而不可得。伏愿皇太后、皇上于诸臣中海军之议，速赐乾断。凡铁路、矿务、船炮各政，及早举行，以策富强之效。

然居心为万事之本，臣尤愿皇上益勤典学，无怠万机，日近正人，广纳谠论。移不急之费，以充军食；节有用之财，以济时艰。上下一心，实事求是。臣虽死之日，犹生之年。

喘息涕泪，谨口授遗折，缕缕上陈，伏乞皇太后、皇上圣鉴，谨奏。

光绪十一年（1885年）农历七月二十七日（9月5日）左宗棠辞世，长眠于福州皇华馆——今福州三中。“当日，台风袭击，倾盆大雨，福州东北角城墙崩裂。”（《左宗棠略传》）“全城百姓，一闻宫保噩耗，无不扼腕深嗟，皆谓朝廷失一良将，吾闽失一长城。”（《中法战争》）“江浙关陇士民闻之，皆奔走痛悼，如失所亲。”

(《左宗棠年谱》)

他把新疆的夜空带到了福建的大海。

海水簇拥着星光月色。

他死了。

他有新生命。

他留下了精神。

他在苦难中忍耐。

他在期待中喜乐。

天上洒下光。

海上有赞歌。

尾声（之一）

左宗棠的钱到哪儿去了

左宗棠去世后，按大清法律，得有朝廷派官员清点遗产。结果令人震惊：左公名下竟然只有九处房产，和两万五千两白银。九处房产除长沙城中宅一处，余为湘阴祖屋。以左宗棠官职之高，薪俸之高，这一点遗产让人匪夷所思！早在1863年，左宗棠已官居“从一品”，一年的俸禄早已超过了两万五千两银子。从1863年到左宗棠辞世的1885年，其间二十二年，左宗棠封侯拜相官至封疆大吏，一品大员。左宗棠的银子呢？从宫廷到百姓议论纷纷：左宗棠的钱到哪儿去了？

有好事者算了一笔账，二十二年，如果以年俸两万两计，则为：四十四万两银子，钱呢？白花花的银子呢？倘加上一品大员各种奖励、提成合计，则远超五十万两银子。

左宗棠的钱到哪儿去了？

在西北军营，军饷缺乏，将士忍饥挨饿并不鲜见。左宗棠在一封家书中说：

“饷欠四月有余，无法弥补。兼之军中疾疫繁兴，需用甚急，日以为忧。幸将士知我无它，不忍迫促，大家忍耐，不肯支领，然我因此更觉过意不去。”（《左宗棠全集·家书》）为什么将士能忍耐？无一闹事者？因为左公“不欲以一丝一粟自污素节”。从自己俸禄中拨款充军饷，左公只给家里一点生活费，当缺饷太多，军中锅灶难炊，而又用兵急如星火时，连家人生计也不顾。

胡林翼曾为此专门函告湖南当局：“左宗棠不顾家，请岁筹三百六十金，以赡其私。”（《左宗棠略传》）

左公任两江总督时，曾回湖南扫墓、省亲，并还了这笔欠账，湖南巡抚不敢要，称大帅奔波疾苦，地方做点小事应该。左宗棠问：“从何账下支出？”巡抚无语，便脱口而出：“当年文忠公有命。”左公笑言：“林翼兄已辞世，起其地下乎？也好，我正想问问他，为何给我弄了个‘不顾家’的名声。”左公的银两另一大用处是，救灾扶困，军中战死或伤残的兵勇将士，除照例由国家分发抚恤金外，左公又以廉俸支出，帮助家贫、特别苦难者。“随我而征者，皆兄弟也。战死疆场，父母失子，女子失夫，幼小失父，虽哀之，恤之，而心犹滴泪！”从陕甘到新疆，多少将士血洒征程？

左宗棠乐善好施，还有自己掏钱刊刻《五经》《小学》《种棉十要》兴办州县义学时，有的地方实在太穷，便直言“苦于无钱”，左公便与其算账：材料费、人工费及诸生膏火费：“从我的薪俸支给。”多少义学，多少学堂，多少学生，左宗棠为之散尽万金，却感从中来：“甘肃人才，有赖此等小儿也！”

同治年间，与儿子孝威的信中说："族中苦人太多，苦难普送。拟今岁以数百金分之"；"带兵五年，不私一钱，任疆圻三年，所余养廉不过一万数千金，吾尚拟缴一万两作京饷，则存者不过数千两已耳。"(《左宗棠家书》)又云："同乡下第寒士见则周之，尔父三试不第，受尽苦辛，至今常有穷途俗眼之感，尔体此意周之为是。"（同上）

左公还爱引用名言："一命之士，苟存心爱物，于人必有所济。"此语意为：有爱心者，必爱人也！

左宗棠的钱到哪儿去了？

当左公在哈密军中得悉，自己信赖的助手、老部下刘典（即刘克庵）于兰州病故。刘典曾官至巡抚，帮办西征军军务，左公深知其"刚明耐苦，廉公下威"，而身后萧条，家贫若布衣。即致信家中：

"克庵身后一切费用及灵柩还里，建百岁坊，共六千两，均由我廉项划给，不动公款，恐累克翁清德。"(《左宗棠略传》)（照刘典军功及生前任职，身后一切费用，均应由国家支出，左公念及刘典生前清德、两人交情深厚，而自己出资。不累故人清德也，亦彰沙场情深。在当时从太监到官员，贪赃成风的清廷朝野上下，可谓难得一见，难能可贵！笔者注）

同治五年十二月，与仲兄（左宗棠二哥左宗植，笔者注）信中云："昨抵章门，遣石清携汇票八千两，以六千金捐入湘阴作义举，以一千五六百建试馆，余以买史坡墓田。闽浙廉银用尽（留三千两作家眷回乡之资），此八千乃预支陕甘廉也。所以急为安置者，五十外人且有万里之行，了一件即是一件耳。”（同上）（这八千两预支“陕甘廉”的银子，有九成多捐作公益，只剩五百济私买家族墓地。左公五十五岁调任陕甘总督，故有：“五十外人且有千里之行”语，早备埋骨之地也。笔者注）

与左公湘阴结缘，伉俪情深的周夫人，经年多病，左公托人从长白山购得一支人参，嘱咐儿子：“只为乃母用。”又：“余平生节俭，却乐于散银，有独乐乐不如众乐乐之想。然者兵连祸结，为国奔波，与乃母病榻前稍坐问安亦不可，何乐之有？然有此想者境界总是不同，总比无此想为佳。人参鹿茸等补品，余向不以为然，送此等贵重礼品者，轻为申饬，重者去官。今乃母病沉，忽生此想，托人购得，其效如何，未可知也。为尔母，不若说为慰余心之不安也。”

同治八年（1869年）腊月，左公在平凉大营寄回的家书中说：“今岁湖南水灾过重，灾异叠见，吾捐廉万两助赈，并不入奏（私举也，不向朝廷奏报，笔者注），回思道光二十八九年，柳庄散米散药情景如昨，彼时吾以寒生为此，人以为义可也；至今时位至总督，握钦符，养廉岁得两万两，区区之赈，为德于乡何足云？有道及此者，谨谢之。慎勿如世俗求叙。”（求叙者，今谓之宣传报道是也，左公认为“世俗”。笔者注）在同一封信中，左公又云：“自入关陇以来，首以赈抚为急，总不欲令吾目中见一饿莩之人，吾耳中闻一饿莩之事。陇之苦况与浙江严州（清代为严州府，府治在今建德市北梅城镇，时称建德县。笔者注）光景相似，而荒瘠过之，人民百不存一矣。”赈灾的款项，有朝廷下拨的，有江南沿海各省资助的，有左公捐廉的。

秦翰才在《左文襄公在西北》中说：“文襄公的家世，固是清寒的家世，文襄公的家风，却又是孝义的家风。文襄公的曾祖父，是一个至性过人的书生。当他祖父病在床上多年，帮同父亲日夜服侍，祖父换下的衣服，由他亲自携到河边洗濯。望着肮脏的衣服，想起祖父疾病的痛苦，便呜咽涕泪，使行路的人也见了感动。文襄公这位曾祖父还在平日节省家用，在高华岭施茶，供行人解渴，逢荒年又典当衣物，在袁家铺施粥。”左公一家均过着贫穷的生活，却做着慷慨义举，留下了乐于助人的传统。

一个家庭的传统，传承并影响了左宗棠。早年，家乡两次受灾，左公捐出全部教书收入，动员亲友，设粥厂，济难民。左宗棠的夫人亲自照料，并典当衣物，买药施病人。此一切乃左公为寒士时也。“及至他得意后，依然乐于帮助亲属，帮助师友，帮助僚属，帮助地方义举。”这样，就常常挥霍去他廉俸所入的百分之九十五。他有一句意味深长、千古不朽的名言教训子孙：便是“唯崇俭乃能广惠”。

又：秦翰才称：“文襄公行军从不住公馆，他在营帐中，和士兵过一般的生活。他常常穿着一件布袍，据着一张白木板桌，尽管外边大风、大雨、大雪，他尽管在黯淡的光线下，料理他的军书，（读上谕，写奏稿，所有下级禀报，一一亲写回札。笔者注）有时踱出营帐，见着勇丁吃饭，就和他们一块儿吃，随便谈笑。”左宗棠饮食喜辣子、青菜，辣子鸡丝汤面为最佳。左公驻安定住帐篷时，时年过六旬，兰州道蒋凝学来禀劝左公到兰州，住总督衙门。左宗棠的批文说：

“该道禀请移节省垣，自是体念衰躯之意。唯念前敌诸军冒雪履冰，袒臂鏖战，本爵大臣运筹中阃，斗帐虽寒犹愈于士卒之苦也。所请应作罢论。”（《左宗棠全集·批札》）

当左公离开新疆、陕甘返京时，陕西布政使王思沂拟把前陕西经收甘肃捐输的尾款，送给左公。左公致信办理此事的人说：“近时于别敬，概不收受，至好亲契之例赠，亦概谢之。……俸外不收果实，义有攸宜。至甘肃尾款，储为关陇不时之需，以公济公，于事为合。”（《左宗棠全集·书牍》）

《左宗棠略传》谓：

苟以为这是沽名钓誉，那还可举一例说明他并不好名。左宗棠在西北大营中得悉，两湖拟刻《楚军纪事本末》一书时，他在家信中写道：“我平生颇以近名为耻，不求表禄，《楚军纪事本末》一书，可不挂名其间。”“士君子立身行己，出而任事，但求无愧此心，不负所学。名之传不传，声称之美不美，何足计较？”（《左宗棠全集·家书》）

左公督陕甘时，总督署在兰州，市民士子均反映旧城失修已久，而城廓尤其是城门，为一省脸面，务求雄伟。兰州旧城门沿用夏禹父子首创的城廓之制，内为城而外为廓。光绪元年（1875年），兰州城有长3300丈的外城及1180丈的内城，左公在背靠黄河面向兰山的西北隅创建甘肃贡院。贡院院外包筑了一段外城，长240丈。光绪二年（1876年），左公又把颓废的外城彻底大修，城根丈余，宽一丈数尺，城高三丈三尺，顶宽八尺。城壕即护城河，深宽各有二丈、三丈。左公强调：西门城楼要格外雄壮、沉稳，是天地之间的无字之书：此地乃西北重镇也！“这一工程，历时一年半，用工170多万，是由11个防营合力做成，价值十多万两银子。”（《左宗棠略传》）因为防营军工不计费，实际用银“只为购买绳索、石灰、砖瓦等花去银子3397两。”这样一个便宜的城工，报销上去，却给工部驳下。工部对于修筑城垣，要按他们的规定做，规定价格才能报销。要求左补开清册。这就出了个难题，价格都是实数，有些东西兰州确比别处贵，除非伪造一个报告。左公不肯造假，便自掏近4000两银子，经清政府核准免予报销了案。（《左宗棠略传》）左公当即决定：“兰州外城工三千余两工部尚须核减，附奏以存廉了之，并不请销，看其更有何说！”（《左文襄公全集·书牍》）

“贪官污吏们招摇而过。”

“照章办事者不得其门。”

横批：“有救乎？”左公部下涂鸦了一联一横批。左得得知后问：“是哪个写的？可送兰山书院读书，膏火费从我廉俸下支出。”

左宗棠的钱到哪儿去了？

左公捐出的这笔薪俸，与山石为伍，与林涛为伴，与青天白云相望，留在兰州外城龙尾山上了。兰州风景，由此良善；西北门户，由此庄严。“从北而南所列第四墩堡”上，为民国时期甘肃省省长谷正伦所题“宗棠门”，门南两条路，一叫“左公西路”，一叫“左公东路”。以及左公亲书在贡院门前的“至公堂”三个大字，可以缅怀先贤遗风，发思古之幽情。(《左宗棠略传》)

兰州多左公遗迹遗音，在天在地在山在河，在兰州大学等甘肃各地学校的书声琅琅中；在河西走廊至新疆哈密、达坂、天山、喀什、葱岭的沙砾草木间。它们蛰伏，它们不发一语，它们是历史散落的碎片，它们有天地正气附着。徐刚称它们是现代的过去式，亦是过去的现代式。或有读者问：何称现代的过去式？现时所倡导的若干为官为民之道，可在左宗棠身上寻得；何称过去之现代式？左宗棠的无私、恤民、做官不贪财而兼济他人、精忠、爱国，岂非现代式乎？现代人官员可与之相比乎？总而言之，是左宗棠、一个伟大爱国者留下的不朽梦想：政风清廉，治国有道，铁骨铮铮，自强自立，边关稳固，国富民强！此兰州之幸，亦中国之幸也！

左宗棠看似粗犷、粗糙，其实心思缜密，用兵、勤政、吏治等诸多方面，于家事、自己的身后事亦然。光绪二年五月初六，即1876年六十五岁时，写给次子孝宽的信中说：

吾积世寒素，近乃称巨室。虽屡申儆不可沾染世宦积习，而家用日增，已有不能撙节之势。我廉金不以肥家，有余辄随手散去，尔辈宜早自为谋。大约廉余拟作五分，以一分为“爵田”(“爵田”

指宗室王公庄田，是清代“官田”之一。左公已出将入相为爵爷，“爵田”者其去世后身份高贵之代表。笔者注），余作四分均给尔辈，已与勋、同言之，每份不得过五千两也。又：“吾生平志在务本，耕读而外别无所尚。三试礼部，既无意仕进，时值危乱，乃以戎幕起家……子孙能学吾之耕读为业，务本为怀，吾心慰矣！”

想起了左公二十六岁时，所作《题洞庭君祠》楹联：

迢遥旅路三千，我原过客；
管领重湖八百，君亦书生。(《左宗棠年谱》)

左宗棠在为夫人周诒端写的《墓志铭》中，关于钱财，有夫子自道：

“余以寒生骤致通显，自维德薄能浅，忝窃已多，不欲以利禄为身家计。又念吾父母贫约终身，不逮禄养，所以贻妻子者诚不忍多有所加。廉俸既丰，以输之官，散之军中，公之族郮乡邦，每岁寄归于家课子者不及二十分之一，夫人安之若素。书来每询军中苦乐、饷粮赢缩，不以家人生产琐屑恩余。虽频年疾病缠绕，于药品珍贵者概却勿进。儿辈多方假贷，市以奉母，不敢令母知也。”

左宗棠的钱到哪儿去了？

尾声（之二）

安维峻：《请诛李鸿章书》

安维峻（1854～1925年），字晓峰，号槃阿道人，甘肃秦安人。幼年家贫，寄居舅父家，苦读经书。弱冠之年即得拔贡，后就读吴可读为山长的兰山书院——有贡院之前，当时甘肃最高学府。清同治十二年（1873年），甘肃癸酉科选拔会考，左宗棠座师兰山书院观风，安维峻被选为拔贡，后在刑部任七品小京官。左宗棠当时就注意到了这个“陇上小邹鲁”，告吴可读：“此秦安小子可造也！”甘肃贡院落成，安维峻辞官回兰州，肄业兰山书院，并专程去总督府拜谒恩师左宗棠，相谈甚欢。左公犹言，新疆事尚遗伊犁未决，此人生之大憾也！又谈及边防塞防之争，叹“窒碍太多”“唯贡院落成，分闱事成，心头之快慰也”！安维峻谓：“倘无总督督师西征，今日之中国边界，已为玉门敦煌矣！吾师功高盖世，弟子与有荣焉！”又称：“朝中不思进取，甚而助纣为虐者众，如李鸿章之流。”

贡院落成的光绪元年（1875年）秋，甘肃乡试举行，中秋之夜，冰轮玉照，左宗棠携杖独步沉思，心中所想则是：“乡试乃会试之先，为国求贤之重也，倘爱徒安维峻领解，其乐如何！”左宗棠为监考，与读卷判卷录取等均无关。待到放榜，安维峻在2700名士子中脱颖而出，高中解元——全省第一名。

左宗棠在答《吴清卿学使》(《左宗棠全集·书牍》) 中，为乃徒中解的得意之情溢出言表：

“榜首安生，文行均美，闻其先世贫苦嗜学，为乡邦所重，意其报在此。弟于甄别书院及月课、录科均拔置第一，意其不仅为科名中人。闱中秋宵，尝倚杖桥边，忽仰视而言：‘若此生得元，亦不负此举。’不虞监水官在后窃闻，后为庆伯廉访言之，弟初不自觉。写榜日，两主试先以闱墨见示，掀髯一笑，乃如四十年前获隽之乐。频日宴集，必叙此为佳话。觉度陇以来，无此兴致也。”

左宗棠信中文字，倘能细读，则其中有情怀、有故事。求贤若渴，对人才的重视，左公的境界、理念，无有可比者。百年前的信件，一个封疆大吏为一介书生作祝的信件，熠熠生辉，岁月不拂其光也；字字珠玑，蒙尘不敢及身也。何以故？左公境界阔远，有真情实感也！无点滴官场气也！比之大清，官场晦暗，官员随风，上即真理，下则欺压，吏治腐败，贪腐接踵。世间或有困惑：时光之矢前行，社会风尚、人伦之德必亦前行乎？

安维峻获乡试解元后，准备参加会试，左宗棠寄银三十两，并致信：

“不见年余，想所学益进。闻寄居颂阁先生处，下帷攻苦，无异在兰山时，殊用欣然。寄上票银三十两为膏火薪炭之资，幸验纳。明春陇士与试者，当不止百人，寄银三千两，请阁下按人俵给，可与柳堂先生商之。四十余年前，金尽裘敝，人困驴嘶景况，犹在眼前也。”

安维峻会试也曾两度榜上无名，可谓仕途坎坷。左宗棠致信安慰：“科名不足为人轻重，幸勿介怀。唯读书自乐，静以候之。”

光绪六年（1880年）春，安维峻报考庚辰科会试，左宗棠资助费用外，并有大胆预测：“吾意尔今科必捷，又寄些许，为一切喜费。”

不出所料，安维峻高中本科二甲进士，朝考一等，选翰林院庶吉士。是年冬，左宗棠奉诏还朝，安维峻前往兰州拜送恩师，左宗棠掀髯一笑：“尔来耶？有志者事竟成！”

行无愧事，
读有用书。

这是左宗棠为安维峻题写的篆书八字赠言，安维峻朝夕相对，告友人曰：“此吾人生之座右铭也！”安维峻以左公之言廉洁奉公，办事认真，严以律己身，忠心报国。安维峻做到了“行无愧事，”而且做得轰轰烈烈，震惊朝野。安维峻对大清国是，忧心忡忡，光绪十九年（1893年），转御史。未一年，先后上六十余疏，《请严定大臣结党营私处分疏》《请明诏讨倭片》《请速决大计疏》等。

而轰动朝野，大快人心，把紫禁城的沉闷搅动得波澜顿生，使军机大内不知所措、惊慌莫名的，则是光绪二十年（1894年）十二月初二的《请诛李鸿章疏》。

疏曰：奏为疆臣跋扈，戏侮朝廷，请明正典刑，以尊主权而平众怒，恭折仰祈圣鉴事：

窃北洋大臣鸿章平日挟外洋以自重，当倭贼犯顺，自恐寄顿倭国之私财付之东流，其不欲战，固系隐情。及诏旨严切，一意主战，大拂李鸿章之心。于是倒行逆施，接济倭贼米、煤、军火，日夜望倭贼之来，以实其言。而于我军前敌粮饷火器，则故意勒措之。有言战者，动遭呵斥。闻败则喜，闻胜则怒。淮军将领望风希旨，未见贼先退避，偶遇贼即惊溃。李鸿章之丧心病狂，九卿科道亦屡言之，臣不复赘陈。唯叶志超、卫汝贵均系革职拿问之人，藏匿天津，以督署为逋逃薮，人言啧啧，恐非无因。而于拿问之丁汝昌，竟敢代为乞恩，并谓美国人有能作雾气者，必须丁汝昌驾驭。此等怪诞不经之说，竟敢陈于君父之前，是以朝廷为儿戏也。而枢臣中竟无人敢为争论者，良由枢臣暮气已深，过劳者神昏。如在云雾之中，雾气之说入而俱化，故不觉其非耳。

张荫桓、邵友濂为全权大臣，未明奉谕旨，在枢臣亦明知和议之举，不可对人言，既不能以死生争，复不能以去就争，只得为掩耳盗铃之事而不知通国之人皆已知之也。倭贼与邵友濂有隙，竟敢索派李鸿章之子李经方为全权大臣，尚复成何国体？李经方乃倭酋之婿，以张邦昌自命，臣前已劾之。若令此等悖逆之人前往，适中倭贼之计，倭贼之议和，诱我也。彼既外强中干，我不能激励将士，决计一战，而乃俯首听命于倭贼，然则此举非议和也，直纳款耳。不但误国，而言卖国。中外臣民无不切齿痛恨，欲食李鸿章之肉。而又谓和议出自皇太后旨意，太监李莲英实左右之。此等市井之谈，臣未敢深信，何者？皇太后既归政皇上矣，若犹遇事牵制，将何以上对祖宗，下对天下臣民？至李莲英是何人斯，敢干预政事乎？如果属实，律以祖宗法制，李莲英岂复可容？唯是朝廷被李鸿章恫喝，不及详审利害，而枢臣中或系李鸿章私党，甘心左袒，或恐李鸿章反叛，姑事调停。初不知李鸿章有不臣之心，非不敢反，直不能反。彼之淮军将领皆贪利小人，无大伎俩，其士卒横被克扣，皆离心离德。曹克忠天津新募之卒，制伏李鸿章有余，此其不能反之实在情形。若能反，则早反耳。既不能反，而犹事事挟制朝廷，抗违谕旨，彼其心目中不复知我皇上，并不复知有皇太后，而乃敢以雾气之说戏侮之也。臣实耻之！臣实痛之！惟冀皇上赫然震怒，明正李鸿章跋扈之罪，布告天下。如是，而将士有不兴奋，倭贼有不破灭，即请斩臣以正妄言之罪。

祖宗监临，臣实不惧。用是披肝胆，冒斧锁，痛哭直陈，不胜迫切待命之至。伏乞皇上圣鉴。谨奏。

《请诛李鸿章疏》一经透露，先是清廷文武大员惊骇到不敢大声说话，只以耳语相传。传出宫廷，则四九城中，学校师生，小巷路口，大街道旁，拉洋车的，磨剪子戗菜刀的，市井小民一片欢腾："李鸿章该杀！该杀李鸿章了！"也有不同的声音："李鸿章洋务运动有功，国人见之矣。然李贪官贪财不可与左宗棠赤胆忠心可比，亦罪不至死！”

光绪二十年十二月初二（1894年12月18日），据是日《翁同龢日记》：“封奏七件，唯安维峻一件未下，比至小屋始发看，则请诛杀李鸿章……而最悖谬者，谓和议皇太后旨意，李莲英左右之。并有皇太后归久（指撤帘归政于光绪帝，笔者注），若遇事牵制，何以对祖宗天下之语。”

光绪帝看过封奏，抢先一步批曰：

“军国要事仰承懿训遵行，天下共谅。乃安维峻封奏，托诸传闻，竟有‘遇事牵制’之语，恐开间离之端。”

光绪帝定以“间离”定罪，充军可也；若以“犯上”获罪，则斩监候也。帝命革职发往军台，抢在慈禧之前，救了安维峻一命。

安维峻疏中也有道听途说之语，如李鸿章之子李经方为“倭贼之婿”，谬也！李经方曾以候补道出使日本，使日期间与日本朝野关系密切。李经方原配刘氏（1855～1873年），继配张氏，侧室何氏、傅氏、陈氏，皆中国人也。安维峻以言获罪，直声震惊中外，清誉如日中天。“访问者萃于门，送行者塞于道，或赠以言，或资以金。”而能使安维峻博得“陇上铁汉”大名者，究其根本，李鸿章使然也——恃宠骄矜，淮军朽腐，当时社会舆论深恶而痛绝之！安维峻请诛李鸿章，直言恶名在外的李莲英，并指慈禧“遇事牵制”，为光绪帝鸣不平，凡此种种，皆社会思潮也，子民无处可言，言官畏葸不语，独安维峻挺身而出矣！

传言中，当时京城“大刀王五”的义举，使安维峻的故事更有了传奇色彩。王五名王正谊，绿林出身，后金盆洗手，以走镖为业，江湖汉子，慷慨任侠。安维峻充军，凡车马川资，王五一人担当，并亲自护送出关。安维峻出塞时赋诗云：

一封朝奏九重天，
万事伤心在眼前。
好脱儒冠从校尉，
征途行色惨如烟。

《清史稿》记：安维峻“抵戍所，都统以下皆敬以客礼，聘主讲抡才书院。二十五年，释还，遂归里。三十四年，起授内阁侍读，充京师大学总教习。宣统三年，复辞归，越十有五年，卒。”

安维峻上《请诛李鸿章疏》时，左宗棠已离世九载。若苍天有灵，其必略知爱徒安维峻奏章也。而胡雪岩在经历了李鸿章、盛宣怀“灭左先灭胡”的计策后，屡被针对，乃至抄家；再加上科学发展，生丝生意受重挫，郁郁而终于光绪十一年十一月间（一说为1885年12月6日），晚左宗棠三个月，岂非亦步亦趋？倘灵魂相遇于天上，左公或有屈原《九章·涉江》之咏：

……

世混浊而莫余知兮，

吾方高驰而不顾。

驾青虬兮骖白螭，

吾与重华游兮瑶之圃。

登昆仑兮食玉英，

与天地兮同寿，

与日月兮同光

……

左公谓胡雪岩：“今得宽余矣！作昆仑游如何？”

结语

1994年仲秋的一个傍晚，我在河西走廊阳关林场采访的最后一天。这里地处河西走廊最西端，是秦汉时阳关绿洲遗存，是河西最西的林场，是沙漠包围中的一抹绿色。我在《中国风沙线》中写道：

历史在黄沙之下，文字与白骨都是符号。

辉煌的极致便是没落，人创造的辉煌中，有多少属于人类对大自然野蛮的索取与掠夺，便有多少新月形的、链状的沙丘，目送人类率着骆驼跋涉逃亡。

我坐在阳关的一处残缺的烽燧下。

感觉着废墟的温热，因为有日光；感觉着废墟的冷静，因为有月光。

阳关的荒漠唱着光的礼赞。

中国西部的风是粗糙的。

中国西部的光是炽热的。

“阳关西望，是一条南北走向的河谷，泉水清澈淙淙有声，载着日光或月光，渗透进小米、苞米与葡萄园中。这是玉门关西头沟滋养了一个林场的小沟，光明的沟，生命的沟。跨过西头沟就是青山梁子，西望便是塔克拉玛干沙漠。就在这混沌迷茫的瀚海中，如同阳关一样，楼兰消失了，罗布泊干涸了……”（《中国风沙线》载《人民文学》1995年第三期）

我在夕阳的余晖中，偎依着阳关的一处沙丘状的烽燧，偎依着风化，偎依着残缺，偎依着砂砾，偎依着已经逝去的岁月，偎依着“葡萄美酒夜光杯，欲饮琵琶马上催”，偎依着荒野，偎依着宁静，偎依着稳固的边陲大地。

风化是存在的手段。

残缺是另一种美妙。

不远处，也是阳关烽燧下，有歌声传来：

左公柳拂玉门晓

塞上春光好

天山融雪灌田畴

大漠飞沙旋落照

沙中水草堆

好似仙人岛

过瓜田

碧玉葱葱

望马群

白浪滔滔

想乘槎张骞

定远班超

汉唐先烈经营早

当年是匈奴右臂

将来是欧亚孔道

经营趁早

……

西望，夜色正在融化夕照，一点一点地融化，一片一片地融化，然后合而为一。西部的星星和月亮升起了，夜色温柔地笼罩一切，从天上垂下了光影。我踏歌寻去，隐约可见的是歌者的影子，苍茫大地的影子。在星光月色中，在大漠荒野上。

2024 年大暑过了，三稿于北京

2024 年立冬过了，四稿于北京一苇斋

后记

《左宗棠传》即将付梓，有几句话不能不记于书后。

左宗棠与李鸿章的关系，作者均以史料为根据，集中在“边防”与“塞防”，及后来的越南、中国台湾抗法战事上。

本书对李鸿章没有做最后评价，如他于洋务运动的贡献等，此非本书叙写之范畴，读者谅我。

人皆知左宗棠收复新疆之功，而不知收复新疆之“边荒艰难”；人皆知左宗棠能打仗，而不知左宗棠吏治之高明。本书详为书写者，即上述两端也！

笔者写作的本意，可用太史公语作结：“述往事，思来者”。

甲辰十一月十五日于北京。一苇斋。

附录一

左宗棠生平大事记

嘉庆十七年　壬申（1812年）左宗棠诞生

十月初七（11月10日）诞生于湘阴东乡左家塅，父亲左观澜，时年35岁，当时正在长沙岳麓书院读书。

嘉庆二十年　乙亥（1815年）4岁

随祖父左人锦于湘阴梧塘读书。

嘉庆二十一年　丙子（1816年）5岁

祖父挈全家迁居长沙，设馆授徒。左宗棠与两位兄长随侍读书。

嘉庆二十二年　丁丑（1817年）6岁

始读《论语》《孟子》。九月，祖父去世。

嘉庆二十五年　庚辰（1820年）9岁

初学制艺。

道光三年　癸未（1823年）12岁

始学书法，临摹《北海法华寺碑》帖。二月，长兄左宗棫病故。

道光六年　丙戌（1826年）15岁

应童子试。次兄左宗植任新化县训导。

道光七年　丁亥（1827年）16岁

五月，应府试，列第二。十月，母余氏病故。

道光九年　己丑（1829年）18岁

熟读《读史方舆纪要》《天下郡国利病书》《水道提纲》《皇朝经世文编》等。

道光十年　庚寅（1830年）19岁

正月，父卒。十月，贺长龄丁母忧归，为贺赏识。

道光十一年　辛卯（1831年）20岁

在长沙城南书院随贺熙龄读书。

道光十二年　壬辰（1832年）21岁

四月，捐监生，应本省乡试，中第十八名举人。八月，就婚周家，娶妻周诒端，岁末，赴京参加会试。

道光十三年　癸巳（1833年）22岁

正月，至北京，写组诗《燕台杂感》。四月，会试未中，返湘，入居岳家。八月，长女左孝瑜出生。

道光十四年　甲午（1834年）23岁

次女左孝琪出生。

道光十五年　乙未（1835年）24岁

第二次参加会试，仅取为眷录，辞不就职，南归。

道光十六年　丙申（1836年）25岁

居于周家西楼，研习地理，绘制地图。主讲醴陵渌江书院，两江总督陶澍过醴陵，倾谈竟夕，订交而别。

道光十七年　丁酉（1837年）26岁

八月，三女左孝琳出生。九月，四女左孝瑸出生。冬，北上第三次参加会试。

道光十八年　戊戌（1838年）27岁

会试落第，开始钻研农学。

道光二十年　庚子（1840年）29岁

至安化，就馆陶家教其子陶桄，历时8年。

道光二十六年　丙午（1846年）35岁

八月，长子左孝威出生。

道光二十七年　丁未（1847年）36岁

四月，次子左孝宽出生。八月，长女孝瑜婚配陶桄。

道光二十九年　己酉（1849年）38岁

在长沙开馆授业。十一月，与林则徐彻夜长谈于湘江一舟中。

道光三十年　庚戌（1850年）39岁

广西天地会和太平军相继起义，左宗棠拟避乱于湘阴县东山。

咸丰二年　壬子（1852年）41岁

四月，太平军攻打湖南，进军长沙。八月，左宗棠携眷于白水洞避乱，经友胡林翼推荐，应湖南巡抚张亮基之聘，入湘幕指战，解长沙之围，太平军弃攻长沙而北上。

咸丰三年　癸丑（1853年）42岁

正月，张亮基调任湖广总督，九月，张亮基转任山东，乃辞归。三月，三子左孝勋出生。

咸丰四年　甲寅（1854年）43岁

三月，左宗棠又应湖南巡抚骆秉章之邀，再入幕府，长达6年之久。

咸丰九年　己未（1859年）48岁

十二月，因樊燮案，离开湘幕。

咸丰十年　庚申（1860年）49岁

正月，打算赴京参加会试。三月，会见胡林翼、曾国藩。五月，抵长沙，协同曾国藩办理军务，并自建楚军。七月，于江西景德镇击败太平军。

咸丰十一年　辛酉（1861年）50岁

三月，于乐平击败太平军。五月，任太常寺卿，援浙。十一月，奉诏督办浙江军务。十二月，诏授浙江巡抚。

同治二年　癸亥（1863年）52岁

四月，诏授闽浙总督，兼浙江巡抚。

同治三年　甲子（1864年）53岁

二月，攻克杭州，加太子少保衔。九月，调各军入闽，封一等伯爵。考察西洋国家机器制造。

同治四年　乙丑（1865年）54岁

五月，左宗棠至漳州。六月，奏请在福建改行票盐。八月，左调各军入广东，南部太平军战斗基本结束。

同治五年　丙寅（1866年）55岁

五月，设福州船政局，奏请自制轮船。九月，调任陕甘总督。十二月，入陕击捻军。

同治七年　戊辰（1868年）57岁

正月，西捻军逼近京郊，左宗棠、李鸿章等四处追剿捻军，历时半年余平西捻军，左宗棠晋太子太保衔。八月，左宗棠入京。十月，至西安。

同治八年　己巳（1869年）58岁

于陕甘宁地区全力平叛乱，并奏呈处理政策：以抚为先，剿抚兼施。

同治九年　庚午（1870年）59岁

正月，刘松山战死，刘锦棠统率“老湘军”。二月，夫人周氏于长沙病逝。

同治十年　辛未（1871年）60岁

三月，俄军入侵伊犁地区。七月，由平凉入静宁。

同治十一年　壬申（1872年）61岁

七月，驻军兰州。十月，清军攻克西宁。

同治十二年　癸酉（1873年）62岁

七月，赴肃州督师。九月，收复肃州。十二月，上疏说明各军出关准备。二月，次女左孝琪病逝。七月，长子左孝威病逝。

同治十三年　甲戌（1874年）63岁

三月，清军出关。七月，晋东阁大学士，留督陕、甘。十一月，直隶总督李鸿章上奏，主张停撤“塞防之师”。十二月，同治帝病逝。

光绪元年　乙亥（1875年）64岁

谕旨命左宗棠为钦差大臣出关剿匪。八月，奏请老湘全军西征，刘典协办陕甘军务。

光绪二年　丙子（1876年）65岁

进军肃州，定西征战略：缓进急战，先迟后速。五月至八月，进古城，克济木萨，拔乌鲁木齐，收玛纳斯城，平定北路。

光绪三年　丁丑（1877年）66岁

三月，攻克达坂城、吐鲁番。四月，阿古柏死。九月，克喀喇沙尔、库尔勒、乌什等地，平复南疆东四城。十一月，克喀什噶尔、叶尔羌、英吉沙尔诸城。

光绪四年　戊寅（1878年）67岁

奏请改新疆为行省。十月，清军与俄商议收回伊犁诸事。

光绪五年　己卯（1879年）68岁

八月，崇厚与俄订约，左宗棠力陈其害，并备战，拟驻军哈密督战。

光绪六年　庚辰（1880年）69岁

二月，定策三路收复伊犁。四月，出关，舆梓以行。五月，抵哈密。七月，调左宗棠回京。十一月，抵兰州。

光绪七年　辛巳（1881年）70岁

正月，中俄订约，伊犁全境归还中国。左宗棠入值军机，为总理衙门大臣，管理兵部事务。四月，调所部兴修直隶水利，五月，视察涿州、天津水利工程。九月，诏授两江总督，并办理南洋通商事务大臣。请便道回湖南省墓。十一月，抵长沙。十二月，回湘阴谒墓。到南京，受印视事。

光绪八年　壬午（1882年）71岁

一月，出省阅兵。二月，到扬州、高邮、清江浦等地视察运河堤工。四月，出阅江南营伍。再次奏请新疆设行省。十月，目疾请假，诏假三月。十一月，修筑范堤。

光绪九年　癸未（1883年）72岁

一月，巡视范堤和省内各水利工程及盐场。二月，视察朱家山河工程。三月，奏请筹办海防，创渔团。五月，法军进攻越南河内的纸桥。九月，出阅渔团。十月，还南京，请病假两个月。督助王德榜募军，号“恪靖定边军”，促其出关克敌。

光绪十年　甲申（1884年）73岁

一月，目疾加剧，再请病假。带病视察导淮规划、渔团。二月，视察朱家山河工程。七月，法舰炮轰福建马尾造船厂，挑起马尾海战。清被迫对法宣战，命左宗棠为钦差大臣到福建督办军务。抵南京，召集旧部应战。十月，至福建，安定人心。十二月，法军舰意乘岁除进击，左宗棠冒风巡视长门、金牌炮台，封塞海口，法军乃去。

光绪十一年　乙酉（1885年）74岁

二月，前广西提督冯子材会同王德榜等大败法军于镇南关，进克谅山，中法战争结束。反对议和罢兵。四月，李鸿章与法国公使签订《中法新约》，承认法国占领越南。五月，病剧，请假。六月，奏请移福建巡抚驻中国台湾，并设其为行省。七月二十七日（9月5日），病逝于福建。清廷追赠太傅，予谥“文襄”，建专祠。

光绪十二年　丙戌（1886年）

十一月，葬于长沙府善化县八都杨梅河柏竹塘（今长沙市雨花区跳马镇）。

注：左宗棠的年龄，此处均以虚岁计算。

附录二

左宗棠家庭及后裔简表

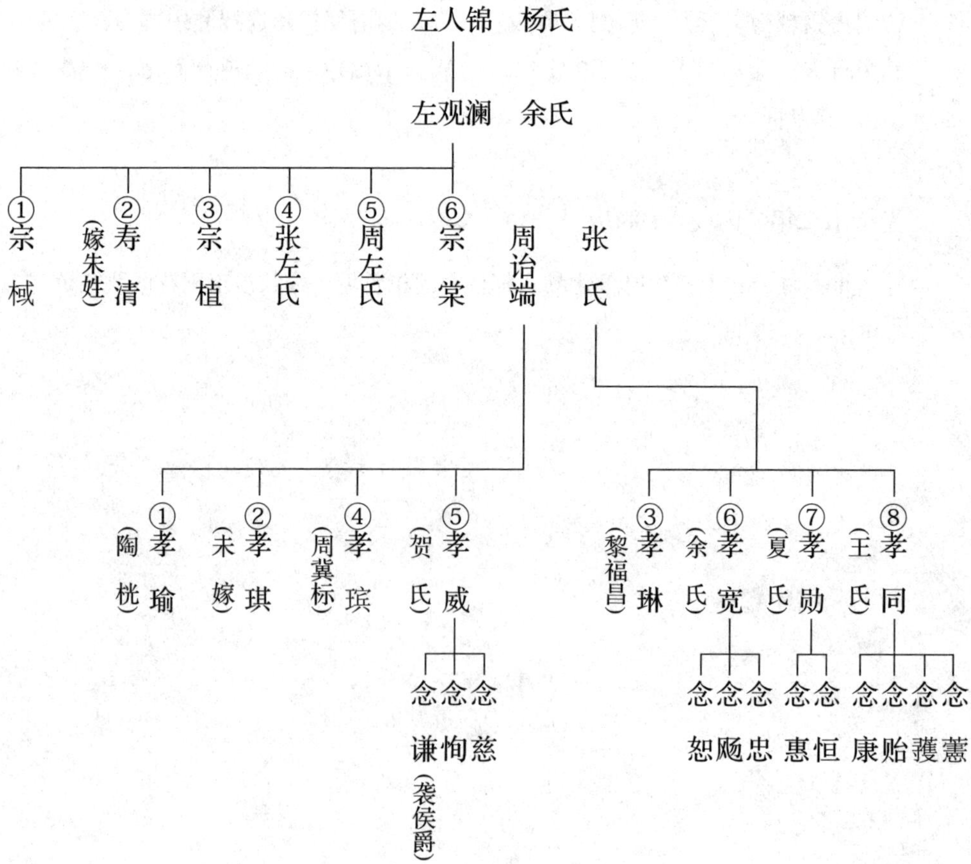

说明：

1.左宗棠有两兄三姐，三个姐姐分别嫁给朱、张、周三姓。

2.左宗棠有四子四女，表中带括弧者分别为儿媳和女婿。

3.左宗棠共有十二个孙子(见表)，孙女则未列入表内。